辽宁省社会科学规划基金项目"建筑学视域下辽西汉族与蒙古族交流史研究"（项目编号：L22BMZ001）

乡村振兴战略指导下辽西蒙古族特色村寨文化建设及发展研究

孙心乙 著

中国纺织出版社有限公司

内 容 提 要

本书对辽西蒙古族营屯的生成与演化、营屯内海青格热传统民居建筑的结构及其营造特点进行了较为深入的调查与研究。书中选取具有代表性的四个营屯案例，梳理了营屯及其传统民居建筑形态的演化轨迹，对其近年来的更新实践及呈现出的问题予以剖析，总结其得失利弊，前瞻性地分析其可持续发展趋势，以期能为类似的传统村落更新提供可资借鉴及可操作的模式。

本书适合建筑学专业的本科生与研究生阅读，也可供对传统民居更新感兴趣的读者收藏。

图书在版编目（CIP）数据

乡村振兴战略指导下辽西蒙古族特色村寨文化建设及发展研究 / 孙心乙著． -- 北京：中国纺织出版社有限公司，2025. 6. -- ISBN 978-7-5229-2819-7

Ⅰ．F327.31

中国国家版本馆 CIP 数据核字第 2025JT9402 号

责任编辑：张艺伟　　责任校对：寇晨晨　　责任印制：王艳丽

中国纺织出版社有限公司出版发行
地址：北京市朝阳区百子湾东里A407号楼　邮政编码：100124
销售电话：010—67004422　传真：010—87155801
http://www.c-textilep.com
中国纺织出版社天猫旗舰店
官方微博 http://weibo.com/2119887771
三河市宏盛印务有限公司印刷　各地新华书店经销
2025年6月第1版第1次印刷
开本：710×1000　1/16　印张：12.25
字数：200千字　定价：88.00元

凡购本书，如有缺页、倒页、脱页，由本社图书营销中心调换

前言

在当今时代背景下,开展复杂系统运行下辽西蒙古族营屯更新研究对于建筑学科来说责无旁贷。

清代,辽西蒙古族喀喇沁部为守护"扎萨克"(旗主)衙门府,在今辽西喀喇沁左翼蒙古族自治县境内建有众多防御型营屯。随着时代变迁与社会发展,这些营屯在防御使命终结后,以一种渐变的方式实现了由"军屯"向"民屯"的过渡,营屯内的蒙古族民众也由"兵民一体"的屯戍转为定居式农耕。

历经岁月淘洗,这些蒙古族营屯至今已呈现出明显的差异性演化趋势:一些营屯由内至外已与当地汉族村落并无二致;另一些仍保留防御型营屯的某些特质,尤其是营屯内的"海青格热"传统民居,已成为今日辽西乡村的一道风景,在吸引外界众多关注的同时,也吸附了较多的发展能量。近年来,一些海青格热民居保存较好的营屯,先后被国家有关部门命名为"中国少数民族特色村寨",成为北方民居建筑多样性的宝贵样本。

本书以辽西蒙古族营屯和海青格热民居为对象,依托田野调查及文献梳理,运用现代生态学"生态位"理论、建筑学"场所"理论等理论,对蒙古族营屯的建筑特质、变迁演化、运行机制、更新策略等展开系统研究,拓展蒙古族民居的研究范畴。

本书分为七章,并运用典型个案分析方法展开研究和论述,选取四个形制不同的营屯,分别对其差异性演化、运行机制调适及更新实践进行解析,揭示了营屯演化和更新的规律与逻辑,提出营屯所处"生态位"(自然的和社会的)的规定性是制约营屯演化最为重要的影响因子,其不仅导致营屯在演化形制上出现差异,呈现不均衡性,也制约营屯在当下的更新基础、能量吸附与发展幅度。

本书揭示了蒙古族营屯更新面临的问题。由于缺少科学规划与专业指导,近年来一些营屯呈现出更新无序、开发无度的态势,对营屯可持续发展已经造成或正在造成不可逆的影响与毁坏。这些问题与乱象,亟待专业机构予以规划指导,从某种意义上看,建筑学"进场补位"已刻不容缓。

本书挖掘了营屯内隐的"场所"意义。营屯是辽西农耕蒙古族历史及文化的物化与载体，海青格热民居已成为当地蒙古族区别"我群"与"他群"的重要标识，具有"双遗产"的属性与价值，对其实施保护与更新具有多方面的重要意义。

本书研究落点在为营屯的更新"建模"并制定可行性策略。蒙古族营屯更新面临的最大问题是内生性需求强烈，即更新理论与更新策略欠缺。研究认为，营屯更新应根据具体营屯所处区位条件、资源禀赋等予以分级定位，将"场所"精神重建与生态化更新并置，以浓化民族传统、开掘聚落内涵为发展路向，实施"借势发展"或"错位竞争"的策略。在具体实施中，可组构上、下、内、外互动的"多元行动方"动力框架，构建"多主体联动"的更新模式，以推动目标达成。本书对具有历史与文化内涵的其他区域传统村落的更新也具有启示和借鉴意义。

本书是辽宁省教育厅高校基本科研项目"辽西蒙古族营屯演化与更新中的路向探索"（项目编号：JYTMS20230447）、大连工业大学本科教育教学综合改革项目（项目编号：JGLX2023110）的阶段性成果，也是作者开展辽西蒙古族特色村寨研究的基础成果。

孙心乙

2024 年 12 月 26 日

目录

第1章 辽西蒙古族特色村寨研究概述 ……………………………………001
   1.1 研究背景与意义 ……………………………………………………002
      1.1.1 研究背景 ………………………………………………………002
      1.1.2 研究意义 ………………………………………………………007
   1.2 研究内容与范畴 ……………………………………………………010
      1.2.1 研究内容 ………………………………………………………010
      1.2.2 基本概念 ………………………………………………………013
      1.2.3 研究范畴 ………………………………………………………016

第2章 辽西蒙古族营屯相关研究概述 ……………………………………017
   2.1 辽西蒙古族相关研究 ………………………………………………018
      2.1.1 辽西地区农耕蒙古族文化变迁研究 …………………………018
      2.1.2 辽西蒙古族聚落与民居相关研究成果与现状 ………………018
   2.2 村落及其民居内涵研究 ……………………………………………020
      2.2.1 场所理论 ………………………………………………………020
      2.2.2 建筑叙事研究 …………………………………………………021
   2.3 生态位理论与村落生态化更新研究 ………………………………021
      2.3.1 生态位理论及其拓展研究 ……………………………………021
      2.3.2 村落生态化更新理念及其旨向 ………………………………022
      2.3.3 建筑的生态适应性研究 ………………………………………023
   2.4 现代视域下村落运行系统的相关研究 ……………………………024
      2.4.1 村落运行的自组织研究 ………………………………………024
      2.4.2 村落更新的他组织研究 ………………………………………031
   2.5 本章小结 ……………………………………………………………034

第3章 蒙古族营屯的属性建构与机制转化 ·········037
3.1 营屯的防御属性建构与运行机制 ·········038
3.1.1 喀喇沁左翼"扎萨克"衙门的护卫机制 ·········038
3.1.2 营屯的他组织运行特点 ·········041
3.1.3 营屯运行中的自组织和他组织机制比较 ·········042
3.1.4 营屯运行研究视角的构建 ·········044
3.2 营屯形制与防御型特质 ·········045
3.2.1 以旗王府为中心的防御型营屯设置 ·········045
3.2.2 "五营环卫"的营屯布局 ·········045
3.2.3 "兵民一体"的屯戍特质 ·········048
3.3 营屯的空间图式与防御功能表达 ·········050
3.3.1 营屯的空间图式 ·········051
3.3.2 作为营屯界域的"马蔺道" ·········053
3.3.3 防御功能在民居建筑中的落点与表达 ·········055
3.4 防御使命的终结与防御型营屯的衰落 ·········058
3.4.1 旗王府的焚毁与营屯防御使命的终结 ·········059
3.4.2 他组织运行机制的抽空与防御型营屯的衰落 ·········059
3.5 本章小结 ·········060

第4章 营屯的建筑特点与"场所"意义 ·········063
4.1 营屯演化的差异性及其影响因子 ·········064
4.1.1 营屯演化的形制差异 ·········064
4.1.2 由"军屯"到"民屯"的运行机制调适 ·········067
4.1.3 海青格热民居的自主营造 ·········071
4.1.4 营屯的俗常生活 ·········078
4.2 营屯民居建筑的形制特点及其建筑的叙事性 ·········081
4.2.1 海青格热与满族民居比较 ·········082
4.2.2 海青格热与汉族囤顶民居比较 ·········087
4.2.3 海青格热与汉族平顶式民居比较 ·········089
4.2.4 营屯的建筑叙事 ·········090

  4.3 营屯的场所意义 ···091
    4.3.1 关于海青格热的族群记忆 ··092
    4.3.2 营屯的"场所"特征与内涵认同 ··093
    4.3.3 营屯建筑构件的符号展演与象征意味 ··094
    4.3.4 场所精神对营屯建筑演化的影响 ···096
  4.4 本章小结 ··097

第5章 营屯更新的路向探索与典型案例分析 ··································099
  5.1 营屯更新的生态位基础及其制约性 ···100
    5.1.1 营屯更新的生态位基础评估 ··100
    5.1.2 营屯文化结构质素辨析 ···102
    5.1.3 营屯物质要素更新的途径 ··103
    5.1.4 生态位法则对营屯更新的制约性 ···105
  5.2 形制差异的营屯更新案例分析 ···106
    5.2.1 生态文化村——白音爱里村 ··106
    5.2.2 宗教旅游村——官大海农场 ··110
    5.2.3 原生态改造村——东哨镇十家子村 ···115
    5.2.4 整体移民村——南山村 ···117
    5.2.5 营屯更新中的经验与问题 ··123
  5.3 营屯更新中的矛盾与调适 ···124
    5.3.1 建筑质量与居住品质 ··124
    5.3.2 传统建筑技艺与现代建筑材料 ···127
    5.3.3 消费观念与居住品位 ··128
    5.3.4 整体更新与个性需求 ··128
  5.4 营屯更新的适应性路径 ···129
    5.4.1 建筑适应性的社会边界 ···130
    5.4.2 建筑适应性的空间尺度 ···131
    5.4.3 营屯更新的适应性镜像 ···135
    5.4.4 营屯更新的适应性路径 ···139
  5.5 本章小结 ··143

第6章 复杂系统运行下营屯更新的模式建构与实施策略 ·············· 145

6.1 复杂系统运行下的营屯更新动力与路向 ·············· 146
- 6.1.1 营屯更新的复杂系统运行特点 ·············· 146
- 6.1.2 基于自组织的内源演替与内生性需求 ·············· 147
- 6.1.3 基于他组织的能量注入与伴生性"人为"结合 ·············· 151
- 6.1.4 "自下而上"还是"自上而下":营屯更新的路向选择 ·············· 152

6.2 营屯更新中的系统运行张力与多向度动力 ·············· 153
- 6.2.1 文化政治场域中的建筑:权力操作与资源分配 ·············· 153
- 6.2.2 营屯更新的"多声部"语境辨析 ·············· 156
- 6.2.3 多向度驱动力与"生态宜居"理念磨合 ·············· 158
- 6.2.4 纠偏与调控:营屯更新的幅度与限度 ·············· 159

6.3 新语境下营屯更新的"多主体建模"构想 ·············· 162
- 6.3.1 多元主体的功能定位 ·············· 162
- 6.3.2 建筑学的"进场补位"及其作为 ·············· 164
- 6.3.3 营屯更新中的"多主体"互动与协同 ·············· 165
- 6.3.4 营屯更新的"多主体建模"构想 ·············· 168

6.4 营屯更新的策略实施与目标旨向 ·············· 173
- 6.4.1 基于生态位法则的"借势发展"与"错位竞争" ·············· 173
- 6.4.2 "双遗产"特质开掘与更新潜能激活 ·············· 175
- 6.4.3 文化意义再生与多元价值创化 ·············· 177
- 6.4.4 场所重建:营屯更新的目标旨向 ·············· 179

6.5 本章小结 ·············· 181

第7章 结论与展望 ·············· 183

7.1 结论 ·············· 184
7.2 启示与思考 ·············· 185

参考文献 ·············· 187

第1章
辽西蒙古族特色村寨研究概述

当下，我国正大力保护和振兴传统聚落，建筑学、规划学、人文科学等学科都已积极参与其中。保护和振兴传统聚落的宗旨是保持传统聚落的整体性、生态性，确保传统聚落生命力的延续，使其在当下仍能充满活力。在传统聚落中，民居建筑往往是能体现传统聚落特征的关键元素，是保护传统聚落的核心元素。传统聚落的形态布局，具体包括街巷格局、村落肌理、整体风貌等，也构成了传统聚落保护中的关键元素。随着对传统聚落文化功能及意义认知的延伸，传统聚落蕴含的特有场所精神和场所意义也成为被关注内容。因此，剖析民居建筑及聚落形态的历史变迁过程，厘清传统聚落生成与发展机制的轨迹，是对传统聚落进行保护、更新与振兴的基础。

1.1 研究背景与意义

1.1.1 研究背景

传统聚落是我国文化遗产的重要组成部分，其蕴藏了丰富多样的历史文化资源，是优秀传统文化的重要载体，在传承与弘扬传统文化方面具有无可替代的作用。近年来，我国政府在传统聚落保护方面不断加大力度，并围绕保护与振兴传统聚落颁布了一系列方针政策。

2012年4月，住房和城乡建设部、文化部、国家文物局、财政部联合发布了《关于开展传统村落调查的通知》（建村〔2012〕58号），标志着我国政府正式启动对传统村落的保护振兴；2013—2018年，中央一号文件连续六年就传统村落保护做出明确指示，指出国家将持续加大对传统村落的保护力度；2015年6月，住房和城乡建设部等七部委联合下发《关于做好2015年中国传统村落保护工作的通知》（建村〔2015〕91号），首次明确中央财政将大力支持传统村落保护；2017年10月18日，党的十九大报告提出实施乡村振兴战略，明确了"产业兴旺、生态宜居、乡风文明、治理有效、生活富裕"的总要求；2018年9月，中共中央、国务院印发了《乡村振兴战略规划（2018—2022年）》，将特色保护类村落（含传统村落）实施乡村振兴的关键，落在了统筹保护、利用与发展的关系上。我国社会上下正在逐渐形成这样的共识：传统村落保护是实现我国乡村文化振兴的重要途径之一，有利于"推动中华优秀传统文化创造性转化、创新性发展"。

在国家重视传统村落保护的社会语境下，近年来，我国建筑学、城乡规划、旅游管理、景观生态学等多学科都有所行动，积极参与，在传统聚落及其建筑的历史形成、景观结构、生态系统、营造技艺、空间特征、保护技术、环境规划、旅游开发等方面的研究上，或著述，或撰文，或直接参与指导个案实施，取得了不菲的成果。2018年5月，"2018中国传统村落保护（海南）高峰论坛"举办，来自全国相关学科的百余位知名专家、学者共同探讨中国传统村落保护现状、困境和出路，以求更好地促进传统村落的保护与开发。会上，由人类学、民俗学、建筑学和遗产学等领域专家学者组成的专家委员会，在多轮讨论后，指出我国亟须建立"中国传统村落完整的资料体系与数据库"。同时，组织专业人员开展多批次的中国传统村落立档调查，就传统村落的人文历史、自然风貌和各种原生态信息等内容进行系统普查与科学记录，建立完备的文化档案，为传统村落的保护振兴奠定基础。另外，还需要组织专业人员根据实际情况，制定保护标准，研究保护方法，提供保护与发展的范例。相关研究与规划都指向共同的目标——通过对传统村落中可突出其民族文化特色和地域特色的物质文化与非物质文化遗产的保护，强化传统村落文化遗产的展示性和识别性，使其得以永续传承与利用。

传统聚落及其建筑的相关研究一直是本书关注的重点。2015年，在对辽西地区进行初步调研时发现，当地蒙古族的传统民居建筑别具一格，其建筑形制的突出特点是马鞍型屋顶，当地蒙古族民众将这类传统民居建筑称为"海青格热"。随后通过深入调研发现，在辽西地区，尤其以朝阳市喀喇沁左翼蒙古族自治县（以下简称"喀左县"）为中心，分布有相当数量的蒙古族传统村落，当地人称这些村落为"营屯"。通过对这些营屯分布的实地调查，并结合文献资料，发现蒙古族营屯在历史上以辽西喀喇沁左翼蒙古族旗王府为中心，向外围辐射而设置，主要用于军事防御，保护王府。其以五六个营屯为一个聚落群，为守卫旗王府而形成五道防御"围墙"。经调研其中一些具有代表性的营屯，发现由于辽西地区属于欠发达地区，交通不便，这些营屯至今并未被现代性和城市化完全浸染，营屯的布局以及内部的海青格热民居仍不同程度地、较好地保留下来，且颇具规模。在辽西乡村，这些营屯以及海青格热民居建筑已经成为辽西蒙古族最典型的象征符号。

随着调查研究的深入以及对当地历史文献的解读，发现对辽西蒙古族营屯的研究颇具学术价值与现实意义。首先，相对于中国其他农耕文化浸润下的传统村落而言，辽西蒙古族营屯的形成并非"自生自长"，其选址与分布均系特定历史生境下的产物。也就是说，营屯是"他组织"与"自组织"共同作用下形成的传统村落。其次，由蒙古族营屯以及海青格热传统民居等构成的特定的"场所"性建筑，并非仅具有传统文化价值，更是当地蒙古族民众建构文化认同和民族身份最重要的象征符号。海青格热独特的建筑形制具有建筑学价值，是建筑学研究蒙古族传统民居宝贵的样本。

传统村落保护与振兴中最重要的是"以人为本"，其核心目标是满足传统村落居民的诉求和需要。很多学者都意识到这个关键问题，并提出诸如"在不影响传统村落历史文化遗产的基础上，大力改善村民生活条件，加大基础设施建设，完善用电用水等现代生活必备设施"的方案。调研发现，近年来，辽西地区各级政府也在积极为这些营屯申报特色民族村寨，开展对这些营屯及其建筑的保护与修复，但由于缺乏建筑学系统性和科学性的规划和指导，一些保护措施的效果也事与愿违。故而，调查中发现，一些丧失"场所精神"的营屯空间取代了原有聚落中有着紧凑肌理和充满历史记忆的空间结构，一些聚落建筑甚至出现荒废遗弃、放任改造等现象。随着传统村落历史文化的逐渐没落，当地一些蒙古族民众的区域民族文化认同日渐淡薄。这种忽视了传统聚落作为居民精神价值和区域文化认同的载体的保护思路，极不利于传统聚落的保护和传承。

综上所述，辽西蒙古族营屯作为北方传统民居建筑多样性的宝贵样本，无论是从学术价值还是现实意义上看，都有必要对其进行深入而系统的研究。本书将从历时性和整体性视角切入，打破学科壁垒，运用建筑学、生态学、文化学、民俗学多种理论，对辽西蒙古族营屯的形制、营造、规划及变迁进行全方位的解读，在此基础上，深入剖析营屯的运行机制和"场所"意义，为辽西蒙古族营屯保护与振兴提供一条切实可行的更新路径。

（1）辽西蒙古族海青格热民居的独特性

提及蒙古族传统民居，蒙古包可能是被人们第一个想起的对象。但作为辽西农耕蒙古族，由于辽西地区的自然环境、文化背景、经济发展程度、民族杂居情况以及民间建筑工匠派系等不同，辽西朝阳一带的蒙古族民居建筑形制已远离游牧生计特色而具有非常鲜明的游牧与农耕文化融合的独特性。

辽西蒙古族海青格热建筑形制的突出特点是马鞍型屋顶，既融合了满族海青房与汉族囤顶的某些特点，又与这两种民居有明显不同。从海青格热建筑造型来看，当地蒙古族民众形象地将海青格热建筑形制概括为"四个马腿托起个马鞍子"。海青格热整栋房子以青砖、青瓦构筑，正房一般为三到五间，坐北朝南，前出廊、后出厦，屋顶建筑独具蒙古族特点，与汉族囤顶相似，左右两侧山墙凸出于屋顶；但与汉族的囤顶建筑明显有别，海青格热凸出的两侧山墙"滚水"（建筑术语）被夸张地营造为高高隆起的弧形，使建筑屋顶的外形看上去像一座马鞍子。正是这夸张的"滚水"，使海青格热建筑凸显蒙古族的文化符号，使建筑的整体外观变得有别于其他建筑类型，刻意而别致，一眼望去，极具视觉冲击力。同时，对于海青格热建筑南北两面的四个榫头构件，当地蒙古族形象地称其为"马蹄垛"，如此便有"四个马腿托起个马鞍子"这一游牧文化意味浓郁的地方性话语（图1-1）。

图1-1 海青格热传统民居

（2）辽西蒙古族营屯的特殊性

通常，我国广布各地的传统村落的选址、建筑形制、建筑功能等大都处于无序状态，自组织特征明显。由于特殊的历史环境，辽西蒙古族营屯的形成明显有别于寻常意义上的其他传统村落。辽西农耕蒙古族防御性营屯及当地海青格热传统民居建筑群是自组织特征与他组织特征兼具的生活系统。系统的自组织与他组织是既相互对立又共同存在的关系，在不同历史时期、不同发展阶段，自组织与他组织在营屯运行中的作用各有侧重。

明清两代，辽西地区主要为蒙古族乌梁海部所辖，其时以喀喇沁左翼蒙古族旗王府为中心，以"五营环卫"的方位格局向外围辐射，设置有若干以军事防御为目的的营屯式聚落，这些聚落依编制择关隘豁口、交通要道驻兵屯戍，多以"××营""××哨"命名，以"头道营子、二道营子乃至三道、四道、五道"形式的数位排序，每一聚落群有五六个聚落不等。聚落内居民主要为蒙古族，实行上马为兵、下马为民、"兵民一体"的居住与管辖规制。可以看到，在辽西蒙古族营屯形成与发展前期，他组织特征明显。

随着社会的发展、时代的变迁，与国内明长城沿线的屯兵式聚落、贵州的"屯堡"等防御性聚落相似，辽西境内这些营屯式聚落遗存至今，其形态与内质均发生明显变化,聚落的屯戍性质逐渐淡化,直至完全消失。聚落内在历史上曾世代承继"兵民一体"身份的居民,因失去了军政体系的依托与补给,已自然转化为寻常民户;在历史上因防御战争及动乱而设置的聚落,随着其历史使命的完成,也逐渐演化为普通村落。这个时期,辽西蒙古族营屯发展呈现自组织特征。

进入21世纪后,传统村落保护与乡村振兴战略开始实施,辽西蒙古族营屯被当地政府列为重点保护对象,开始得到有规划的保护,辽西蒙古族营屯运行呈现出他组织与自组织共同作用的特征。

(3)辽西蒙古族营屯保护与更新的必要性与紧迫性

首先,辽西蒙古族营屯面临着现代性的威胁,亟须保护与振兴。在田野调查中发现,辽西蒙古族营屯内虽然遗存有大量海青格热传统建筑,但这些传统民居建筑多半处于自发且无序的维护、改建及重建中,暴露出一些问题,或曰"建筑乱象丛生"。近年来,由于时代演变与城镇化进程加快,我国各地传统民居建筑日臻消失,辽西蒙古族营屯及其内部民居建筑也不可避免地面临着史无前例的快速变迁。尤其自20世纪90年代以来,随着我国民众生活条件的进一步改善,辽西地区一些传统民居建筑和营屯街巷不断进行更新和演化。这些海青格热建筑也面临着现代审美的冲击。当地传统的蒙古族营屯以及海青格热民居陆续被改建,其原生特色和可辨识性正在逐渐减弱。

其次,辽西蒙古族海青格热民居呈集群性,规模相对较大,保存相对较好。据《喀喇沁左翼蒙古族自治县村镇建设志》记载,截至20世纪50年代末,喀左境内52000多所民居建筑中,约有17000所海青格热建筑,约占当地民居的三分之一。20世纪80~90年代初期,辽西蒙古族聚居地乡村开始建造北京式平房和小楼,但海青格热民居因其经济、易建、坚固、美观的优势,仍然受到一些蒙古族民众的喜爱。据喀左县有关部门1985年统计,境内民居总计22万余所,约有76000间平房建筑,其中大多数为海青格热样式。由于辽西喀左地区经济与交通发展相对落后,故而境内尚保存有大量带有传统风貌的蒙古族海青格热民居建筑,尤其喀左县白音爱里(蒙古族聚落名称)的海青格热蒙古族传统民居仍呈现出集群性,至今保存较为完整。

最后,当地各级政府对蒙古族营屯实施保护的重视程度增强。2009年,辽西喀左县白音爱里村被列为"辽宁省少数民族特色村寨建设试点村"。此后,随着我国对传统文化的不断重视,白音爱里村先后获批国家级非物质文化遗产"喀左东蒙民间故事"保护基地、"辽宁省民间文化艺术之乡"与"民族语言生态保护基地"等称号，获得了国家体制内多个层面的认同与表彰。2014年，白音爱里村被国家民族事务委员会授予"中国少数民族特色村寨"。此后，喀左县东哨镇十家子村也被列入第二批"中国少数民族特色村寨"名录。近期，当地政府已开始筹划白音爱里村申报住房和城乡建设部等部门审定的"中国传统村落保护"名录。

（4）辽西蒙古族营屯更新保护的内生需求及其对建筑学的吁求

首先，辽西蒙古族营屯更新保护的现实需要。在田野调查中发现，辽西地区蒙古族民众对海青格热进行改造、修缮的目的是使房屋的功能分配、空间大小、居住环境、配套设施等能够满足现代人的生活需求。由此可见，辽西蒙古族营屯更新的内生性需求十分强烈。

其次，辽西蒙古族营屯更新保护对建筑学的吁求。近年来，在弘扬传统文化，建设美丽的生态化宜居乡村这一社会主流意识倡导下，当地政府机构或一些外来部门开始对传统村落与特色民居建筑给予关注与扶持，但囿于各种因素，产生了一些伴生性问题。如与村落的可持续发展及更新需求相比较，相关理论与更新措施欠缺，粗放式更新矛盾突出；一些营屯建筑的更新模式对乡村生态环境造成强烈冲击，在具有遗产价值的传统村落与民居保护方面，缺少对传统村落文化空间布局的整体考量；政策理解上存在偏差；保护性措施的实施不当；经济贫困地区多任其破败，经济富裕地区多"建设性"破坏；地方决策者及民居建筑主体的审美取向定位偏颇等。

上述问题都不同程度地导致了传统村落既有文化生态的损毁，若不及时进行审慎的纠偏调控，"建设性"破坏或许会成为目前辽西蒙古族营屯更新建设的致命伤，或曰乡村文化发展的另类灾难。尽管目前这些聚落与特色民居建筑的保护与可持续性已逐渐引起当地政府机构及相关部门的关注，但是建筑学领域对这一建筑群体的历史、演化、现状及发展走向的审视与研究一直处于缺位或失语状态。所以，亟须利用建筑学理论梳理归纳辽西蒙古族营屯的形成和发展特征，并结合现实情况，对辽西蒙古族营屯更新提出有效的理论依据和科学的实施路径。

1.1.2 研究意义

辽西蒙古族营屯及其建筑折射了辽西蒙古族在不同历史时期所处的自然生境、建筑技术、文化传统、政治制度以及族群社会深层结构的许多珍贵历史信息，值得当代社会予以关注、开掘、审视与研究。可以说，是族群传统的力量维系着这些历经磨难而不易改变的文化基因，使我们得以从遗存的特殊聚落与别致的建筑单体中，清晰地窥见历史的痕迹，感受这些传统民居建筑引发的文化震撼，折服于这些建筑映射出的生态性思维及生态性营建之美，从而也使建筑学研究者在传统民居及村落保护方面有所作为。辽西农耕蒙古族营屯与民居建筑的生成与演化过程，生动地体现出建筑与族群历史及生境的适应性。审视探究这一颇具个性的建筑样本的生成动因及适应性演化，具有建筑学学理上的价值与意义。

（1）理论意义

首先，本书以辽西农耕蒙古族营屯和辽西蒙古族传统民居海青格热为研究对象，拓展了蒙古族传统民居的研究范畴。在关于中国北方民族建筑史学的研究中，对草原游牧蒙古族民居建筑以及人居关系等方面的研究可谓广博深入、成果丰硕。相形之下，对历史上自明末清初时期即迁徙至我国辽西区域，由游牧生计逐渐转为定居式农耕的这部分蒙古族的聚落建筑研究却远未得到充分关注，而关于这一群体创造的营屯的研究、对海青格热传统民居的研究更是几近空白。本书系统地梳理了辽西蒙古族营屯形成、发展与变迁的历史，归纳总结了营屯中海青格热传统民居的建筑形制、特点等。在此基础上，深入剖析了作为由自组织与他组织协同作用形成的传统聚落群，其地理环境、民族历史、区域背景、社会制度等多方面因素如何作用于这一传统民居建筑的形态演化及其特点。总体而言，本书是对辽西农耕蒙古族营屯予以历史视域内的动态性审视，对其展开整体性研究，可以弥补对定居式农耕蒙古族的聚落建筑研究的缺项，促进北方民族聚落建筑史的研究，以期使中国建筑史学或聚落史学的样本书库与相关内容臻于完善。

其次，本书从自组织和他组织双重理论视角，探讨辽西蒙古族营屯的形成与发展，为传统村落更新提供新的理论依据。辽西蒙古族营屯的演化先后呈现出自组织和他组织的双重特征，自组织与他组织是一对辩证关系，理解二者的辩证关系有助于理解"自下而上"和"自上而下"两个方向村落更新的内涵和各行动主体的关系。本书基于研究对象的差异，与以往建筑学仅基于自组织理论研究传统村落保护有所不同，可为我国其他地区屯戍性质的传统村落和少数民族传统村落更新提供新的个案，以及在此基础上形成的相关理论依据。

最后，本书依托建筑现象学的"场所"意义视角为现代少数民族传统村落更新探寻新的理论意义和实践路径。目前，有些学者已经开始关注少数民族传统村落更新问题，但一些研究仍局限于建筑单体或村落内积存的物质文化遗产和非物质文化遗产，较少关注到一些传统村落内隐的"场所"意义。事实上，一些隐含有"场所"意义的建筑容器在当下少数民族的文化认同及群体维系中具有至关重要的作用，也就是说，传统村落不仅是少数民族文化的外显，更是维系少数民族文化认同的基础。这也为传统村落更新提供了一个新的理论意义和实践路径。

（2）现实意义

对辽西蒙古族传统聚落及海青格热民居的保护，不能完全依赖文化持有群体内生的文化自觉，应将局部的重点保护与广泛的建筑更新引导结合起来，这不仅为当务之急，而且具备重大的现实意义。

首先，推动辽西蒙古族营屯的保护、开发与利用。传统民居建筑是特定民族或族群及特定区域的历史文化和传统的重要组成部分，对辽西蒙古族营屯的保护、开发与利用，是维系文化多样性和保护少数民族文化的有效实践。通过对海青格热与北方满族、汉族传统民居进行审视和比较，阐发建筑样本的多样性实乃文化多样性的具象表达与构成，开掘、彰显这一富有区域性与民族性特色的建筑样本的多维度价值与意义，是建筑学科本格性研究的题旨所在。包括建筑学科在内的社会相关层面都应对这类具有地域性与民族性特点、蕴含着生态智慧与环保思维的传统建筑遗产予以充分关注，直面其亟待解决的问题，在助推其实施更新策略与可操作性上有所作为。

其次，为少数民族传统村落更新提供个案支持。本书致力于建构少数民族传统村落更新的模式技术、策略体系及相关措施，以期指导这一过程的实践性操作，从实际需求、实践路径、更新的内涵意义等方面，对辽西蒙古族营屯进行系统的调研和分析，并提出解决方案。同时，本书提出的相关分析结论与相对应的建筑学的优化对策建议，对于其他区域传统村落更新也具有参考和借鉴意义。

最后，重新审视少数民族传统村落保护的内涵——维系少数民族文化认同。在建筑现象学中，多位学者关注到了"场所"的意义。诺伯格·舒尔茨（Norberg Schulz）在其创立的建筑现象学中，始终将"居住"视为核心问题。居住意味着人们可以借由固定的立足点来"证明"自身在世界上的存在，也就是说，更多时候，人们需要超越感官，在心理方面感受和理解自身所处的空间及其特征，这种感受和理解是借助定位与确认加以实现的，定位使人们在具体空间中找到自己相应的位置，确认使人们将自己的存在与所处位置周围环境相关联。居住的根本意义在于，人们对某一地方具有明确而强烈的归属感。场所精神关联着建筑，场所感是人们对建筑秩序感性认知的另一种表达，特定的建筑空间之于特定人群的心理具有特定的文化意义。正因为辽西蒙古族营屯有相应的文脉依托，人们置身其中能够感受到场所空间环境中的独特氛围，这一"场所"才具有了特殊的存在意义。

辽西蒙古族营屯的更新，不仅以村落和民居为主体，其中的居民更是更新的最终受益者。对于少数民族传统村落而言，"场所"的意义在于他们对自己民族的理解和认同，也是凝聚他们的关键力量。因此，本书重新审视少数民族传统村落保护的内涵，通过重新审视辽西蒙古族营屯的"场所"意义，为传统村落更新提供具有说服力的现实依据。

1.2 研究内容与范畴

1.2.1 研究内容

（1）营屯由防御型向非防御型演化的形制差异及动因

辽西蒙古族营屯的生成有其独特的历史原因。清代，由于喀喇沁左翼蒙古族数代"扎萨克"（旗主）衙门府邸设在辽西喀左境内的公营子，建置的营屯即为护卫扎萨克的衙门府邸，具备明确的军事设防职能，而非寻常的生活聚落。从历史上营屯的选址建置、空间规划、内部运作、功能发挥等方面看，都具有防御型聚落的明显特质。随着清王朝的解体，这些营屯的防御使命结束，其屯戍性质消失，营屯由防御型聚落向非防御型聚落演化。

调查发现，历经社会变迁和时代演化，辽西蒙古族营屯在聚落及建筑形制上不断分化，逐渐呈现出明显的差异：一部分营屯仍不同程度地保留有防御型营屯的某些特质，特别是营屯内沿袭有集群性的辽西蒙古族海青格热传统民居，至今在辽西乡村已成独特一景，一些营屯因传统民居建筑保存较好，近年来还先后被国家有关部门命名为"中国少数民族特色村寨"。然而，也有相当一部分营屯经岁月淘洗剥蚀，聚落形制及其民居建筑发生了较大的演化和变迁，或可说由内至外面目皆非，已与辽西地区的众多汉族村屯并无二致。

这些历史上使命相同、建筑及设置相类的蒙古族防御型营屯，在由防御型聚落向非防御型聚落演化的过程中，在聚落形制及其建筑中呈现出差异性演化，其影响因素很多，具体的影响因子也十分复杂。其中，尤其与具体营屯所处的"生态位"密切关联。例如，喀左境内的五道营子为五个营屯，历史上，这五个营屯是以蒙古族军事传统的"五营环卫"图式予以选址设置的，头道营子、二道营子、三道营子之间有一定的区隔。清王朝覆灭后，营屯的防御性使命结束，在向"民屯"演化的漫长历史过程中，由于二道营子聚落处于较为中心的区位，紧靠敖木伦河，土地肥沃，易于灌溉，在此汇聚的人口越来越多，故而逐渐发展为较大的聚落。20世纪80年代，因二道营子营屯和南公营子白塔子地区的二道营子重名，遂改名为"白音爱里"。由于二道营子处于"五营环卫"的中间环节，故而历史上当地较早便建有学校。

本书将基于生态位这一视角，关注自然生态位与社会生态位对营屯形制差异性演化的制约和影响。

（2）复杂系统在营屯演化与更新中的运行机制

将蒙古族营屯的运行视为一个复杂系统，研究复杂系统在营屯演化与更新中的运行机制及其特征，是本书的重要构成部分。复杂系统是指一个由相互影响、相互制衡的众多子系统和要素构成的，可以完成有机、有序发展演变的系统。复杂系统理论认为，事物自成系统，由若干子系统和要素构成；同时，它又作为子系统属于高于其结构层次的更大系统。复杂系统具有动态性、非线性、开放性特征，以及自组织性和互动性等特征。复杂系统存在于从内向外的各个层级，各层级之间存在着各种方式的相互关联、相互包容。

传统村落是一个动态的、整体的复杂系统，之所以将传统村落定位为一个复杂系统，有多重解析。首先，传统村落是一个空间实体，在漫长的演化发展中，在自然环境、生产生活方式、社会组织、意识形态、价值观念等相互作用形成变迁，应该说，传统村落是建筑、环境、社会和人互动下形成的复杂系统。其次，传统村落作为复杂系统，由若干子系统构成。各子系统又由若干要素构成，如居住子系统包括公共空间、民居、街道等。各子系统及组成要素间都相互联系、相互影响，为了达到某种平衡，不断发展演变。

辽西蒙古族营屯不同于"自生自长"的传统村落，其最初由他组织设计规划，操持运作，当他组织的作用力削弱撤出时，自组织便成为聚落运行的主体，完成营屯的发展与更新。但在自组织掌控聚落运行的过程中，营屯仍未完全脱离他组织的固有影响与惯性，部分保留了聚落及建筑的形制。近年来，在新农村建设及中国特色民族村寨的申报与保护过程中，由于蒙古族营屯内传统民居建筑和聚落空间的特殊性，尤其对于一些遗存有集群性海青格热传统民居的营屯的关注，已远非这些营屯的自组织本体。从一幢海青格热民居建筑的翻盖到一个营屯的整体规划，往往都会引起来自不同层面的他组织的关注乃至介入。在这种情况下，一些营屯的自组织在场域空间、网络空间中的影响力和决策力不同程度受限，尤其近年来蒙古族营屯的更新问题，再次被他组织关注，一些营屯已经形成由自组织和他组织协同合力的运行机制。

因此，复杂系统在营屯演化与更新中的运行机制与特征自然成为本书的聚焦点之一。

（3）营屯更新的模式建构与实施策略

目前，辽西地区多数蒙古族营屯尚未被纳入国家体制内的各种保护或资助项目名录，一些有心进行聚落更新的营屯，既无吸引外部资金的资本能力，也无渠道聘请专业力量参与制定科学的更新规划。还有一些营屯的自组织尚未形成对传统聚落与民居建筑实施保护与更新的文化自觉，多是按照他组织（如上级政府）的指令或个别掌握权力者个人对政策的理解进行更新。总之，由于缺少专业人员参与更新过程的指导，在近年来的营屯更新中，对营屯建筑及聚落文化生态基础造成一定的损毁。

进入新时期以来，我国政府陆续出台各种政策，加快推进乡村振兴与更新。在国家政策的引领下，各地乡村社会中来自民间的，或者说来自村落内部的自组织力量都不同程度地有所行动。由于传统民居建筑在区域社会发展中具有一定的经济拉动作用，地方政府、相关机构、企业、媒体等出于自身利益的考量，都已成为当下乡村聚落更新的"主体"。

在新时代语境下，如何将辽西蒙古族营屯的更新与乡村振兴战略结合，实现其可持续发展，已经与营屯更新相关的"多组织"——地方政府、资本方、专业人士、居住主体都有所关联。以辽西营屯的更新而论，多组织参与是必要的。"多组织"既包括乡村文化持有者的村民，也包括制定各种政策、给予实际支持的政府，还包括拥有专业知识的学者。在复杂系统的理论框架下，各个组织均是营屯更新的行动主体，不论是区域内的蒙古族民众、地方政府还是专业人士，每一群体内部又包括不同的群体，因此多组织便呈现出不同层状的复杂构型。

为实现既符合理想目标又具可操作性的营屯更新，有必要整合与协调上述多主体的力量，营造多主体参与环境，注重参与主体的角色培育，构筑自组织和他组织皆可参与的平台，提升"多元行动方"的参与能力，使多主体在营屯的更新实践中能精准站位，故此，更新模型的建构及实施策略的制定，将是本书的主要内容及研究落点。

1.2.2 基本概念

（1）辽西蒙古族

辽西地区是指位于辽宁省辽河平原以西，与内蒙古自治区、河北接壤的辽宁西部地区，狭义上的辽西地区特指辽西走廊，即从今日的锦州城区到山海关城区之间的一条狭长地带，在行政区划上包含了辽宁西部地区的五市，即锦州市、朝阳市、阜新市、盘锦市、葫芦岛市。辽西蒙古族民居建筑集中于辽西朝阳的喀左地区，喀左全称为喀喇沁左翼蒙古族自治县，是辽西蒙古族聚居地。

蒙古族在世居草原的时代，代代相传地承继着游牧传统文化，保持着蒙古族特有的生计方式。自明末清初，蒙古族乌梁海部落迁徙驻防辽西地区以来，在300多年的历史时段里，由于自然生境与社会生境的变迁，这一支系族人的生计方式逐渐转为半农半牧，直至全部实施农耕。

一定的生活方式是以一定的生计方式为基础的，从游牧到定居农耕是一种深刻的社会变迁。族群生境的改变、生计的转型会引起社会结构、价值观念及生活方式的改变，这种改变不仅指向生产和生活方式，而且将族群原有的社会、经济、文化、资源、劳动力等因素统统牵动起来，进行一场全新的建构性组合。辽西蒙古族在一定的历史时期内，顺应自然生境与社会生境的变迁，积极做出了文化上的应对与调适，使族群完成由游牧向定居农耕的生计转型，得以可持续发展。

（2）辽西蒙古族营屯

清代，今辽宁省喀左县、建昌县、凌源市，主要是乌梁海部、土默特部与喀喇沁部蒙古族人和后来的随旗汉族人在此驻防，后蒙古族喀喇沁部在喀左境内的敖木伦河流域逐渐定居，转为农耕生计。历史上，清代喀左蒙古族数代"扎萨克"（旗主）衙门府邸均设在公营子（现为公营子镇，距离喀左县县城37千米），为确保旗王府的安全，在四周设置数十个防御性聚落，呈"五营环卫"之势。这些聚落驻守者都是携家带口的蒙古族民众，他们以家户形式世代屯戍其中，平时为民，战时为兵，兵民一体。在漫长的历史发展中，辽西蒙古族因社会环境多有动荡，外族或部落之间的大小战争时有发生，故此规制竟奉行长达300余年。

有人定居便会形成聚落，村落即最朴素、最自然的聚落形式。辽西蒙古族村落俗称"营屯""营子"。时至今日，在辽西地区的朝阳县（隶属于朝阳市）、凌源市及喀左县境内仍有大量的以"××营子"来命名的蒙古族营屯，如头道营子、二道营子、三道营子、肖家营子、丛家营子、坤都营子等。"营子"是蒙古语horoga（音译为"号绕"），指蒙古族部落或氏族会聚时搭建的呈环状的大营，如《蒙古秘史》记载的十三翼之战中的"十三翼"，便可直译为十三个环形聚落。可见，村落名称在某种程度上可以展示一定历史时期内特定族群的生存境况与社会风貌，"××营子"形式的地名符号不仅是辽西农耕蒙古族文化的表象，也承载着辽西农耕蒙古族的历史内涵。尽管这些蒙古族营屯已被政府划定为行政村，但当地蒙古族民众仍习惯称其为"营子"。

辽西蒙古族营屯是在某一特定范围内，由族内成员组成的具有独立性的地域社会群体。辽西蒙古族营屯空间系统是按照一定的秩序规范组建起的生产生活框架。随着时间的推移，这一框架经历了从简单到复杂、从被动到适应的过程，并不断自我调适，以便更好地适应环境、改变环境，并最终形成整体协调的有机体。有机体基于各种需求动因，并在自组织和他组织的共同作用下，呈现灵活的组织建设与运转方式，从而使蒙古族营屯村落空间体现出相互依存、相互作用、关联紧密的"生命体"特征。

（3）"海青格热"民居

"海青格热"在蒙语中即海青房之意。辽西蒙古族海青格热是混融了汉族囤顶民居与满族海青房民居的某些建筑特点，且带有一定蒙古族特色的一种民居建筑类型，其中马鞍型屋顶是其典型特征。

囤顶是汉族传统建筑的屋顶样式之一，其特征是屋顶拱起呈弧形，前后较低、中央微高，房屋左右两侧山墙会高出于屋顶，凸出部分则被垒砌为弧形。囤顶房屋的排水效果较平顶佳，而且可以防御风沙。这种屋顶在我国东北乡村比较常见，辽宁省兴城市一带保留较多。由于北方冬天气候寒冷，降雪量较大，如此设计的屋顶可避免过多的降雪在房顶上堆积，减少屋顶的载重量。

海青房是一种东北满族民居。整栋房屋皆以青砖青瓦构筑，多为起脊设计，正房3～5间，坐北朝南，便于采光，均在东端南边开门，便于聚暖。东西各有厢房，配以门房，构成通常所说的"四合院"格局。

两种不同文化的差异首先在于文化符号的不同，因为人们无法第一眼就直指文化展示的心理内容。符号不仅是媒介，更是实体。民族文化的根本界限是该民族创造的文化符号划出了不同民族或族群文化的疆域。除马鞍型屋顶外，海青格热的建筑形制与空间形态还具有诸多带有蒙古族游牧文化遗风的建筑元素，如对草原游牧时代蒙古包弧形造型的承继：海青格热两侧山墙顶部的拱圆酷似蒙古包，对此当地蒙古族民众极为认同，皆持此说，认为侧看海青格热的房山，就是蒙古包的造型；建筑门楼两侧的立柱砖墙，也多呈内外漫圆造型；砖石砌筑的院墙有别汉族建筑的直角，多以圆形拐角；建筑表皮的石刻装饰纹样，也多为祥云等鲜明的蒙古族文化符号。上述特点皆为辽西蒙古族建筑刻意沿袭的民族符号，以此区别于同居此地的其他民族民居建筑。海青格热是辽西蒙古族自定居以来与当地的汉族、满族长期杂居相处，在建筑文化上融合和交汇的结果，但仍不失蒙古族特色，是体现北方民族民居建筑多样性的样本之一。

辽西蒙古族海青格热的建筑形制与我国北方汉族、满族的传统民居形制"同中有别"，尤其是建筑外形更显现出别致而有深意。海青格热民居建筑形制的生成与演化，与辽西蒙古族从草原迁徙至此地，所处自然生境与社会生境的改变，生计方式被迫由游牧转为半农半牧，直至向全部实施农耕转型，并长期受汉族文化的包围与影响密切关联。近一个多世纪以来，世事更迭，时代变迁，辽西各地的民居形式也演变繁复，出现众多的民居样式，但蒙古族海青格热民居依托其强大的使用功能、低廉的建筑成本、极高的族群认同功能，始终代代因袭相陈，未有大改，并然自成一派，构成一种独特的民居类型。作为植根于辽西农耕蒙古族聚居地域的传统民居样式，海青格热民居不从属于其他任何形式的建筑类型，可谓独树一帜（图1-2）。

辽西蒙古族营屯的遗存以及海青格

图1-2 海青格热两侧高耸的"滚水"

热民居建筑形制及建筑工艺的延续，生动地诠释着区域文化与民族文化的延续，是典型的活态性物质文化与非物质文化遗产。

1.2.3 研究范畴

（1）地理范畴

"辽西"指辽宁省西部地区，主要指行政区划中锦州市、朝阳市两个城市所管辖的范围。因本书的研究对象为辽西蒙古族特色村寨，这部分人口主要聚居在辽西境内，即辽宁省与内蒙古自治区、河北省接壤区域，具体包括朝阳市所辖的喀左县、凌源市、建昌县、朝阳县等地。其中，因喀左县为蒙古族自治县，是辽西蒙古族密集聚居地区，故这一区域将是本书展开调查与研究的核心区域。

（2）时间范畴

辽西蒙古族营屯的形成时间可追溯至清代，营屯的形成与辽西蒙古族出于防范而在辖境内设置防御性聚落，以及辽西蒙古族由游牧向定居农耕生计转型密切关联。因此，本书通过历时性视角将时间范畴设置为从清代至当下。在具体行文中，基于对蒙古族民居建筑演化变迁研究的整体性和连贯性考虑，时间上也会上溯推前。

（3）对象范畴

本书研究对象为辽西境内传统风貌保留较为完整的农耕蒙古族营屯，以及聚落内海青格热蒙古族民居建筑。这些聚落与建筑体现了多元文化交会融合以及建筑的适应性特点，反映出辽西地区蒙古族顺应自然生境与社会生境的变迁所做出的文化应对与文化调适，承载着丰富的物质文化和非物质文化遗产，是蒙古族文化传统的重要组成部分之一。本书在对辽西蒙古族建筑营造的解析过程中，将北方汉族民居及满族海青房民居也纳入研究视野，在与这些北方民族民居类型的比较中，揭示蒙古族营屯及民居建筑的特点。

第 2 章
辽西蒙古族营屯相关研究概述

辽西蒙古族海青格热民居与防御性聚落并不是简单的建筑单体与建筑集合，它们与周围的自然环境、社会环境等产生互动，承载着农耕蒙古族的发展历史、蒙古族民众族群的认同、农耕蒙古族的文化。辽西蒙古族海青格热民居与防御性聚落不仅见证了辽西蒙古族的变迁，更诠释了农耕蒙古族民居与聚落的场所精神及建筑叙事性。面对城市化与现代化的不断"侵蚀"，作为复杂系统的辽西蒙古族民居与聚落也需要在保证宜居的前提下，通过村落更新注入活力，实现可持续发展。

2.1 辽西蒙古族相关研究

辽西蒙古族是我国较早实施定居农耕的蒙古族，其生计方式及文化建构、文化定位等方面呈现出不同的面貌。学界对辽西蒙古族的关注主要集中于族群文化变迁与现代建构，通过梳理学界相关研究，可更好地理解海青格热民居与防御性聚落对于辽西蒙古族的文化价值和族群意义。

2.1.1 辽西地区农耕蒙古族文化变迁研究

关于辽西地区农耕蒙古族的文化变迁，曾有学者从不同角度予以关注。通过梳理，可以发现学者都看到了在生计方式、社会环境等发生变化后，农耕蒙古族文化在不断适应中发生了变迁，趋向汉化。

自20世纪80年代以来，中国少数民族纷纷进入文化和族群重构阶段，通过挖掘民族历史、建构具有民族特色的传统文化等方式，重新建构民族认同。国内外学者将中国不同地区的少数民族作为研究对象，形成了大量的学术成果。一些学者主要关注民族认同的重构过程，还有一些学者着重考察民族文化重构在民族认同建构中扮演的重要角色。农耕蒙古族的民族认同重构及民族文化重构也是本书的关注点。

辽西地区农耕蒙古族作为典型的研究对象，其现代文化重构和民族认同建构也被学者关注。辽西蒙古族在城市化和现代化进程的冲击下经历着传统文化重构过程，而且辽西蒙古族通过民居和聚落的传统性和民族性特征建构族群认同，维系族群边界，这部分内容将在后续章节中重点介绍。

2.1.2 辽西蒙古族聚落与民居相关研究成果与现状

国外有关蒙古族民居的研究主要集中于对我国内蒙古地区的传统聚落研究，这些研究多是对草原蒙古族传统聚落和民居建筑的考察。

在中国北方民族建筑史学的研究中，对草原游牧蒙古族民居建筑以及人居关系等方面的研究可谓成果丰硕。其中，蒙古族传统民俗的核心代表——蒙古包作为蒙古族传统民居的典型性符号，对其研究广泛而深入。

另外，我国建筑学领域有关草原蒙古族聚落研究的成果也较为丰富，如包智明、葛根高娃、乌云巴图、达林太等民族学者以草原生态学为基础进行的关于定居点和生态移民新村周边生态系统及草地系统的研究。

辽西蒙古族是一个身份特殊的族群，作为草原游牧文化的携带者，自明末迁徙至辽西地区之后，虽然其在文化上与草原游牧蒙古族仍保有千丝万缕的联系，但随着迁徙地生态环境、社会环境、政治环境的改变，其生计方式与草原游牧蒙古族逐渐拉开距离，直至定居农耕。在文化建构方面，辽西蒙古族与内蒙古地区的游牧蒙古族已经呈现出明显的区别，仅从居住形态来看，便由移动的圆形蒙古包转变为永久性的梁架结构住屋。遗憾的是，目前国内外对于迁徙辽西的这一支蒙古族的文化建构与变迁的关注较少，相关研究甚少，有关辽西农耕蒙古族文化与建筑的文献资料也不多见。

对辽西蒙古族聚落的分布情况以及历史沿革的记载，多见于辽西地区的民族志和县志，多从历史、文化等角度切入，缺少建筑学视野。有关定居农耕的辽西蒙古族聚落及民居较有深度与价值的科学研究几近空白，尤其在建筑学领域，对此既缺少实证性的调查研究，又缺少理论性的系统分析，可以说，在农耕蒙古族传统民居研究中，建筑学基本处于缺位和失语的状态。

目前，蒙古族传统民居研究的主要关注点集中于游牧蒙古族传统民居，研究内容广泛且深入。虽然有些学者认识到农耕蒙古族传统民居是蒙古族民居的重要组成部分，但对其关注较少，也缺乏系统性的梳理和研究。因此，本书希望通过对辽西地区农耕蒙古族海青格热传统民居建筑群的系统性的实证研究和阐释，既可以填补我国建筑学领域有关农耕蒙古族传统民居研究的空白，也可以为其他相关研究提供研究基础。

综上所述，辽西蒙古族在与汉族等民族杂居的过程中，其传统文化不断汉化，尤其在现代化和城市化进程中，辽西蒙古族传统文化变迁速度加快。通过调研，发现海青格热民居和防御性聚落是辽西蒙古族典型的族群文化，在蒙古族民众中认同度也较高。学界对辽西蒙古族民居和聚落关注较少，未能深入考察民居聚落与民族现代建构的关系等问题。

2.2 村落及其民居内涵研究

建筑是人类文化传统与生活方式的诠释，特定人类群体文化传统的演化以及生活方式的变化，最终都会在其建筑上有所体现和映射，这是建筑学的基本学理所在。故此，特定区域的民居与聚落不应被视为单纯的建筑与建筑集群，其映射的区域或族群文化传统及建筑内蕴的文化意义也值得关注和解读。对蒙古族营屯的演化与更新研究而言，其理论也应该建立于这个基本学理基础之上。

在建筑学有关聚落与民居内涵的以往研究中，一些审视维度已经敞开，相关研究也已积蓄了一些颇有见地的成果。尤其近年来，西方建筑学界更加关注文化对本土建筑的生成和持续起到的重要作用，在研究聚落与民居建筑中打破学科界限，科学运用人文学科理论，形成了丰硕的成果。这些颇具现代意识的研究理念既为建筑学传统的研究范式注入了动态的时代性活力，也为本书对蒙古族营屯与海青格热民居内涵的审视研究开启了某些别致的视角。例如，场所概念、建筑叙事理论在聚落与民居内涵研究中的应用，尽管其对本书而言可能不够充分，但仍有相当的针对性。

2.2.1 场所理论

所谓场所精神，因其具有难以言说的"非物质性"特点，往往难以清晰描摹和把握。其实只要有人的活动，就会形成一定的场所，若以建筑营造的氛围而论，历史街区是场所，新建的街区也是场所，可见场所本身并不特指历史性的事物。从挪威建筑理论家诺伯格·舒尔茨辟建的"场所"理论角度审视，一件建筑作品的成功与否的关键标志在于建筑的内、外部空间的形式是否传达了有意义的场所精神，那些盲目追求空间形式而忽视表达空间意义的作品，只是一件"非场所"的作品。

通过文献梳理发现，国内有关场所理论研究的主要领域聚焦于遗产价值的再利用方面。并且目前相关场所研究多是在现代化背景下，关注城市中传统建筑的可持续发展，而较少关注乡村地区，尤其是民族聚居地区传统建筑的场所内涵。

2.2.2 建筑叙事研究

虽然建筑叙事学在我国建筑学领域仍处于起步阶段，但在结合西方理论与本土建筑的基础上，以建筑与环境、场所、语境等多种外界因素结合的视角，在阐释建筑作为文化实体的意义方面，已经形成了一些研究成果。但现有研究较少对建筑与人的互动关系进行多维度阐释，也就是说，未能系统深入地分析建筑之于人复杂的内隐意义。

通过梳理场所理论与建筑叙事理论的相关研究，不难发现，在我国少数民族聚居地区，一些传统民居建筑的群落与特定族群的历史、民族的认同确实存在着非常密切的关联，其"场所"性质与"叙事"功能明显，但目前学术界尤其建筑学界对建筑与人的互动关系等方面的研究的确缺乏关注与深入探析。

2.3 生态位理论与村落生态化更新研究

2.3.1 生态位理论及其拓展研究

生态位（Ecological niche）是生态学中的一个重要概念，最早是由美国生态学家约瑟夫·格林内尔（Joseph Grinnell）于1917年在其发表的论文中提出来的。他将这一概念界定为：生物种群在空间环境之中所占据的基本生活单位，用以划分环境的空间单位和一个物种在环境中的地位。

生态学的这些理论构建给予了其他学科的相关研究重要的启迪，即生态位理论对所有生命现象而言具有普遍性，不仅适用于生物界，也适用于人类社会。事实上，人类社会发展的诸多领域都存在"生态位"问题，置身其中的人们只有定位正确，利用自身资源，方能形成自己的特色，发挥自身优势，提高社会经济发展的效率和效益，促进社会的良性与健康发展。历经80多年的发展，生态位的概念及其理论逐渐完善，超越了生物学的范畴，渗透许多研究领域。作为有效的研究工具，生态位理论被应用于城市发展、乡村振兴、土地利用、建筑设计、旅游规划等领域的研究之中，产生了深远的影响。

村落是一个可类比自然环境的复杂系统单元，结合辽西地区蒙古族营屯更新与发展的特点，运用生态位理论对营屯更新的基础予以评估也是有效的。调查发现，无论是历史上的营屯演化，还是当下的更新，其实都与每一特定的营屯所处的生态区位密切关联。通过对辽西蒙古族营屯演化和更新的实地调查发现，对营屯演化与更新具有重要影响的条件因素不仅限于营屯所处的生态环境，还包括该营屯发展所需的社会环境，也即自然生境和社会生境。"生境"属于生态学的概念，是指生物（包括个体、种群或群落）生活生产地域的环境，包括生物的生存条件以及其他对生物起作用的生态因素。生境包括结构性因素、资源性因素以及物种之间的相互作用等。从拓展的视角来看，任何一个民族都生存于特定的生态环境，而任何民族文化也都在特定的生境中孕育与发展。文化生境是一个包括自然和社会的外部空间文化体系，该体系经由特定文化加工，并与特定文化相适应。在漫长的历史发展过程中，正是辽西独特的区域生境与族群关系的融合，才形成了以蒙古族为主，多民族混合杂居的"一方水土"。故而，辽西蒙古族营屯的更新，必须先廓清其生态位基础，即营屯的特定"生境"。自然生境为营屯所处区位的气候条件、地理特征、资源构成等；社会生境则为营屯的生计方式、经济结构、文化、观念、道德、政策等。如此两个维度的"生境"因素才比较完整地构成了营屯演化与更新的"生态位"基础。

2.3.2　村落生态化更新理念及其旨向

近年来，我国的传统村落已经普遍进入现代化转型时期，粗放式的村落与民居建筑更新正在辽西各地乡村自发而又普遍地进行，尤其"拟城化"的更新模式对辽西蒙古族营屯的生态环境造成强烈冲击。纵观辽西蒙古族营屯近年的更新实践，多处于盲目与无序状态，亟待适宜的更新理论指导以及科学有效的更新手段介入。对辽西蒙古族营屯更新的运行机制、格局调整、更新目标、行动策略进行审视和剖析，寻找一条适宜的生态化更新路径，已是当务之急。

村落生态化更新是村落空间营建理论和实践的组成部分。村落生态化更新实践是村落与外部环境的互动过程与结果，是村落固有特质与外部环境调适匹配的状态和过程。村落生态化更新是指村落在当代更新过程中，从民居建筑到村落的多功能属性以及区域内的角色，根据村落环境生态优先的目标，提出的一系列新的更新内涵、目标以及对策。

国外村落更新中的生态化思想与理论发展，随着城乡关系的转变与城市问题在乡村地区的蔓延而深入，是对乡村生态问题的应对理论。因此，可将村落生态化更新理念的提出视为对村落发展当代问题的反馈式修补，是针对村落建设发展问题而产生的修正性措施。

在扩充建筑学有关传统村落更新研究理论方面，本书将引入生态学视角，借鉴生态位理论，将生态位适宜度理论和生态位扩充理论融入蒙古族营屯更新过程中，搭建蒙古族营屯更新规划的解释性框架，建构辽西蒙古族营屯生态化更新的目标与策略体系，并从辽西蒙古族营屯中选择若干具有代表性的更新案例为实证对象，通过理论分析与实证研究，建构我国北方农耕蒙古族传统聚落生态化更新的理论设想。在现有传统村落生态化更新理论的基础上，为我国少数民族传统民居村落的保护、开发和利用提供研究基础和开拓理论视角。

2.3.3 建筑的生态适应性研究

辽西蒙古族营屯及其建筑形态不仅表现出特定历史时期形成的建筑空间结构和形式特征，而且是特定历史时期辽西区域自然环境、经济技术、社会文化和政治政策等深层结构的映射。近年来，我国实施的历史文化村镇保护及少数民族特色村寨保护制度，为辽西蒙古族特色聚落的保护与更新提供了时代机遇。辽西蒙古族营屯的空间形态出现了恢复型、控制型和突变型等外来干预型演变样态，营屯空间图式的演化和形态特征也相应出现了分化。事实上，辽西蒙古族营屯内海青格热民居建筑的形制生成及其演化，都与建筑的适应性密切关联，若营屯实施生态化更新，建筑的适应性更是重要考量之一。通过对辽西蒙古族传统聚落居民的调查和访谈发现，改善居住品质、合理引导居民自建住房、配套聚落基础设施、完善聚落文化娱乐设施、满足蒙古族民众的精神需求等，成为辽西蒙古族营屯更新与发展的内部需求。

毋庸置疑，辽西蒙古族营屯的生态化更新应立足于保护营屯的整体风貌和海青格热传统民居建筑，但改善居住主体即营屯中的人居环境和居住品质，满足蒙古族民众不断增长的物质与精神需求，更是营屯更新的目标旨向。因此，如何科学认知和把握营屯及海青格热民居建筑的适应性尺度，使营屯依托更新得以可持续发展，成为当下辽西蒙古族营屯生态化更新必须解决的现实问题。

2.4 现代视域下村落运行系统的相关研究

与我国各地普通传统村落的自组织运行模式不同，辽西蒙古族营屯在形成之初便是以他组织的外力建构并参与其运行发展的。在由"军屯"转化为"民屯"后的一个相当长的历史时期，营屯转为自组织运行。进入当代社会，一部分蒙古族营屯因其厚重的历史内涵、民族传统遗存及别具特色的民居建筑而被各级相关机构重视，较之同一区域的其他汉族村落面临较多的发展机遇，也有"多元行动方"参与营屯的保护与更新实践，从而将蒙古族营屯更新与发展置于一个相对复杂的运行系统。在传统社会，我国的村落多以自组织运行模式完成自我建构、自我发展，进入现代社会后，外界力量越来越多参与到村落的运行中，自组织与他组织共同参与到村落建设发展中，在一些地区，甚至有他组织力量超越自组织力量影响村落发展之势。故此，现代视域下村落运行系统的相关研究已成为近年来学界关注的内容，也是本书需要探讨的重要内容之一。

2.4.1 村落运行的自组织研究

20世纪60年代末期，自组织理论形成并发展了自己的理论群，主要"研究演化，研究系统从无序到有序或从一种有序结构到另外一种有序结构的演变过程"。德国哲学家康德（Kant）有关局部与整体的辩证思考被认为是自组织理论的哲学源头。康德认为，自组织系统主导下的事物具有如下特征：它的各部分与其他部分相互作用，各部分为了其他部分和整体双重需求而存在；各部分在相互作用下，重新对自身进行"更新"，整体即在这种相互作用不断更新中产生。他指出，"只有在这些条件下而且按照这些规定，一个产物才能是一个有组织的并且是自组织的物，而作为这样的物，才称为一个自然的目的"，准确和形象地描述出了"自组织"的性质，可以说，康德对自组织的阐释与当下的自组织概念相当吻合。自组织理论的形成以"协同学"理论和"耗散结构理论"的发表为标志。1976年，德国物理学家赫尔曼·哈肯（Haken Herman）提出了"自组织"的概念，并给出了如下定义，"如果一个体系在获得空间的、时间的或功能的结构过程中，没有外界的特定干涉，我们便说该体系是自组织的。这里'特定'一词是指，那种结构或功能并非外界强加给体系的，而且外界是以非特定的方式作用于体系的"。这一概念一经提出，便获得了学界内外的广泛认同，明确的研究对象和研究理念对发展自组织理论体系起到了关键作用。

20世纪中期，"复杂性科学"作为一个松散的学科群开始出现，其生成及演变过程大致分为三个阶段。第一阶段研究"存在"问题，以系统论、控制论、人工智能研究等为代表；第二阶段研究"演化"问题，自组织理论便是这一阶段的代表性成果；第三阶段研究"综合演化"问题，主要以1984年5月《复杂性》杂志的创刊为标志，1999年《突现》杂志创刊成为这一阶段的主要事件。在复杂性研究学科群中，自组织研究无疑是最核心和最有价值的理论。此后，越来越多的学者开始关注复杂系统的问题，研究发现，这些复杂系统往往都具有自我调整的能力，即一种将秩序和混沌融入某种特殊的平衡的能力。研究表明，复杂系统最突出的特点就是系统的自组织性和非线性运动，我国学者吴彤在其所著《自组织方法论研究》一书中对自组织系统概念做出如下阐释："所谓自组织系统，是指无须外界指令而能自行组织、自行创生、自行演化，能够自主地从无序走向有序，形成有结构的系统。"吴彤指出，系统内部的复杂性源于自组织的演化发展，复杂性带来了更多系统以往不具备的特性功能和结构，这些变化又为系统整体带来了活性与动力（图2-1）。

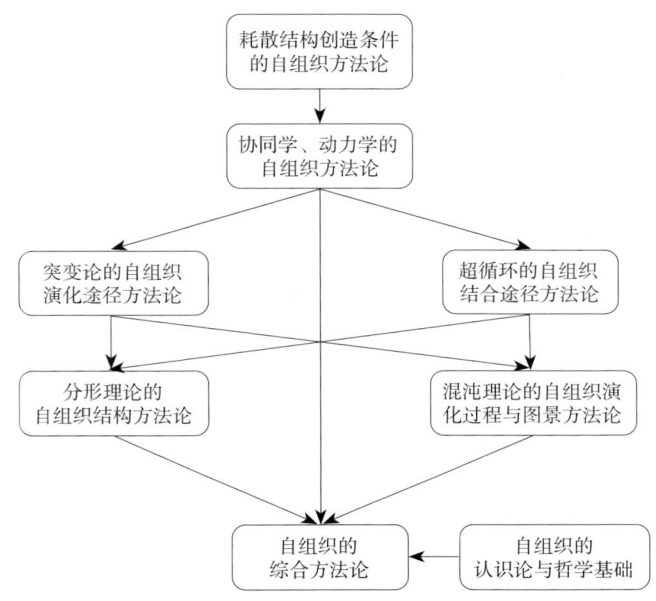

图2-1　各个自组织方法论关系
资料来源：吴彤. 自组织方法论研究[M]. 北京：清华大学出版社，2001：22.

社会系统的组织形式基本是由自组织和他组织构成的，不同社会系统呈现的差异，主要是由自组织与他组织在组织过程中所占比例不同造成的。但不同的是，中国封建社会时期的村落均是自组织运行模式，也就是说长期以来，中国传统村落形态的形成过程具有明显的自组织发展特征，一直处于自组织更新状态。张乐天在《告别理想：人民公社制度研究》中这样写道："传统村落是一个自我封闭的系统，政治体制不兴、市场机制不作、中间组织不存是主要特点，但它自身具有极强的稳定性和再生性，很多新式的内容进入传统村落社会，都会受制于传统势力。就好像巨石扔进沼泽地，不管你用多大气力，都无法荡起涟漪。"可见中国传统村落自组织运行模式的稳定性。

（1）传统村落的自发性特征

中国传统村落的自组织运行多体现在自发性特征上。自发性是指在村落整体格局的形成过程中，道路、街巷等不作为主体目标进行规划和建造。这种自发性过程是明显区别于现代规划过程的。我国传统村落自发性特征表现在以下方面。

①村落发展变迁大多未被纳入国家相关建设体系。首先，村落的演变发展是一个"无止境"的动态过程。与城市不同，村落的形成经历了一个相对漫长且以自发演变为主的过程，人们可能无法追溯这个过程真正意义上的起点与终点，因为村落一直处于不断发展变化中。其次，村落兴建和维系都存在无序性。在村落兴建初期，整个地区的建筑尺寸、建筑位置、建筑形式均处于无序状态。最后，我国传统村落以村民自治为主，村集体是规划编制和实施的主体。即使在当下，国家提出传统村落保护政策，也仅针对有保护价值的村落，而其他村落仍未被纳入国家相关建设体系。

②大量自建单元的聚集。自组织系统是由子系统及子系统中的各要素组成的；各子系统和各要素间不断互动，继而相互作用影响，并发生联系。我国村落主要由自建单体建筑构成，在现代社会中，相配套的公共服务设施体系也成为村落的主要构成要素。农民根据自身需求对乡村中的自建单元进行规划和建设。村落兴建还受血缘、地缘等社会系统左右。以亲缘和友缘等构成的联系纽带，使建筑房屋成为村落内部很多人的共同活动。另外，由于个体在建房过程中存在空间、资源的争夺，还有一些源于建筑形制（面积、材料、风格等）的攀比行为。事实上，这类竞争关系构成了一个自发的协同网络，这就使得村落内的自建"主体"单元成为这个协同网络中的一个节点，共同完成体系的动态演化。

③传统村落中的场所与象征。传统村落自发性的另一个表现在于村落中场所的存在，这些场所可以是祠堂、庙宇、戏台、水井等，或只是民居的建筑形制等，但是这些场所确是民众精神信仰和认同身份之所在。这些建筑可能未经规划就被建造在村落中的某个位置，或是建筑形制完全依照个人意愿进行修筑。这些场所中的建筑和周围的环境，既蕴含了物质文化遗产，还留存有非物质文化遗产，如社火、庙会等民俗活动及生产生活中的民间技艺等。这些场所本身具有了地域空间上的象征性和识别性，也让生活于其中的个体潜移默化地形成身份认同和某种特殊的情感。

（2）传统村落的自组织形态

①传统村落作为自组织系统的构成要素。一是"开放的体系"，是指村落与外界存在着频繁交换行为，包括信息、物质、资金等，与外界持续地保持输入与输出的动态关系。如果交换超过村落维系稳定的阈值，村落系统结构可能发生变化，出现从无序向有序或者从有序向新秩序的转变。二是"非线性运动"，是指村落系统是一个复杂的综合系统，各子系统存在动态变化，且保持一定的差异性，同时它们相互交织、相互影响、相互作用。村落系统并非简单的线性叠加，而是一个复杂的非线性系统。三是"广泛影响"，村落系统维系稳定或发生秩序转变涉及诸多因素，这些影响因素较为复杂，包含了社会因素，如社会制度等；文化因素，如地方传统等；生态因素，如自然生态系统等；经济因素，如铺设高铁线路等。

②传统村落作为自组织系统的演变类型。根据自组织理论，村落系统发展的动力源于内部，是通过系统内部各子系统间以及子系统各组成要素间的竞争与协同完成的。如前文所言，在一个复杂的村落系统中，其生态环境系统、农业经济系统、社会文化系统以及村落与建筑形态系统等存在相互作用、相互影响、相互竞争与协同的关系，这是村落作为自组织系统发展的根本动力（图2-2）。同时，各子系统又有其相对独立发展的空间，这就使得每一个子系统组成要素之间存在差异性和多样性，正是源于差异性和多元化，每一子系统都有其各自发展的动力。从可持续发展的角度来看，村落各子系统间虽存在相互竞争关系，但仍需要各自保持并发展其特性，且有必要使每一个子系统都占据相对独立的生存空间，这样村落各子系统才能相互补充、相互影响、相互促进，进而共同发展。

通过对中国传统村落变迁的考察，有学者提出，村落系统的演变有两种类型，分别为渐变和突变。"渐变"指延续性的变化，一般具有时间和空间上的连续性与一贯

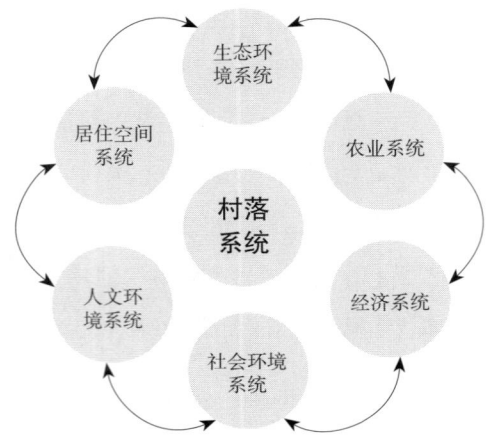

图2-2 村落系统及其子系统的相互关系

性等特征。系统内部处于一种相对平稳的状态，变化过程较为缓慢，具有持续性。"突变"是与渐变相对的概念，指不连续性与突发性的变化，在时间和空间上呈现间断性或间跃性等特点。传统村落的突变又可分为两种类型，一种是非自然态的演变，即原有村落系统遭到破坏，失去应有的活力而被动让位于另外一种系统模式。另一种是间跃性的演变，指村落模式系统在未消失或遭到破坏的情况下，脱离其常规的演变路径，跃升到一个新层次，这种演变会激发系统的活力和潜力。显而易见，第二种突变态演变类型是传统村落系统得以生存和发展的理性化情况。在当下传统村落保护的进程中，学界也在按照此演变类型寻求传统村落可持续发展的路径。

③传统村落自组织系统的优势。传统村落自组织是一个相对闭合的、能够完成自循环的系统，其具备以下优势。

一是传统村落自组织系统内各子系统和组成要素的均衡发展。在传统村落自组织系统中，各子系统和组成要素间协同发展，它们在互动中不断调整对资源的占有，以达到平衡。各子系统和组成要素在不断发展中形成了传统村落系统较强的生命力和自适应、自愈合能力。

二是传统村落自组织系统各子系统和组成要素的非线性特征。非线性特征源于差异性和多样性，这在一定程度上增加了村落系统的丰富性和多元性，也使传统村落的空间形态特征鲜明。

三是传统村落的自组织系统的发展经历的是一个渐进变化的过程，其发展是一个既没有开始也没有结束的过程，始终处于缓慢状态，也就是说，传统村落自身发展注重动态过程而非结果，在一定程度上促进了传统村落精神世界的建构。

四是传统村落的自组织系统的发展经历的是一个自下而上的过程。传统村落自组织系统发展的核心是村民，他们在村落发展的各个阶段都发挥了主导作用，让村民发挥核心作用可最大限度实现村落发展中公众参与的目标。

（3）传统村落"保护"对村落运行系统的影响

如今现代化、城镇化进程日益加快，对传统村落造成前所未有的冲击，因此，相关职能部门采取了诸如"郊区城镇化和新农村建设、乡村旅游开发、城乡统筹发展"等举措，这在一定程度上延缓了传统村落的消失，但也使部分传统村落遭受人为破坏。很多"他者"在不了解传统村落历史和发展的情况下，盲目开发、建设，加之传统村落的自组织特性减弱，难以协调自身各要素的发展，造成"千村一面、万村一貌"的局面。在传统村落保护过程中，面对外界的干预越来越频繁、力度越来越大的问题，如何协调"他者"与"自我"的关系，也就是"自组织"在其中扮演何种角色、"他组织"介入程度有多大等，成为当下诸多学科共同讨论的问题。对传统村落自组织系统的影响可具体归纳为以下几点。

①外力干预强度过大。根据自组织理论，系统中的各子系统和组成要素通过不断制衡，进而完成从无序到有序、从低级有序向高级有序的演进。传统村落自组织系统有其自身发展和循环的路径，而现在开展的保护更新措施，在很大程度上影响了系统内部的自我循环和发展。我们会看到整齐划一的新农村聚落，相似的建筑、相似的街道，却缺少了最为核心的村落内涵。传统村落系统无法承受这种大规模改造和重建，使村落的自组织系统遭到破坏，致使原有村落空间的系统结构遭到瓦解。传统村落环境中的物质性与非物质性特征休戚相关，物质性空间结构的破坏解体必然引发与之关联的人文与社会特征的丢失，从而导致传统村落乡土特色的丢失。

②传统村落建筑多样性受损。传统村落自组织系统发展是一个渐进的、由低层级向高层级发展的过程，系统内部各子系统或组成要素遵循非线性发展规律，这就使得不同的传统村落依据不同的自然生境和社会生境渐进发展，形成特色鲜明的空间形态和人文社会特征。在当下传统村落的更新过程中，不同利益方往往片面强调经济效益、时间效率等单一因素，采取他组织手段强加干预，打破了原有各子系统和组成要素间的平衡状态，无法完成互动，导致村落自身发展活力和动力大大减弱。这种严重

的失衡状态阻碍了村落的内部非线性运动，使传统村落的复杂性和不确定性降低，削弱了自组织特性，这是导致千村一面的重要因素。具体表现为，一是大量具有历史价值和人文价值双重价值的建筑遭到破坏；二是村落自身的文化脉络被中断，文化特色、文化认同的精神内核逐渐消失，而村民作为文化传承者对村落文化的认同才是保护村落的重要基础。

③居住主体认同感降低。在传统社会中，传统村落的形成，从选址到建设、使用及管理等，属于"自下而上"的自组织行为。在村落中，个体建造民居须遵循乡规民约，包括价值取向、文化认同以及对环境的评价等，如在辽西喀左县，蒙古族民众认为海青格热是他们的民居，必须按照传统修建。由此形成了一套约定俗成的建设行为和建筑语汇，从而在某一传统村落中建筑外部呈现了均质化特征，随之形成了相对一致的场所认同感和社群归属感。由于城市化影响日益深化，加之农村社会结构变迁，传统村落的自组织系统遭到破坏，传统秩序的约束力逐渐弱化。村落的更新和重建缺乏因地制宜的方案，精神文化特征逐渐淡化，一些传统建造技术与经验传承失败，村民共同的信仰和记忆、文化认同都找不到合理的物质寄托。因此，村民对村落的认同感逐渐丧失，缘于传统村落中物质或非物质要素在新农村建设中的缺失，进一步加剧了传统村落整体空间特色的消失。

④传统村落有序性被打破。传统村落的构成大致分为建筑、院落和街巷空间。近年来，随着他组织的深入介入，传统村落的自组织系统遭到破坏，失衡和无序成为系统内部的常态，新建的建筑风格与原有文化社会系统不协调，且随意布置，与村落原有样貌格格不入。聚落内部的有序性和平衡性被打破，如空心结构无序发展的后果是出现了"空心村"。另外，新的建筑用地打破了原有聚落内部的有序性和空间肌理，新旧空间结构极不协调。目前在新农村建设中还存在一种现象，即为了追求形制上的统一，规划者用"整齐划一"的形式完成规划，导致原来多样有序的村落空间变得毫无生机。更重要的是，有序性的打破造成了系统内部结构规律的破坏。

⑤传统村落系统内部联系减弱。传统村落是一个复杂系统，由多个子系统和要素构成。村落自组织系统在相互作用和制衡的子系统推动下不断发展。当下，受诸多原因影响，更新和重建无法协调自然、社会和人的关系，更无从谈及可持续发展。片面的发展理念导致传统村落自组织系统内部的不均衡发展，弱化了系统内部子系统之间的协作关系，使传统村落自组织系统丧失了原有的活力和发展动力。另外，由于目前

我国传统村落更新和重建可借鉴的理论和方法多来自城市规划，而城市与村落存在巨大差异，如城市可以划分区域进行系统性的规划，但村落是一个有机整体，无法将其划分区域后更新和重建，一味地借鉴城市规划的经验和模式，将村落不断"砍块"后更新和重建，破坏了原有系统的完整性和协作性，更重要的是切断了各子系统和组成要素间的联系，难以实现可持续发展的目标（图2-3）。

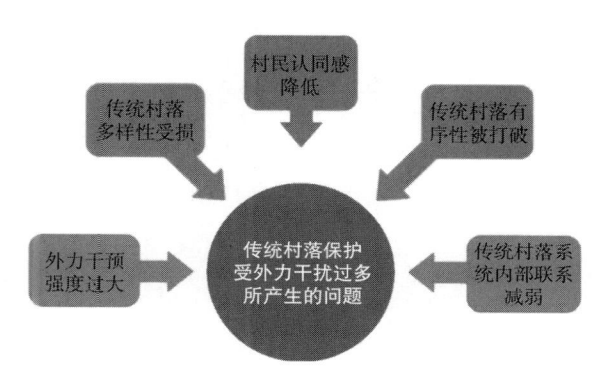

图2-3 传统村落"保护"对村落自组织系统的影响

2.4.2 村落更新的他组织研究

"他组织"是相对自组织而言的概念，一个系统的变迁发展，驱动力源于系统外部，称为"他组织"；反之，如果发展驱动力源于系统内部，则称为"自组织"。早期的系统科学并无他组织概念，但研究内容多围绕他组织展开。比较典型的研究是，运用他组织理论分析社会系统的建构和运行机制，在精准阐释社会系统复杂性的同时，提出自组织与他组织共同运作下的社会系统模式。

中国历史上由于政治、军事等因素，存在由他组织主导形成的传统村落，如长城沿线的防御性村落、屯堡等，他组织直接作用于传统村落中的建筑肌理、街道肌理和村落肌理等。近年来，国家及地方越发重视传统村落的保护，出台了多项政策，政府、学术机构及民间组织均参与到传统村落的保护中，打破了传统村落的自组织运行模式，形成了传统村落自组织与他组织协同运行机制。

（1）他组织的概念与理论体系

组织力是一种力量和作用，它可以使一个集合或群体系统中的有序因素占据支配地位，使系统由无序变成有序。具体包括在系统运行中建立秩序，或维持原有的、既定的秩序，或从较低层次的有序变成较高层次的有序。这种组织力的力量和作用的发挥被称为系统整合组分的过程。那么，组织力从何而来，如何运作，又有何种性质呢？这是组织学理论研究和回答的最基本问题。根据系统组分的形成、维持、地位、作用等的不同，以及组织力来源的不同，组织可被分为两种，即自组织和他组织。

在系统运行过程中，没有出现明确的专职的组织指挥者，所有组分都在行动，发挥着大体相同的作用，处于基本相似的地位。虽然无法明确区分出组织者与被组织者，但整体上系统特定的有序结构能够完成从形成、维持、发展到改变的过程，这就是自组织系统。自组织的组织力主要源于系统内部各组分之间的相互作用与制衡，任何组分都平等、相似，没有专属性，具有无形的、潜在性的特点。

他组织是指在系统整合其组分的过程中，组织者和被组织者的主导地位存在差异，组织者的组织力可以使有序因素占据主导地位，由组织者总体发布控制指令，其他被组织者接受并执行这种指令，从而形成、维持、建立或改变组织属性和行为模式，组织力来自明显的权威和外在的控制指令。在他组织中，某些组分可以成为组织力的专属者，各种组分在系统中占据不同的位置，发挥不同的作用，具有层级性、主导性特点。吴彤在《自组织方法论研究》中对"他组织"予以定义："他组织是指不能自行组织、自行创生、自行演化，不能够自主地从无序走向有序，而只能依靠外界特定的指令来推动组织向有序演化，从而被动地从无序走向有序。自组织与他组织既对立又统一。"例如，历史上我国许多村落的建构都属于自组织性质，单姓、多姓移民聚居村落的形成都属于不受外界特定干预的结构过程，是村落内部民众通过自发的、自下而上的迁移、聚居而完成的组织建构和秩序运行。与此相对，如果在外界的作用干预下，系统得以获得空间、时间或功能的结构，这种系统可被认定为他组织。"外界的特定干预"即他组织的作用力。如封建社会防御性村落的建构完全根据皇权统治的需要，按照特定的防御目的来建构村落的选址空间、建筑规划、人口构成、聚落分布等，村民在整个建构过程中处于被支配、被领导的从属地位。整个村落的建构过程是自上而下进行的，具有一定的强制性，这些聚落便具有他组织建构的特点。

（2）他组织的村落特点

依据外在作用力完成建构、演化和更替的村落，可以称为他组织的村落。在我国历史上，一些出于防御目的而建构的村落都属于他组织的村落。如山西张壁古堡村落、长城周边的戍边聚落和辽西的防御性营屯等，这些村落的生成、演化和发展都以军事防御系统为主轴，在政府或者官方授意下开展严整有序的村落空间、设施规范包括居民来源等建设内容。当然，村落的完成缺少不了普通民众的参与，但普通民众属于被领导者、被组织者，在主观和客观上配合官方意志来完成村落的建构，属于自上而下的过程，完全符合他组织的特征。与此同时，在现代社会，尤其是当下新农村建设思路下，政府把村落规划、民居建设等以规范的数据、规范加以落实，但实际上不断强化了他组织村落的属性。以防御性村落为例，他组织的特点可归纳为以下几点。

①可识性。防御性村落的建构、规划以及民居样式的形貌设计等均由政府或官方意志出于保护、守卫及防御的目的而设定，规划明晰，村落空间设置有一定的规律性，可识别信息明显。

②可控性。防御性村落是结合自然环境、政治统治和区域经济三方面因素建构的，村落的发展、更新、演替具有一定的可控性。

③阶段性。防御性村落的建构服务于特定时代背景下的政治需要和军事目的，只要外在的社会政治环境不发生大的变化，村落系统自身会按照既定的线性规律在短期或者一定时期内进行发展和更新。但在外界社会政治环境发生巨变的情况下，防御性村落原有的线性发展规律就会被打破，村落的设施、规划、建设、演化会随着防御性目的的削弱而衰退，进而进入不同于防御性村落的发展轨道。

④择优性。防御性村落出于防卫目的对整个发展过程做出合理预测和详细规划，因此村落系统结构如何优化发展是村落规划和设计的重中之重，应充分发挥村落结构的优势效应，最终促进村落的优化发展。

（3）传统村落保护中的自组织与他组织协同参与

传统村落因其特定的历史原因，在当下的村落保护更新中，如果一味依赖他组织的力量很难达到可持续发展的目标。但如果仅依靠村落的自组织，由于不同的村落自组织系统运行能力并不均衡，各子系统间的关联互动也有些不畅，也难以完成传统村落的保护和可持续发展。据此，有必要探讨他组织是否应该参与传统村落的保护更新，以及他组织如果需要参与其中，参与的尺度与程度将如何把握等问题。

①传统村落自组织发展的局限性。随着城市化和现代化的飞速发展，传统村落在自组织模式下的发展遭遇了前所未有的危机。一方面，在强大的外力介入后，传统村落的自愈合能力明显不足。由于外力干预过大，传统村落自组织系统中的各子系统和

组成要素联系减弱，自身活力降低，使得村落系统活力不足、功能退化，甚至工作停摆。同时，由于村落发展依赖外部程度越来越高，自组织特性逐渐减弱，因此，在某些较强外力作用下，传统村落的形态系统极易遭受破坏解体。强大外力的介入造成系统中各子系统乃至整个系统失去活力，使传统村落的发展出现断裂或局部瘫痪。另一方面，地理空间、经济发展水平、技术等因素限制了传统村落的自组织发展。传统村落在一定承受范围的外力作用下的演变过程，可以维系自身的稳定性并完成渐进持续的更新。但在当下高速运转的社会中，这种渐进发展模式既无法适应社会发展，也无法满足传统村落中居民的生活要求。另外，传统村落中的个体受经济诉求和追求城市化审美的影响，造成传统村落风貌无序。

②传统村落保护与更新中他组织参与的必要性。现代传统村落保护是一项系统工程，仅依靠以村民为主体的自组织力量难以完成，使得他组织必须参与完成传统村落的更新。传统村落的保护与更新是一种典型的存量规划，需要科学性和专业性的规划和设计。自组织由于自身的局限性，需要由他组织提供科学和专业的规划与指导，配合自组织完成实施。但应该注意的是，他组织参与传统村落保护需要考虑几个原则：一是尊重传统村落风貌的复杂性。传统村落是包含自然、社会、经济、文化、政治等多方面问题的庞大的复杂系统，各种因素之间还存在错综复杂的依存关系。因此，他组织介入传统村落保护要考虑复杂性问题。二是他组织适度参与。当下，对于他组织过度参与而导致传统村落风貌无序，甚至是性质突变的事例不在少数，如新农村出现的"排排房"等。他组织过度参与使传统村落系统的涨落超出原有空间结构可以承受的范围，且原有各子系统与外部尚未建立起互动关系，导致传统村落系统内部的破坏与瓦解。三是循序渐进。他组织以可持续发展为目标，实施阶段性规划，利用反馈机制，使他组织实施的外力与传统村落内部各子系统建立起互动关系，使规划得以平稳过渡与动态发展。

综上所述，由于自组织自身的局限性和他组织的科学性及系统性，传统村落的保护与更新须在自组织和他组织共同作用下完成。

2.5 本章小结

本章首先就辽西蒙古族文化生存环境的研究视角给予了整体性阐释，指出急速变迁下的辽西蒙古族建筑不断失去民族特色。其次，就有关聚落与民居的内涵予以介绍，对当下要保护和更新辽西蒙古族传统聚落与民居的多维意义加以阐释。再次，对村落更新的现实意义，如宜居、可持续发展等进行理论梳理。最后，对传统村落自组织模式运行和他组织参与更新进行比较和分析，说明在当下传统村落更新和重建过程中，自组织和他组织须协同作用，才可事半功倍。通过理论与文献的再梳理，对本书的学术意义和社会意义予以呈现，即以少数民族传统民居与聚落为研究对象，强调在场所精神与建筑叙事中，突出对族群或者居住主体以及民族认同的考察与审视，以丰富现有研究成果。

　　蒙古族营屯是一个复杂的运行系统。内部子系统众多、层次丰富、类型多样且关联复杂等方面，以及其外部属性多样、运动状态和形状复杂等方面共同造成了蒙古族营屯的复杂性问题，另外，自然生态环境、社会文化环境、地域环境和政治等都直接影响其形成与发展，具有典型自组织结构和他组织结构双重特征。现有的研究对更新的内涵阐释多从物质层面出发，而更新的精神意义并未得到学者的足够关注。因此，本书将运用复杂系统理论，剖析辽西蒙古族传统聚落在古代、近现代和当代等不同历史时期演化的运行机制及其属性，尤其在蒙古族营屯防御性使命终结之后，近现代时期营屯系统在自组织运行下的演变规律，剖析营屯在当代社会的更新实践中，由于多元行动方的介入，各行动主体间的竞争与协同如何成为营屯运行系统演变的动力，同时何以构成营屯更新的动能。

第 3 章
蒙古族营屯的属性建构与机制转化

人类置身于其中的自然系统和社会系统是一个由各种要素、相互影响、相互促进而建构起来的有机整体。对于社会系统的建构和运行规律的研究受到现代系统科学理论的巨大影响，在当下的社会系统研究中，无论是社会组织的建构、成立，抑或是社会组织的运行、活动，都离不开自组织和他组织两种现象。简言之，自组织的动力源于公众个体或群体意志的"自主自发"，他组织的动力源于政府意识或规章制度的"他构他建"。在社会系统运行中，既有以自组织为主的运转，也有他组织能量的助推，往往是在多组织交互运行的过程中，完成社会系统的演化和进步。

与遍布中国各地带有"自生自长"性质的村落有所不同，辽西蒙古族营屯的生成有其独特的历史原因。这些营屯最初生成的原因并不是生活聚落，而是担负明确的军事设防职能，是特定历史环境下由他组织建构的产物。

本章从他组织理论视角出发，对辽西蒙古族营屯的生成历史与建筑特质进行阐释，分析在特定时代背景下，蒙古族营屯的形成原因、选址分布、居住营造、内部格局等多重文化要素，剖析蒙古族营屯在建构依据、营造理念、防御特质与演化逻辑等方面呈现出的他组织属性及特征。

3.1 营屯的防御属性建构与运行机制

辽西蒙古族营屯是集居住生活和战争防御为一体的特殊聚居形式，其在特定的历史时期为辽西蒙古族的生存繁衍奠定了物质基础；同时，作为一种珍贵的历史遗存，营屯又承载着辽西蒙古族在历史时期形成的社会生活、风俗习惯等历史信息。从辽西蒙古族营屯的建筑历史和规划特质上看，蒙古族营屯的生成具有非常明显的他组织建构特征。

3.1.1 喀喇沁左翼"扎萨克"衙门的护卫机制

辽西的蒙古族聚居人口最早可以追溯到1368年，明朝建立，蒙古族封建势力退居塞外，史称"北元"。明朝为加强边境地区的统治，在北方设立大宁都司。明洪武二十二年（1389年），明廷在东北的西部设置泰宁、朵颜、福余三卫，统称"兀良哈三卫"（"兀良哈"是蒙古族中历史久远的古老部落，后世史书典籍中也写为"乌梁海"），派蒙古族遗王们管辖，隶属大宁都司。明朝势力推进东北后，原住辽西地区的蒙古族人便以遗留民、内附民、三卫民等身份生活下来。遗留民是指元军败北后，那些散居在辽西地区的蒙古族人来不及北移，或不愿离去，便就地接受明廷的安排，以遗留民的名义居住于辽西地区；内附民指明朝政府将归附的蒙古族个别部落以及战败或被俘的蒙古族军民强行安置在内地之外，在辽西地区安置一部分；三卫民是明朝辽西地区蒙古族的主要构成部分。

清朝，统治者在蒙古族地区实行盟旗制统治，在辽西蒙古族分布地区也实施盟旗制。后金（清朝前身）天聪三年（1629年），喀喇沁部蒙古族人在其首领苏布地和其叔叔色棱率领下归附后金。天聪九年（1635年），后金将喀喇沁部编为左右两翼旗，封苏布地之子固鲁斯齐布为扎萨克（旗长），掌管喀喇沁右翼旗；封色棱为扎萨克（旗长），掌管喀喇沁左翼旗（今喀喇沁左翼蒙古族自治县）。喀喇沁左翼旗旗署最初设于官大海，后迁至公营子，即现今的喀左县公营子镇。

原本驻牧于归化城（今内蒙古自治区呼和浩特市）附近地区的土默特部的一支，

由俺答汗之孙噶尔图统领，为避林丹汗部的侵扰，由归化城附近东迁，逐渐与喀喇沁部共享牧地。后又东移于喀喇沁部之东（今朝阳市、北票市、阜新蒙古族自治县一带），为区别于故地归化城的土默特部，称其为东土默特。后金天聪二年（1628年），噶尔图之子鄂木布楚琥尔率部归附后金。天聪九年（1635年），后金封鄂木布楚琥尔为扎萨克，收所部驻牧之地编为土默特右翼旗。是年，鄂木布楚琥尔去世，由其子固穆承袭扎萨克职位。元臣兀良哈人济拉玛后裔莽古尔岱，率所部从喀喇沁部徙居东土默特驻牧地之东（约在阜新蒙古族自治县一带），并统领了徙牧于此地的蒙古族勒津部蒙古族人。天聪三年（1629年），莽古尔岱之孙善巴所部归附后金。天聪九年（1635年），后金将善巴所部的驻牧地编为土默特左翼旗，封善巴为扎萨克。

由喀喇沁左右两翼旗和土默特左右两翼旗组成一个"盟"，因四旗最初会盟于土默特右旗卓索图（今辽西朝阳县境内），故名"卓索图盟"，为清代内蒙古六盟之一。盟设盟长1人，副盟长1人，由理藩院从盟内扎萨克或闲散王公中选出，奏请皇帝任命。清康熙四十四年（1705年），又增设喀喇沁中旗，故卓索图盟管辖有喀喇沁左右翼旗和中旗、土默特左右翼旗。其后，喀尔喀左翼旗、锡埒图库伦旗也归卓索图盟管辖。各旗扎萨克必须严守各自牧地管界，不许相互越界，调整牧地也须经允许指定，扎萨克和盟长均无权分封领地（图3-1）。

由以上史料记载可知，喀喇沁左翼蒙古族是辽西地区历史上的重要民族支系，也是我国较早实施定居农耕的蒙古族，亦可称为"辽西农耕蒙古族"，开展农耕生计已近200年。"喀喇沁"作为蒙古族部落名称，汉语翻译为"保卫、看守"，"左翼"是指地理位置。由于这部分蒙古族与草原游牧蒙古族在生计方式及文化建构、文化定位等方面已呈现明晰的分野，故虽同属蒙古族，但两大族群的文化体系、特质已迥然有别。至今当地蒙古族中一些文化人或老年民众对本族群的文化传统了如指掌，对早期喀喇沁左翼蒙古族的迁移历史也记忆清晰：

明末，清还没崛起，明清相互争夺喀喇沁部，我们这是喀喇沁左旗，谁得喀喇沁部谁得天下。那个时候大明王朝挺危急的，到了后金，沈阳被称为盛京，属于后金的首都。后金野心勃勃地想要进军中原，明朝实力有点弱，喀喇沁部跟"西蒙"（叙述者口述时的音译名称）的察哈尔部闹冲突，喀喇沁部经受不起察哈尔部的掠夺，到沈阳找皇太极，那是1627年，皇太极就和后金喀喇沁左翼部联军，共同抵抗察哈尔部。当时就把全国各地的喀喇沁部往"老日尔"（叙述者口述时的音译名称）这个地方集

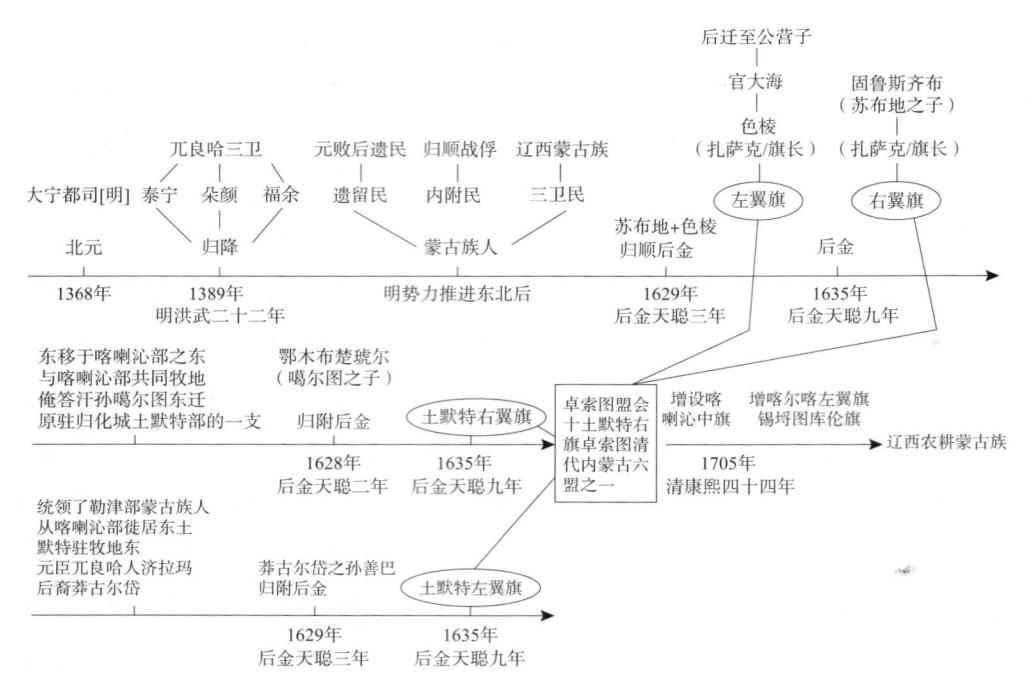

图3-1 喀喇沁左翼蒙古族渊源

中，我们就是这么集中过来的。

我们老家包括当地人大都是从绥远归化城来的，就是呼和浩特。那个时候呼和浩特归绥远管，就是离呼和浩特不远的地方。我们老家是绥远归化城的，那个时候就是这么集中过来的，集中过来之后经过1628年、1632年、1635年这三年的征战，终于把察哈尔部征服了。在征服的时候，喀喇沁部给皇太极打先锋，进到中原，保顺治做皇帝，这样喀喇沁部的整个蒙古族就等于投降给大清了，就是这么个过程。

我们这是喀喇沁左旗，那个时候就是旗制，清朝都是八旗，蒙八旗、汉八旗、满八旗，我们就属于喀喇沁左旗。喀喇沁右旗是建平，喀喇沁中旗是平泉。那个时候者勒蔑的三个儿子在这三个旗里面当王爷，就这么继承下来的。喀喇沁部对清朝有功，清朝就把喜峰口以北都归属于喀喇沁部管辖。朝阳土默特右旗（今内蒙古自治区包头市土默特右旗），土默特左旗加上阜新，加上喀喇沁这三个旗，喀喇沁部就管辖这块地盘。大清坐稳了以后就开始定居，就不游牧了。❶

---

❶ 被访谈人：张瑞林，男，蒙古族，64岁，喀左公营子村人。访谈时间：2017年9月4日。访谈者：孙心乙。

辽西蒙古族营屯的建置有其特殊的历史原因，最初的建置是为了护卫喀喇沁左翼蒙古族"扎萨克"（旗主）的衙门府邸。清朝，喀喇沁左翼蒙古族数代"扎萨克"（旗主）衙门府邸均设在喀左境内的公营子，可以说，这些营屯的最初生成直至此后相当长的一段历史时期，都不是单纯的生活聚落，而是担负有明确的军事设防职能，是特定历史情境下的产物。这些聚落的选址与分布有如棋盘上的棋子，均出于博弈者的刻意布局，具有明显的防御性聚落特征。

3.1.2 营屯的他组织运行特点

我国历史上以防御为目的设置的聚落非常多，如明长城沿线的屯兵式聚落、贵州的"屯堡"型聚落等。对防御性聚落的存在，仅从聚落称谓上就可以窥探端倪，如常见的防御性聚落称谓有"堡""寨""壁""坞""屯""营"等。南方防御性聚落以"寨""壁""坞"居多，北方防御性聚落以"堡""营""屯"为表征。这里不妨以北方防御性聚落的称谓为例，解析聚落的建置与防卫特征。"堡"在《汉语大词典》中解释为"堡子，有城墙的集镇"，最初是指有防御性围墙的聚落，后来逐渐集防御与居住于一体。"屯"在《汉语大词典》中有四种解释，都与防卫有关：一是驻守，如《左传·哀公元年》中记载"夫屯昼夜九日"。二是兵营，如《管子·轻重乙》中记载"请以令发师置屯籍农"。三是屯田，指军队驻地开荒耕种，如《汉书·冯奉世传》中记载"于是遣奉世将万二千人骑，以将屯为名"。四是屯子、村庄，如晋桓玄《沙汰众僧教》记载"乃至一县数千，猥成屯落"。"营"在《汉语大词典》中的解释有四种，一是四周垒土而居住，二是军垒、军营，三是扎立营寨，四是卫护、看护。

"营屯"有两层含义，一指驻军营寨、驻防军。《资治通鉴·晋安帝义熙九年》载："于是纵诸营屯望风相次奔溃。"北宋马令《南唐书·嗣主传》载："妖贼张遇贤聚众十余万陷虔州诸县……命洪州营屯都虞侯严思礼、通事舍人边镐讨贼"。二指屯田的兵士或农民。陈衍《元诗纪事·段明》载："大理乃唐交绥之外国，善阐实宋斧画之余邦，地莫能酬中国之郡邑，民莫能列中国之营屯。"《明史》《明实录》等史书中，"营屯"二字大量出现，这与明朝前期实行的大规模屯田政策有关。屯田主要有军屯和民屯两种形式。军屯者的居住地多以"营"命名。从以上聚落称谓可以看出，这些聚落大多承担过特定历史时期的防御使命，是以防御性为重要特质的生活聚落，在社会系统的建构和运行中，它们有着大体相似的设置、演化经历，发挥着相似的作用，凸显着相同的特质。

从辽西蒙古族营屯的发展历史来看，其防御型营屯的设置、"五营环卫"的营屯选址分布、守护旗王爷府的护卫机制、营屯的空间图式、兵民一体的屯戍特质等，都清晰地凸显着辽西蒙古族营屯的他组织聚落属性，体现着他组织聚落的建构和运行特点。如今，虽然这些蒙古族营屯式聚落的形态与内质均发生明显变化，聚落的屯戍性质已完全消失，营屯已演化为普通村落，但早期防御型聚落建置的某些特质却在后期的村落发展和演化中有所残留，至今仍有所体现。

3.1.3 营屯运行中的自组织和他组织机制比较

聚落是集生产劳动、生活居住、休闲娱乐于一体的场所，是人们活动的中心。聚落既是房屋的集合，也是人们在居住地从事生产和生活设施的集合。作为人类活动的场所和聚集中心的聚落，具有居住、安全、经济和社会交往等多种功能。按照人类居住形式的历史发展和演进变化，人们的居住形式大致可以分为巢居阶段、穴居阶段、原始村落阶段、聚落发展完善阶段。以聚落本身为研究对象的聚落地理学（Settlement geography）又可翻译为居民点地理学，是一门关于聚落形成发展、组合分布及其发展演化规律等研究的学科。根据聚落的规模与性质，又分为两大分支学科——乡村聚落地理学（Rural settlement geography）和城市地理学（Urban geography）。顾名思义，乡村聚落地理学着重乡村聚落的形成、功能、组合分布、类型及其发展变化规律的研究；城市地理学则侧重城市的形成发展、组合分布和空间结构的变化规律的研究。

近年来，系统科学中组织、自组织、他组织的研究理念日益对聚落地理学产生影响，在对聚落的考察和分支中，根据聚落建构、运行、演化系统中组织力的来源不同，学界又将聚落分为自组织聚落和他组织聚落。

（1）自组织聚落

自组织聚落是指在聚落的产生、发展、演化中由自组织力发挥主导作用，建构起来的带有明显的"自生自长"性质的聚落。自组织是人类的一种本能行为，自组织形式的产生往往是对功能需求的最直接表现。以村落为例，村落作为社会的基本单位，是由家族、亲族和其他家庭集团等亲缘关系结合邻里等地缘关系聚集而成的社会共同体，它的产生和发展与家族、亲族、姻亲关系的产生和发展有着极为密切的关系。根据村落姻亲来源的不同，村落一般可以分为单一家族村落、姻亲家族村落和杂姓家族村落三种类型。通常，单一家族村落和姻亲家族村落更多地体现出自组织聚落的特点，其建构的原因多为以下几种：一是祖上为逃避战乱或仇杀等，举家进入深山定居，称为家族隐居型；二是祖上为谋生进山采集、捕猎、开矿定居下来，称为家族开发型；三是在单一家族村落基础上发展起来的，由姻亲关系联结起来的几大家族村落，如辽宁境内的"三家子""五家子""七家子"等。这些村落的村主任或"村头人"便是家族的家长或族长，村落人口都是家口，村落的文化性格与在父系血亲关系基础上形成的亲族特点大体一致，这种村落主要受宗族势力支配，家族职能中的主要部分是处理内外关系。如辽宁东部地区的许多满族聚居村落都是从家族占荒开始的，许多村落前面都冠以姓氏，如"李家堡子""巴家堡子""关家堡子"等，皆以某一单一姓氏为主导，其他姓氏为次要组成。在这种以亲族联合体为主的村落里，不同家族中的同辈男女可以通婚，但同家族内同辈男女不可通婚。这种自组织聚落在适应地形、气候等自然条件的基础上，对村落的外部形态、空间的规划设计、房屋的建筑格局等有较充分的自主权，代表村民普遍意志的家长、族长、村主任等阶层在自组织聚落的产生、发展和演化中起到一定的主导作用。

（2）他组织聚落

他组织聚落是指在聚落的产生、发展、演化中由他组织力发挥主导作用，建构起来的带有明显的"他生他长"性质的聚落。他组织力是系统建构中的一种外部力量，在聚落选址、空间利用、居住规划等方面起主导作用。仍以传统村落为例，在村落的建构类型中有一种村落被称为杂姓聚居村落，这种村落大部分由原来无亲族关系的多姓家族结合而成，在现实中多由集体移民户定居形成。例如，在我国东北各省，大批移民流入形成了比较典型的由乡亲关系或邻里关系组成的村落。可见，这类村落主要分布在古时大城市周边及需要戍边的边疆地区，诸如营、台、屯、堡等地名一般多与历史上的屯兵、屯田有关。辽西蒙古族营屯村落就是出于防御目的建立的防御性聚落，这种聚落的组织建构、空间规划、更新发展在特定的历史时期都以皇权和官方意志为主导，并有一定的可识别性、可控制性、阶段性及择优性特点。居民在聚落系统的建构和演化进程中多数体现为被动参与和被领导的位置，缺乏自主权。他组织聚落在发展中更多地体现他组织力的存在和实施，使聚落形态、规划、功能、发展、演化等呈现出与自组织村落的不同特点。

无论是自组织聚落，还是他组织聚落，都具有维护聚落自然环境的功能，如对本村的公共设施共同修造，比如道路、桥梁、水井、河塘、林地等，保卫村落安全等；组织聚落内、外部社会的协同生活，如婚丧大事、修建房屋、耕种收割、集体活动的协力互助等；管理聚落的共同生活秩序，如聚落中的村主任、村头人、族长都有一定的权力，可以通过村议事、村规约等发挥维系村落秩序的作用；开展乡里的社交活动，主要指年节、庙会等集体活动的开展，聚落为民众营造了社会交往的空间。尽管自组织聚落与他组织聚落的功能有相似之处，但在历史语境、地形地貌、族群传统、选址分布、历史建筑等外在环境的利用，以及空间序列、结构体系、建筑构成、功能特色等内在机制的运行中，两种村落均表现出一定的差异。根据辽西蒙古族营屯生成与演化的自然特质、人文特质和军事特质来看，现今的辽西蒙古族营屯在由早期的他组织聚落向后期的自组织聚落发生转变的过程中，聚落的组织设置、发展演进以及空间意义等皆随之发生变化。

3.1.4　营屯运行研究视角的构建

聚落作为历史的见证和文化传承的载体，是公共空间及建筑特质的展现，是多种要素组织建构和运行的社会整体。如何科学地对待和认识聚落的历史传统、建构特质等系统运行模式，是推动聚落建设和更新的前提与基础。正如有学者所言，作为复杂系统的传统聚落，受自组织和他组织的双重影响。随着聚落自身和外围环境不断发展变化，构成传统聚落景观特质的要素也随之发生改变。由于蒙古族营屯不同于我国各地普遍存在的大量"自生自长"的自组织聚落，其生成具有源于外部力量建构的他组织属性，故而其存续演化至今，聚落的内在机理仍具有其独特的营屯"场域"意味。从这一意义上看，对辽西蒙古族营屯的他组织建构属性予以审视和剖析，是研究辽西蒙古族营屯在近现代的演化过程，以及当下所面临的发展与更新的前提与基础。

3.2 营屯形制与防御型特质

3.2.1 以旗王府为中心的防御型营屯设置

明清两代，辽西地区主要为蒙古族兀良哈部所辖，营屯分布以喀喇沁左翼蒙古族旗王府为中心。其时，喀喇沁左翼蒙古族旗王府设在今喀左县境内。从营屯设置来看，辽西蒙古族营屯非常强调防御与安全，属于由天然地险与人工设防相结合形成的聚落类型。这些聚落均以旗王府为中心，周遭以"五营环卫"的防御格局向四周辐射，设置若干以军事防御为目的的营屯。有清一代，围绕喀左县公营子旗王府的外围，共建有25个防御性聚落，形成颇具规模的防御性聚落群。这些聚落依编制选择关隘豁口、交通要道驻兵屯戍，采用环形向心、向四周辐射的组合模式等距分布，聚落之间相互呼应。

辽西蒙古族聚落实行上马为兵，下马为民，"兵民一体"的居住与管辖规制。聚落内的驻守者并非在编的蒙古族将士官兵，而是携家带口的蒙古族普通民众。在漫长的历史时段，辽西农耕蒙古族因社会环境多有动荡，外族或部落之间的大小征战时有发生。直至1947年，包括旗王府在内的公营子五大府邸都毁于战火，被夷为平地。这些在历史上因防御战争及动乱而设置的营屯才最终完成其历史使命，逐渐过渡及演化为寻常的生活聚落。

3.2.2 "五营环卫"的营屯布局

据史料记载，清代初期的喀喇沁左翼旗扎萨克衙门并不在现在的公营子，而是设在今辽西喀左县榆水北岸的官大海，首任扎萨克色棱的府衙就坐落在官大海营子之中。旗主色棱任职22年，于清顺治十四年（1657年）辞世。按清律，蒙古族兀良哈氏塔布囊出任喀喇沁左翼旗扎萨克一职，世袭罔替。色棱长子奇塔特继任旗扎萨克后，于清康熙二年（1663年），即将府衙南迁至公营子（1961年，建平县的公营子划归喀左县后改称南公营子）。可见，喀喇沁左翼旗扎萨克王府经历了由官大海到公营子的搬迁过程。

追溯王府的迁移，据考证，除了为家族和谐、避免矛盾的安家之策外，更是由公营子的自然地理条件所决定的。旧时，公营子被称为"花匠营"，其天然的"良田粮仓""三水北流""四门四关"的地理优势，既是适宜人居、建府设衙的最佳选择，又是军事部署、防御要塞的最好屏障，以王爷府为中心向四外辐射的"五营环卫"防御机制由此构建。

公营子的自然地理优势首先主要体现为"良田粮仓"和"三水北流"。公营子方城之内有三条河流呈西北流向，与渗津河在西北山口相会，流向东北汇入大凌河。一是傲木伦河，古称白狼水，今称大凌河。从东南口的保龙山与立龙山的山口直泄西北流，直奔珠山，犹如银龙吐珠之势，两山之涧被称为"南山壶"。二是蒿桑河，由西南口流入，经白塔子城下流向西北山口。三是小河子（后称为"铜帮铁底河"），由东北山口向西流到衙门门口前汇入大凌河。当时大凌河上能行船，船只不断往来于大凌河的上下游，在三河两岸的冲积平原形成了万顷良田，宜耕宜牧，逐步开垦后成为良田。在20世纪50年代，当时的喀左旗的某些地区，如被称为"乌克兰"的公营子一带，是著名的粮仓，旧时的公营子基本没有发生过大的自然灾害。当时，奇达特把府衙定在松山之阳，面对珠山（即牛心山，也称影壁山、孤山、猪山等，蒙古名为锡喇哈达图山，又称巴彦朱尔克山）。背靠的松山上，九条山泉注入南来的大凌河，恰如九龙抱珠。当年山林茂盛，遮天蔽日。公营子城地处旗境南部，气候温和，四季分明，非常适于人居。

其次是"四门四关"。公营子境内有龙山县旧城址（位于今喀左县白塔子村）和广都城故址（位于今喀左县新城子村南）。其地势四面各有一字型山脉，犹如浑然天成的城墙。东有保龙山和牛蹄子山连成一体；南有立龙山西向横卧；西有大阳山（古称白狼山），如人的手掌西接僧机图山；北有松山，蒙古名为巴颜克鲁山，后人称贝子山，即九泉莲花月亮山，横卧北面如一屏障，四面环山的地势形成了方城的自然屏障。方城的四个角各有一个山口，如四个城门。东南山口有保龙山与立龙山隔水相望；西南山口有立龙山西脉与大阳山南麓的山路通道；西北山口有大阳山北端与松山西端组成的山口；东北山口有松山东麓与牛蹄子山相对的东去通道。扼守四个山口就能守护方城的安全，实乃天赐军事要塞之地。同时，公营子方城的四个城门，即四个山口也是重要的交通要冲。从东山口出，东去直向锦州、沈阳，南下直奔绥中，西去可达山海关，西南方向经青龙直达喜峰口、冷口，与西南山口通道相会，是清时入关贡道。西北山口设王府驿站桃花池，西去经三十家子驿站奔向承德，从古北口入关达北京，北上直通老府官大海，再通古利州大城子，而西行可达到塔子沟，东北上达朝阳、赤峰。可见，公营子四通八达的交通条件自然成了旗王府的首选之地。

最后是"五营环卫"（图3-2），此乃军事部署方面的机制。从第二任扎萨克奇达特开始，便以旗府衙门为核心，逐步将公营子四个山口都布防重兵把守。具体布防为：东南山口方向设置扎兰营子、梅力营子、牤牛营子、章吉营子、白道营子五个营子；西南山口方向设置碱场、头道营子、二道营子、三道营子、四道营子五个营子；西北山口方向设置二官营子、三官营子、四官营子、五官营子、六官营子五个营子；东北山口方向设置新营子、十八奋营子、安德营子、果木树营子、吉利嘎营子五个营子。同时，还有官大海东南哨方向上的头道营子、二道营子、三道营子、四道营子、五道营子与之相呼应，而西部窟窿山方向由协理负责派兵把守。如此标准的五营环卫之势，出之四通八达，守之铜墙铁壁，确保旗王府的安全。

如此依据山形地势达成防御目的，可谓占尽天时地利之优势。据如今公营子镇当地一位蒙古族老人介绍，他的三太爷就曾说过，"公营子是天赐宝地，这里是'四门

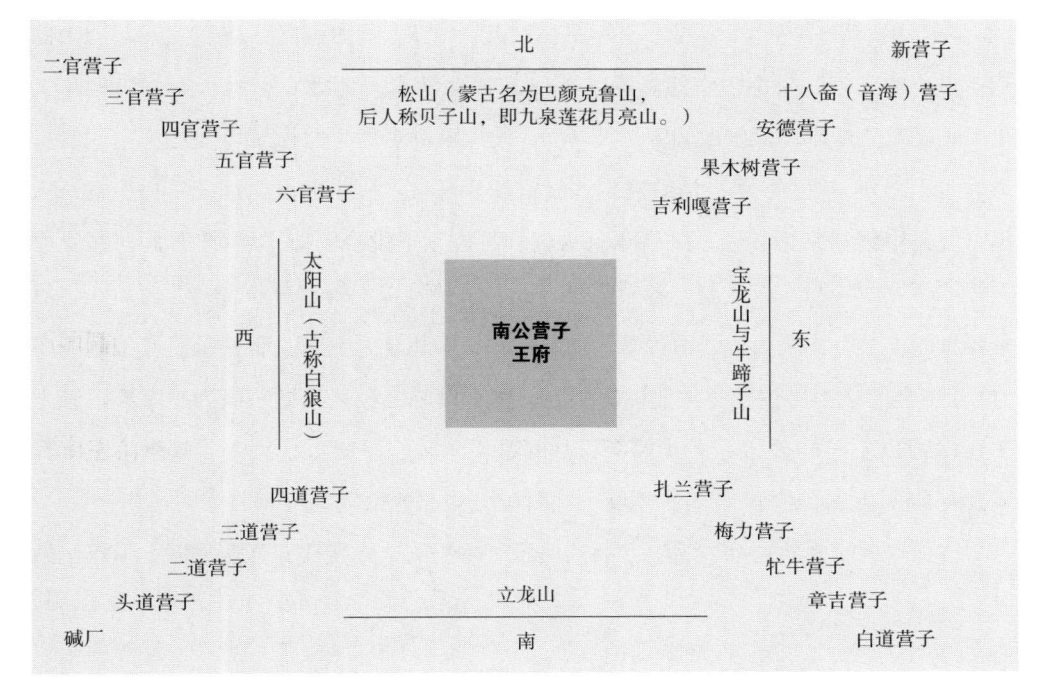

图3-2 "五营环卫"示意图

四关''三水北流''五营环卫'的要塞，是喀喇沁蒙古人的福地"。迁府公营子为清朝喀喇沁左翼旗的统治奠定了坚实基础，使公营子成为三百多年来喀喇沁左翼旗的政治、经济、军事、交通、文化、宗教中心。由此，官大海成为老府旧衙。当然，不论是原官大海旧旗府衙门，还是南公营子新府衙的外围，都以保卫王府、防御外敌为目的，因此，营屯的构建也是五营环卫的布局。

3.2.3 "兵民一体"的屯戍特质

清朝实行盟旗制度，蒙古族营屯里的居民上马为兵，下马为民，实施兵民一体、屯兵为营的居住与管辖规制。喀喇沁蒙古族左翼的营屯皆属于这种性质，每一聚落群有五六个聚落不等，聚落内的居民都是普通的蒙古族民众，他们居住在既是营房又是民居的海青格热建筑中，平日里放下刀枪马鞭，脱下长袍改穿短褂，进行农耕生活。

据史料记载，后金天聪九年（1635年），置喀喇沁左翼旗。旗既是行政机构，又是军事组织，这种建制一直延续到民国年间。最初，努尔哈赤于明万历二十九年（1601年）定300人为一个"牛录"❶。牛录是基本的户口和军事编制单位，每个牛录设1名牛录额真管理。明万历四十三年（1615年），努尔哈赤创建八旗制度，在固山额真下设甲喇额真，每个甲喇额真管辖4～5名牛录额真。清太宗天聪八年（1634年），改甲喇额真为甲喇章京（又称札兰章京），改牛录额真为牛录章京（又称苏木或箭）。清顺治十七年（1660年），清政府定八旗官职为汉称：固山额真为都统，梅伦章京为副督统，甲喇章京为参领，牛录章京为佐领。佐领下设骁骑校（坤都），同时命令蒙古各扎萨克旗均照八旗之制，各授都统以下、骁骑校以上等官分旗管理。此后，将原来各旗的牛录一律改为佐，由佐掌管所属的户口、田宅、兵籍、诉讼等。其编制顺序为：150名箭丁为一佐，每佐设佐领一人，佐下设骁骑校，最低一级为十家长，管十丁。16岁以上、60岁以下皆为箭丁，战时披甲从征，平时就地当差。喀喇沁左旗具体设有参领13名，佐领53名，领催（骁骑校、坤都）53名。

这种"战时为兵，平时为农"的"兵民一体"的屯戍特质在辽西地区上了年纪的

---

❶ 官名。早期满族出兵或狩猎时，按家族村寨组织队伍，每十人选一人为首领，称为"牛录额真"（箭主之意）。

蒙古族老人脑海中都留有深刻的记忆。据当地营屯中上了年纪的老人回忆，过去蒙古族营屯家家都备有战马、战刀、马鞍、马镫、马鞭、弓箭、绊马索、铁枪等，作战装备样样齐全，平时都放在家里显而易见、方便拿取的位置，随时随地听从号令，准备出征御敌。一旦有出征命令，各家各户的成年男性都会拿起战刀，跨上战马，到营屯中聚集迎战。正如当地蒙古族老人所讲，"我们当地的蒙古族是成吉思汗的后裔，随着成吉思汗东征以后，我们便是随从，跟警卫部队似的。蒙古人战时就是兵，平时就是牧民。我们这些蒙古人是从狩猎到游牧，从半农半牧到农耕，随着成吉思汗的东征部队，征服东蒙以后，就在南公营子建了扎萨克王爷府。"❶

此外，营屯名称的设置和保留上也能体现出"兵民一体"的屯戍特质。在喀左地区，现今许多营屯的名称都以清代掌管此地的官员名字或官职名称而命名，是对当时"喀喇沁左翼旗"这种既是行政机构又是军事组织的建置机制的保留。例如，喀喇沁左翼旗王府所在地"南公营子"名字的由来。因清代喀喇沁左翼札萨克（旗长）受封为公爵，旗驻地为府，蒙古语称为"宫根浩若"，汉语则省略为"浩若"，意译为"公营子"。1960年，毗邻的建平县公营子划归为喀喇沁左翼蒙古族自治县所辖，划归过来的公营子位于自治县北部，为了区别，原来的公营子加上了方位词"南"，改称南公营子。再如，据《喀喇沁左翼蒙古族自治县志》记载，清道光二十九年（1849年），喀喇沁左翼共有53名佐领，84个营子。其中，梅里营子、老梅伦营子、章京营子、札木来营子等就是以梅伦章京、章京木东格、章京乌尔棍格、章京喜头、札兰章京等督统和佐领的名字来命名的，这些聚落命名一直延续至今。

综上可见，作为他组织聚落，辽西蒙古族营屯的建筑形制及其特点方面表现出非常明确的"外围线性设防"聚落特点。以天然地险与人工设防相结合，有明确的设防目的，即以整体防卫层级进行防御建构，聚落之间可以选择、改造甚至创造出界域，通常呈周边式。若有外敌侵犯，则启用聚落外围线性防御体系进行抗敌。这种明确清晰的营屯边界不仅可以增强聚落的凝聚力，而且可以起到良好的防御效果。

---

❶ 被访谈人：陈福奎，男，蒙古族，66岁，喀左县文化馆馆员。访谈时间：2017年9月4日。访谈人：孙心乙。

3.3 营屯的空间图式与防御功能表达

空间不是社会的对应物，也不是社会的镜像物，在社会中不能找到所有的空间法则，在空间中也不能反映所有的社会问题。空间是特定的存在，有物质的外延，也有文化的内涵，是物质和文化的整合体。在建筑学中，建筑设计的核心问题就是创造物质空间环境，只有将空间视为客观的和物质的，空间才能成为建筑设计和研究考察的对象。也只有站在物质空间的立场，才能更直观地思考空间的形成、布局和演化，分析构成空间的多种文化要素，进而将空间作为观察社会、分析社会的有力手段。

地理学家非常重视对物质空间的研究，爱德华·索亚（Edward W. Soja）提出了"社会空间辩证法"，认为"空间不能被简单地看作是一个用于表述社会、经济和政治过程的媒介"，人创造了空间，又让空间在人类社会获得了解释和特性。空间和社会是连续的双向建构过程，人们一方面创造和改变城市空间，另一方面又受居住和工作的空间限制。空间是受社会概念的约束，只要有人存在，空间就是一种社会性的存在。

"图式"（Schema）是人类认知学领域的概念。康德提出"先验图式"的概念，揭示了认知主体的能动作用，将其作为批判经验论和唯理论的工具。让·皮亚杰（Jean Piaget）专注个体认知研究，借助不同"运算图式"揭示了人类基本思维形式发生的转换。认知语言学通过"意象图式"将经验意象和抽象概念之间建立关联。经过认知人类学、心理学的研究和探讨，20世纪70年代后期，在人工智能研究的带动下，认知心理学领域提出了"Schema theory"，现今，国内心理学界将"Schema theory"译为"图式理论"。建筑学者通常将"diagram"概念改译为"图式"，并引用法国哲学家吉尔·德勒兹（Gilles Deleuze）的哲学理论进行解读，以明确"建筑学图式"的含义。然而，德勒兹的哲学著作中大多使用"schema"。尽管语义差别会影响研究对象的界定，但一定要从实际研究的具体问题入手才能更明确"图式"的含义。

基于以上对"图式"概念的溯源分析以及国际建筑学对"图式"研究的通用理解，考察国内建筑学界对"图式"概念的解析会发现，20世纪90年代以来，中国传统建筑理论和实践研究中使用的"图式"概念，与西方心理学和认知人类学的"schema"和西方哲学、建筑学的"diagram"都不同，它的出现主要是由于中文的使用习惯，与"schema"和"diagram"概念的引用和翻译无关。

中国汉语辞书中对"图式"的解释基本一致，即通过图画形式进行表达的一种符号、样式或做法。在《康熙字典》中，"图"是"谋""度""计"的意思，可指代"图谶""河图""版图"；"式"是"用""度""制"的意思，有对器物、用具、服饰、物品等进行测量、规制、度量的意思。大量的传统文献中也有关于礼制图式绘制的说明和规定，如清代的《皇朝礼器图式》是典型的图式记录，即对宫廷礼仪中使用的各种器物和用具等以画图的方式进行记录和刻画。这种用"图式"的方法对宫廷礼仪等进行刻画，不仅具有记录传统、展现历史、刻画事实的价值，同时更以直观、明晰的方式强调了礼仪中包含并存在的社会规则及文化含义。从这一视角看，"图式"本身即是一种具有器具规制和文化导引功能的常用原则。

建筑学对"图式"空间概念的使用，既包括用图画的方法测量、记录和刻画建筑的空间分布、尺度范围、方位设置等物理层面的含义，还包括揭示建筑文化内涵和空间秩序的意义。一直以来，空间图式研究主要关注建筑的外在共同特征、内部空间的营造意图、建筑样式和格局发生变化的共同渊源等。在追寻和探索建筑空间的共同特征时，学者为了说明或表现建筑的共同特点，通常试图建立一种建筑的空间分布结构关系。这种结构关系不仅是分门别类、明确清晰的总结，更是一种对整体性内涵和特征的说明和解释。这种解释性的结构关系，不是一种抽象的观念，也不是对物质形态、外在空间的如实描述和测量绘制。相反，它是一个具有高度概括性且内涵丰富的概念，是对人类赋予这种结构关系中的感知、观念、意图和空间方位所呈现出来的意义的展现。不论"图式"的概念是否被使用，只要在建筑空间研究中意在探索空间的某种共同结构关系，就可以被认为是空间图式研究。从这种意义上看，建筑学对于空间图式的研究，一方面，要关注建筑空间的外在物理特征，如方位尺度、空间格局和物理分布等，另一方面，还包括对建筑空间的营造策略和营造思想的研究，如建筑理念、空间分布的意义等。

3.3.1 营屯的空间图式

在当下的建筑学研究中，根据空间分布、意图可以梳理出三种图式。一是"文化抉择图式"，也可称为文化空间图式，即对空间的文化阐释功能密切关注。如"井"字图式在土地区划、城邑聚落、街巷宫宅以及各种建造、装修等方面都有体现。这种图式在不同层次的空间规划和形态设计中，都有纵向的规划体系，脉络清晰、文化含义突出；二是"礼乐复合图式"，主要关注"有宅必有园"的住宅和园林之间的建筑格局和结构意义。将住宅和园林放在整体图式观念下，考察建筑的共同特征；三是"人体安全图式"，该图式认为人类的居所具有一定的弹性，能够适应不同的环境、文化和宗教。有学者从这一视角解读了人类选择居址的观念，提出传统四合院建筑中体现的含有一定科学成分的风水观、伦理观和秩序观等，都是以维护自身安全的需要为目的的。还有一些学者提出，人类建筑的原始住宅由最初的圆型转为后期的方型，主要是出于自身安全的考虑。综上所述，空间图式既是对建筑格局、空间特征进行描述的陈述性结论，也是用来进行空间文化阐释和结构意义研究的理论手段。

  人类建筑活动的出发点和归结点都是空间，空间是建筑存在的理由。依据上述空间格式的研究类型划分，防御性聚落在空间图式的描述和意义阐述上，属于明显的"人体安全图式"（图3-3），这在学界的研究成果中已有清晰的反映。例如，明朝甘肃镇（今甘肃张掖）通过依靠外部环境和内在构成要素的基础，完成防御体系的空间分布和结构安排，对其防御性特征采用不同层级的分析和空间展现，皆是为了达到九边重镇的防御效果和目的，凸显长城防御体系的结构特征。此外，长城关隘型军事聚落堡寨在聚落空间、单体建筑、传统形式和空间意向等方面，都具有防

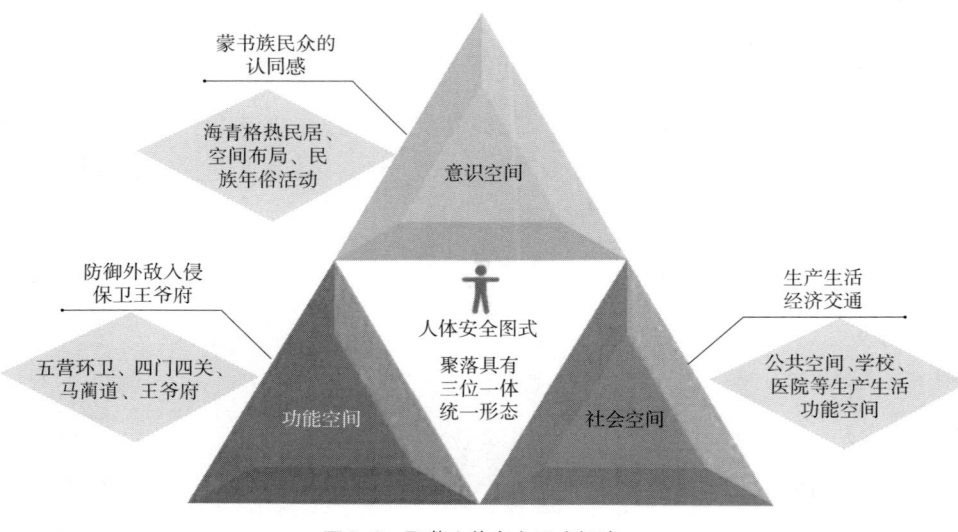

图3-3 聚落人体安全图式解读

御、保卫的含义。从这种意义上看，聚落是功能空间、社会空间和意识空间的统一形态。

前文已述，辽西蒙古族营屯的设置，不论是从外在环境的制约限制，如"良田粮仓""山水北流"，还是从聚落内部的建筑设计、格局安排来看，如依编制选择关隘豁口、交通要道驻兵屯戍，"四门四关""五营环卫"等，都是"人体安全图式"的直接表现。清代，辽西蒙古族营屯的设计主要强调蒙古族旗王府的防御和保卫功能，保卫其不受外来侵犯。在营屯的选址和规划中，利用天然的险要地势和人工建筑设防两种手段，达到防御外敌、保卫旗王府的目的。据统计，清代，以旗王府为中心，共设有25个防御性聚落群。每个聚落群都选择交通要塞、地势险要之地。同时，这些聚落以旗王府为中心，向四周等距离地辐射分布，相互之间互相照应，形成防御和环卫之势。

3.3.2 作为营屯界域的"马蔺道"

界域，是指聚落边界具有领域性或领属感的界线或区隔，是本聚落与他聚落、本族群与他族群聚居地相隔的符号和标识。对于辽西蒙古族营屯来说，其界域常具有安全防御的功能，这些界域对旗王府周边各营屯彼此都具有极高的认同性。

作为界域的标识，在早期的蒙古族聚落中最有代表性的应属"敖包"。"敖包"，在蒙古语的解释中是"石头堆"的意思，也叫"鄂博"，是人们用大小、数量不等的石头堆成的，有的还在石头堆上插上树枝或挂上各色布条。在早期的草原社会，牧民用石头堆成的道路或边界的标志，一般都在边界处，它象征着此地是自己地域与邻邦的疆域边境。再后来，受到宗教的影响，敖包逐渐演变成人们祈求祖先神灵保佑草原风调雨顺、人畜两旺的祈福圣地。可见，敖包作为界域的标识，不仅是早期游牧文化的体现，也是防御性营屯的产物。

历史上，辽西蒙古族防御型营屯各聚落之间界域的确定，除了民族特色突出的敖包外，还有更具地域特色的"马蔺道"。"马蔺道"不仅是辽西蒙古族营屯的界域性标识，更是防御性营屯属性的设置和遗留。据调查，喀左境内各营屯之间都种有一种叫作"马蔺"的植物（图3-4），马蔺成排生长，形成一条条"马蔺道"，作为营屯之间的界域而出现。马蔺道由人工刻意栽种出，它的栽种范围以骑兵驰骋的时间与速度为依据，进而设置聚落之间的地理间隔。马蔺道一般宽约12米，种满了马蔺，这种界域的创生也出于军事目的。历史上，北方地区每逢初春冰雪融化之时，乡村土路的路面常常淤泥翻浆，不仅车马通行受阻，人行其上也会深陷泥浆，跋涉艰难。而马蔺这种草本植物扎根较深，根茎盘根错节，会在路面表皮下自然形成一层支撑，便于路面排水、渗水，使路面不易塌陷。有了马蔺道，发生战事需要出征时，聚落内的兵车战马不会在路上折陷打误。同时，骑兵马队迅驰而过时，淤泥也不会陷住马腿，或飞溅到人的裤腿之上。再有，马蔺的生命力顽强，十分坚韧，难以折断，即使车马反复践踏也会顽强生长，其蓝色的花朵夹在蒿草中十分醒目，可起到路标的作用。同时，亦兵亦民的蒙古族营屯也以马蔺道划区定居，由此形成一个个营屯。其时，若有敌军进犯，各聚落以营子为单位层层防御，哪道营子若被突破，将以军法论处。这样明确而刻意创造出来的界域具有实际而突出的防御性功能，体现着鲜明的军备理念，彰显着辽西农耕蒙古族的生存智慧，更是游牧文化在时间与空间观念上的沿袭体现。

图3-4 草原上的马蔺

正如当地上了年纪的蒙古族老人所讲，"南公营子这个地方就是兵营，我们跟王爷随从以后，来这驻扎在南哨口，南哨口就是维护南公营子旗王府的地方。建成兵营以后，它就开垦了五条道路、五个兵营，分支五个兵营驻扎在南哨村。后来，为了管理和战时生活的方便，就修了五条战道。五条战道的宽是三丈六，距离是三百六十丈。它们就是头道营子、二道营子、三道营子、四道营子、五道营子。这五条道，都栽上了马蔺，所以这条战道又叫马蔺道。虽然现在这马蔺道都没了，都修成公路了，可是它那个形式还是那个形式，就是在马蔺道上修的公路，五道营子的分界线就是按这个道路分界的。"❶

那么，马蔺是什么样的植物，又为何会作为界域标识，具有防御功能呢？据当

---

❶ 被访谈人：陈福奎，男，蒙古族，66岁，喀左县文化馆馆员。访谈时间：2017年9月4日。访谈人：孙心乙。

地人讲，马蔺原是北方地区尤其是蒙古族草原上常见的一种抗干旱、抗盐碱能力较强的草本植物，迁居辽西已转为农耕生计的蒙古族仍在道路两边栽满马蔺。关于马蔺道，喀左地区还流传着这样的故事：康熙、雍正年间，内蒙古归化城一带由于干旱，遭灾歉收，牲畜大批死亡，皇帝下令北方的蒙古部落南迁。牧民们随王爷的儿子迁到现在的凌源市城关街道十五里堡村定居，牧民们在这里逐水草、放牧马羊。有一年，一部分牧民在喀喇沁左翼南部的呐莫夫音爱里发现了丢失的马群。由于这里山环水绕，牧草茂盛，于是，部分牧民就留下来放牧，并逐渐定居生活。牧民为了人畜吃水方便，又不浪费马牛羊过冬的牧草，对牲畜实行"分养分放"，并按一定的距离开辟了五条道。在这五条道上，牧民们赶着牲畜北去吃草，南回敖木伦河饮水。天长日久，形成了五条宽阔的大道，道路两旁长满了马蔺。这五条大道也因而得名叫马蔺道。连路附近的村落也因此依次得名：头道营子、二道营子、三道营子、四道营子、五道营子。

这则故事的讲述人是喀左县白音爱里村的张金华，故事中的"二道营子"就是今天的白音爱里村。康熙二年（1663年），扎萨克王府从官大海迁于南公营子，逐步形成了以南公营子为中心的"五营环卫"军事格局。白音爱里村（二道营子）位于南公营子的东北面大约30千米处的大凌河畔，清代建立时主要出于护卫王府的功能，同时二道营子还是三道营子和头道营子之间的中转站。

历史上，辽西蒙古族营屯与同一区域内的汉族农耕村落在建构上也明显有别。以界域为例，白音爱里村与邻近的蒙古族营屯之间是以马蔺道作为区隔界域的。从马蔺道的缘起和演变，可以非常明显地看出游牧民族对植物的生态认知，也能看到蒙古族营屯的军事防御和作战遗迹。

3.3.3　防御功能在民居建筑中的落点与表达

人类的生存和发展受制于一定的客观环境。在特定的自然环境下，人类对环境的需求、对生活的期望是随着经济的发展、时代的变化、社会的进步、科技的提高而不断发生改变的。美国心理学家马斯洛（Abraham Maslow）曾经把人的需求分为5个层次，称为"需求层次理论"。这5个层次的需求分别为生理的需求（Physiological needs）、安全的需求（Security needs）、爱的需求（Affiliation needs）、尊重的需求

（Esteem needs）和自我实现的需求（Actualization needs）。这些需求随着外在环境的变化，从最低级的生理需求开始，逐渐向高级的需求转变，最终到达最高级的自我实现的需求。通常，人类只有在低层次的需求得到满足后，才有可能发展下一个高层次的需求。但是，各类需求的关系并非一成不变，而是可以随着经济发展水平、文化素质、社会体制等外在环境的变化而呈现出不大相同的需求结构。随着环境的变化，在需求体系中，总有一种需求占据主导地位。例如，在传统社会，生产力水平比较低下，人类生活的首要目标就是解决饥寒冷暖以及传宗接代的人类生存和种族延续的问题。要想解决饥寒冷暖的生存问题，势必要有安全的生存空间和稳定的生产资料，因此，相对安全的外在环境是当时人类生存的重要条件。于是，人们在建造聚落时，往往都是择地而居，选择拥有良好水源和肥沃土地的环境，将人类对安全的需求放置首位，安排设计聚落的选址及营造等。于是，为了解决环境的安全感、领域感、私密性等问题，迫切需要建立防御性聚落来满足人们对安全的需求。

中国古代聚落在选址、朝向、形制和布局上均受到传统的儒家思想的影响，形成了一套完善的选址观念，在原始的自然观和宇宙观的导引下总结出"枕山、环水、面屏""坐北朝南""临水背山"等一系列选址方面的规范，不仅反映了古代人朴素的自然观和空间观，同时更是早期聚落选址中首要的防御保卫观念的展现。"枕山、环水"都有其防御性功能，如"枕山"，聚落以山为依托，藏于群山之中，从物理空间上看，隐蔽性较强。同时，丘陵地带地形起伏变化，不仅可以有效地阻碍入侵者的长驱直入，还能在作战时避免四面迎敌。依仗山势既可埋伏扼险，又可隐蔽撤退，是天然的战略优势。"环水"指聚落前有河流环绕。河流不仅为人们带来生产和生活上的便利，同时也是聚落的天然屏障。有了河流的阻挡，可以延缓敌人的进攻。风水观、伦理观、社会体系建构观及宇宙观等都是从人体维护自身安全的需要而发展出来的。

作为他组织的防御型营屯，防御功能是聚落建制、民居形制和空间营造的主要立足点和出发点。这在其他地区的防御性聚落研究中也有明显表现，以居庸关关隘聚落的研究为例，有学者明确指出，居庸关关隘的防御性空间布局由多维度的防御空间共同建构，处处都体现着"防御"的特性。《孙子兵法》中讲到攻战的最高境界为"上兵伐谋"，在居庸关的军事防御体系中得到了充分体现，可以使敌军不战而屈。这种军事防御聚落体系的建立既有地理环境和地缘关系的限制，又有历史沿革、制度更迭等社会环境的影响，是地理空间、社会环境及制度沿革三个方面综合条件的呈现和反映。此外，辽西蒙古族营屯的防御性特点也表现在自然地理优势及空间建造等几个方面。

（1）自然地理空间具有天然的防御性功能

前文提到，蒙古族旗王府之所以将王府从官大海搬迁到公营子，主要原因是公营子适宜人居、便于防御的先天自然条件和天然防御屏障，"三水北流""四门四关"都是极好的军事部署和防御要塞。据当地上了年纪的蒙古族人讲述，"旗王府搬到公营子，主要还是因为公营子的地理位置有一定的防御性。它从西山口而来，西山口是与敖木伦河来往的通道，前面、后面都是山。原来没有通道，新中国成立以后才有大通道，原先都是从山坡开的小道过去，车根本走不了。那个地方它有个缺口，也就是一夫当关，万夫难通。它的山口维护得相当好。防御外来势力，固守得相当好。所以说山口特别险要，这两年开发了山崖也修上了公路。原先，往南去根本就过不去，都是在山坡开个小道走。沿着敖木伦河往下，它通过几个战道，有兵营驻扎在这几个营子之后，防御性就体现出来了。从南边骑马过河不好过，北边有很大的开阔地，这样的居住环境，既有防御功能，还安全。前面有护城河一样的大敖木伦河，后面有开阔地，有战道，军队行动也特别方便"❶。

（2）聚落的空间布局体现防御性功能

前文提到，五营环卫是最典型的军事防御部署。所谓"五营环卫"，即以旗王府为中心，依据当地的地理特点，将公营子的东南山口、西南山口、西北山口、东北山口、西部山口共五个山口方向都设重兵把守。重兵驻扎之地称为"营子"，营子人口越聚越多就成为聚落。如此便形成以旗王府为中心向四周扩散的聚落分布方式。即五个山口分别设五个营子，如此二十五个营子对旗王府形成环卫之势，相互之间看护照应。营子和营子之间设有马蔺道，以保护旗王府不受侵犯。如此"五营环卫"之势，外出作战道路四通八达，抵御外敌则固若铜墙铁壁，防御之势能最大限度地得到发挥。

（3）海青格热民居的建造突出防御性

海青格热民居在建造过程中有一些特殊实用的设计，表现出一定的防御性功能。例如，传统的海青格热在建造过程中，四周墙壁都是夹皮墙，即双层山墙。普

---

❶ 被访谈人：赵树林，男，蒙古族，66岁。访谈时间：2017年9月10日。访谈人：孙心乙，高杨倩。

通的房子墙皮厚度是50厘米左右，而海青格热民居的墙皮厚度一般会达到1米。夹皮墙不仅具有抗严寒的作用，更是早期防御性功能的体现。对于绝大多数防御性聚落来说，要防御可能出现的敌人，要做好长期坚守的准备，充足的粮食储藏是必须解决的问题。建房时建造夹皮墙，也是出于粮食储藏的需要。夹皮墙其实就是早期的暗道，紧急时刻可以用作人或物的躲避和藏匿之处。一些海青格热民居地基下还挖有地堡和暗道，以便战时不时之需。此外，海青格热民居内部的格局设计也非常有特点，南北向的3间或4间房中，窗户只设在南面墙上，北面墙整体落地，不设窗户，不设门。屋内火炕也只有挨着南面墙的南炕，没有北炕。北面墙的地上多安放衣柜或桌椅等。虽然只有南面墙有窗户，但窗户的尺寸相对较小，且距离地面较高，多在1.2米左右。据当地人讲，海青格热民居的窗户之所以设置得又小又高，主要是因为早期居住空间防御性功能的遗留。一旦有外敌来犯，敌人很难在屋外通过窗户查明屋内情况。即使通过窗户向屋内发射弓箭，由于窗口范围有限，也可以有效地减少射入屋内的弓箭数量，从而保护屋内人的安全。同时，窗口小而高还为屋内人观察屋外情况提供了便利，即使人们站在南炕上往窗外瞭望，也很难被屋外人觉察。

综上可见，从辽西蒙古族营屯的选址规划到内部空间营造来看，为了适应特定的社会环境，辽西蒙古族人将居住空间和防御体系完美地结合在一起，创造出独具特色的具有防御功能的民居类型。辽西蒙古族营屯自其设置起，就具有军事防御目的和功能。在营屯的后期发展、演化中，防御体系逐渐完善，使辽西蒙古族营屯在军事防御方面取得了较高成就。然而，随着社会环境的变化，防御功能退出历史舞台，但营屯居住空间和格局的营造始终没有背离其防御性聚落的发展主线。这在我国其他传统设防聚落中都有相似的表现，即防御性是其重要特征，在聚落的后期发展中一直延续。防御设施的巧妙建构也是民间创造力的有力例证。

3.4　防御使命的终结与防御型营屯的衰落

随着社会的发展，时代的变迁，与国内明长城沿线的屯兵式聚落、贵州的"屯堡"等防御性聚落相似，辽西境内这些营屯式聚落遗存至今，其形态与内质均发生明显改变，聚落的屯戍性质逐渐淡化，直至完全消失。历史上，聚落内曾世代承继"兵民一体"身份的居民，因失去了军政体系的依托与补给，已自然转化为俗常民户。而因防御战争及动乱而设置的这些聚落，随其历史使命的完成，也逐渐演化为普通村落。山河依旧，地名未改，辽西蒙古族民众出于保护自身安全和顺应社会环境的心理，依然沿用历史上防御性聚落的演变产物"营屯"作为其重要的聚落形式，直至今天。这些营屯及其建筑折射出辽西蒙古族在不同历史时期所处的自然环境、建筑技术、文化传统、政治制度以及族群社会深层结构的许多珍贵历史信息，值得当代社会予以关注、开掘、审视与研究。

3.4.1　旗王府的焚毁与营屯防御使命的终结

前文已述，清代，辽西蒙古族营屯以旗王府为中心，选择关隘豁口等军事要塞驻防安营，呈五营环卫之势，形成一处处营屯。为了确保喀喇沁左翼王爷府的安全，营屯的防御性建制一直奉行长达300余年。直至1947年，包括旗王府在内的公营子五大府邸都毁于战火，夷为平地，这些在历史上因防御战争及动乱而设置的聚落，其营屯防御使命才就此终结。

从现在保存的旗王爷府建筑图纸及建筑模型来看，当年王府占地面积达200万平方米，建筑面积达5万平方米。王府被毁掉后，旗政府在八家子（现南公营子镇政府所在地）五大庙之一的金卷寺居住过一段时间，后搬迁至大城子。喀左旗政府搬迁至大城子以后，在几乎废弃的土地上又建起了一个新的驻地。1973年，大城子设置为镇，此时的喀左已变旗为县。王府被毁、旗政府搬迁，五大庙被挪作他用，三百多年的经济、政治、文化、宗教中心从此衰落。虽然战争已成为历史，防御也已成为过去，但喀左境内以"营""哨"命名的蒙古族营屯仍有部分遗构尚存，加之当地一些部族老人提供的口述史料，可以对辽西农耕蒙古族营屯的历史做某种程度上的还原，洞察防御性聚落的建筑形制及其特点。伴随着旗王府的焚毁，营屯的防御使命就此终结。

3.4.2　他组织运行机制的抽空与防御型营屯的衰落

随着社会外在环境的变迁，政治空间日趋稳定，早期，他组织性的营屯防御聚落逐渐退出历史舞台。尤其是随着科技的进步和普及，人们对自然界形成了科学的认识。原来作为精神寄托的营屯、庙宇已失去了往日的影响力，传统的民居空间观念也逐渐淡化，这些都使防御性聚落的防御理念和功能丧失。那些曾经体现为他组织意志的居于古代防御体系核心的营屯、堡寨式聚落，它们的战略防御价值越来越低，这是历史发展的必然和结果。一些营屯、堡寨在他组织运行机制抽空的过程中，逐渐出现了衰落和破败。以山西堡寨式聚落的衰落为例，其土木建筑先是由于年代久远而造成墙体损坏、木制构件老化、主体结构倒塌等聚落的自然破坏。其次还有人为破坏，作为聚落重要组织的大量庙宇、宗祠等建筑也都曾遭到过毁灭性的破坏。此外，防御性堡寨多处于地理偏远之处，不便于民众生活和村落的开发保护等。这些都是由他组织机制的抽离而带来的聚落发展所面临的问题。

在辽西蒙古族营屯的发展中亦是如此。由于外在社会环境的变化，传统的保卫旗王府、防御外敌入侵的他组织聚落运行机制逐渐瓦解。尤其是随着旗王府邸的焚毁和新的政权体制的创制，原有的聚落设置从功能架构到运行机制均发生了颠覆性的变化，兵民一体的屯防制度也发生了改变，聚落居民演变成普通的农户。在旗政府迁居到八家子乃至大城子后，新的聚落建制不必遵从防御的要求，而是以民众生活便利和交通便利为原则，完成聚落重建。在这一过程中，伴随着他组织的运行机制被彻底抽空，防御型营屯也逐渐向生活聚落转化。

清代，在辽西蒙古族营屯创建之初，营造一个安全的宜居环境，创立各种防御机制和护卫设计，是其时他组织部署营屯建造的首要目标。彼时，为了各种防御功能的实现，生活中其他方面的利益则有可能被忽略。适宜的居住环境本应是聚落的重要内容，但当防御占了主导地位时，势必会对居住带来制约。例如，贴近山口关隘的营屯分布，封闭环卫的营屯格局等，对聚落内的居民在交通、交际、起居等方面造成了不利影响。

3.5 本章小结

辽西蒙古族防御型营屯在建立之初，其营屯分布、居住营造、内部格局等都具有明显的他组织特点，是以守护旗王府为目的，以旗王府为中心，以五营环卫的防御格局向四外辐射，设置起来的防御型营屯，是特定社会背景和政治、军事需求的产物。

随着清王朝统治的解体，旗王府的焚毁，新的政权体制完成了对旧有政权体制的取代，辽西蒙古族防御型营屯的设置从功能架构到运行机制均发生了颠覆性的变化，兵民一体的屯防制度不复存在。而他组织运行机制的抽空，必然促使辽西蒙古族营屯由防御型营屯向生活聚落演化。

第4章
营屯的建筑特点与"场所"意义

历史上,为谋划长远安心驻防,蒙古族营屯内的居住者并非入编在册的蒙古族将士官兵,而是携家带口的蒙古族普通民众。这些人以家户形式世代屯戍于营屯之中,战时为兵,平时为民,"兵民一体",生息繁衍。因防御战争及动乱而设置的营屯最终完成其历史使命后,逐渐过渡演化为寻常的生活聚落。在辽西乡村,蒙古族营屯的辨识度很高,仅从村落名称即可见端倪,如冠以"××营子"的一般多为蒙古族营屯,冠以"××杖子"的一般多为汉族村落。

4.1 营屯演化的差异性及其影响因子

营屯不再负有防御性功能已一个多世纪了，伴随着岁月的流逝与打磨，这些营屯除了程度不同地保留有颇具辽西区域与蒙古族特色的海青格热民居集群外，在营屯的人居环境体系方面，一些营屯已和辽西地区其他农耕村落别无二致，营屯运行机制向自组织转轨自然而然，营屯运行的自组织特征显而易见。

营屯的公共空间是聚落的结构性要素，也是辽西蒙古族民居聚集与演化的基石，是蒙古族民众置身其中进行公共活动，实施生产、生活，建构文化认同的物质载体。调查发现，辽西境内现今遗存的海青格热民居多为20世纪六七十年代建造或由老宅翻建的，这些海青格热民居的建筑单体形态并非单纯孤立、固定的物质形态，而是融入了辽西蒙古族民众的家户居住与使用意愿，其形制的沿袭既体现着辽西蒙古族民众对民族传统的承继，也映射着民居建筑在一定历史环境中动态可变的适应能力及空间自我优化能力。在一定历史周期与一定的空间范畴内，这些由蒙古族民众自建的民居单元之间也体现着自组织内部普遍存在的干扰与协同。因此，在营屯研究中，对其自组织运行机制的探究是重要的视角。营屯中之于辽西蒙古族具有"场所"意义的聚落空间，以及承载着历史叙事功能的海青格热传统民居，将作为具有动态自适应能力的"主体"，成为营屯形制演化与更新研究的聚焦点。

4.1.1 营屯演化的形制差异

随着社会的发展、时代的变迁，辽西蒙古族营屯的形态与内质也顺应着历史潮流而不断演化。与遍布中国各地带有"自生自管"性质的乡村聚落有所不同，历史上，明清两朝，辽西蒙古族营屯往往都由统治者派驻的坤都、梅林、章京等蒙古族地方官员掌管聚落的生计与日常，同时也由他们担负着组织应对外敌入侵的责任。故此，当地民间也习惯于以掌管营屯事务的官员职务命名某些营屯，如坤都营子、梅林营子、章京营子等。这些屯名沿袭至今未改，可见在以往相当长的历史时段内，营屯的运行与演化主要是由"他组织"导控的，或者可以说在营屯的"前世"，他组织运行的属性非常突出（图4-1）。

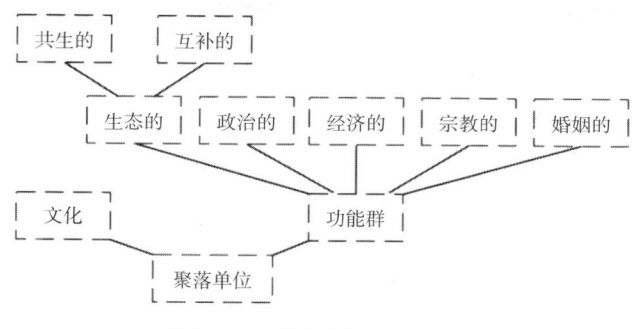

图4-1 聚落单位间交互关系图

随着清王朝的覆灭以及营屯防御使命的终结，辽西蒙古族营屯却未发生明显的突变性演化。无论是地方文献的记载，还是当地老人的口述，营屯由军屯转化为民屯的过程都是多种因素促成的。在相关的文化记忆中，尽管这些营屯的外在形态发生各种各样的变化，但营屯内的居住主体却仍以蒙古族为主，人们一如既往地承袭着农耕生计，营屯内的民居建筑一般也都保留旧制，日常生活似乎并未有明显改变。或者说，辽西蒙古族营屯以一种渐变的方式完成了由"军屯"向"民屯"的平稳过渡。其实，随着历史上由蒙古族统治者委派官员管理营屯这一模式的结束，营屯运行的组织方式已然此消彼长：他组织的导控减弱，自组织系统运行的作用必然大大增强，自组织对营屯运行的导控也日益凸显出来。由此，本书之于营屯演化的自组织研究视角也得以构建。

值得提及的是，辽西蒙古族营屯由防御性设置转化为普通生活聚落之后，其发展和演化便进入一个自组织过程。历经社会的变迁与岁月演化后，众多营屯在外部形制及内在素质上呈现出明显的差异性。这些设置之初形制相近、功能相类的营屯，在演化进程中何以呈现出差异性？导致营屯形制差异的原因及规律又是什么？循此思路，本书进行了深入探究。

通过对辽西喀左县境内数十个营屯进行田野调查发现，处于自组织运行下的蒙古族营屯各自所处的"场域"不同，导致营屯之间的演化也是不均衡的。从宏观上看，对辽西蒙古族营屯演化方向、演化幅度、演化速度具有制约和掣肘的影响因素较多，概括起来，主要有以下几个方面。

①营屯所处地理位置、交通条件。

②营屯所处区位的资源负载力，人们的生计方式。

③营屯人口流动与构成状况，包括是否与其他民族杂居。

④营屯经济发展状况。

⑤民居建筑工匠的技艺传统与派系。

⑥营屯自组织运行能力。

调查发现，建构初始在形制上相近，担负着相同防御功能的营屯，在演化过程中呈现出明显的差异性，其实与每一个营屯具体所处的生态区位有着密切的关联。从上述影响因素的列项也可以看出，对营屯演化与更新具有重要影响的条件因素不仅限于营屯所处的地理位置和生态环境，即自然生境；还包括该营屯在区域社会发展中所处的社会区位，即营屯发展需要的社会环境条件，也即社会生境。因此，从这一意义上可以概括地说，营屯的"生态位"体系包括自然和社会两大系统。在辽西蒙古族营屯的形制演化进程中，由于营屯之间所处区位的气候条件、地理特征、资源构成不同，营屯之间的生计方式、经济结构、文化观念、自组织运行能力等也有区别，如此两个维度的"生态位"制约，抑或是仅仅因其中某种因素，不同营屯之间在各自的演化方向、幅度、速度等方面出现差异，由此逐渐形成了每个营屯特有的自然经济、社会文化特征。一些营屯原有的屯戍特征与民族聚落特征逐渐消减弱化，直至与辽西乡村众多汉族村屯无二，而另一些营屯则仍保留有本原的某些特质，直至今天仍浸润在蒙古族营屯独特的空间结构机理与日常生活之中。

当然，即便对蒙古族营屯及其建筑演化方向、幅度、速度具有制约和掣肘的影响因素较多，但可以发现，此中仍显现出一定的演化逻辑与规律性，营屯所处"场域"是主要影响因素，其主导营屯演化的均衡性。据喀左县毗邻建平县的《建平县志》记载，历史上，"县境多山，地广人稀，数百里峰峦起伏，极全热高寒之致"，在未设县以前，老河川一带为马贼出没之薮地，地处平泉、建昌交界地带，"此剿则彼窜，彼剿则此窜，且均有鞭长莫及之处"。于是"乡村社会蒙汉聚居村落俗乎为营子之，大者多至百户以上或数十户，小亦十数户，零星住户非傍大村落即依倚乡镇，小户独居无有也。故恒数里或十数里、数十里无人烟，其二三户之小村落即当冲逵。每有不堪其扰，并庐舍而弃之不顾，匿居山沟者。而大村落市镇皆四周缭以土垣，各户具有枪口，以备不虞"。从这段文献记载可以看出，民国时期，辽西地区社会仍匪患尚多，各种势力在此地角逐劫掠。自然生境的窳劣闭塞，以及社会生境的艰辛险恶，影响了处于这一生态区位的蒙古族营屯及其民居建筑的演化与发展。例如，地处喀左县南部城郊的白音爱里村，北元时期曾是东蒙南哨口戍军喀喇沁部军营的第二营盘所在地。清代，蒙古族驻军在当地建有多个军事哨所，故此地名为"南哨"。这些驻防兵丁携其家眷在此屯戍守卫"扎萨克"王爷府，以道为界，形成五营环卫式格局。"白音爱里"系蒙古语，意为"富裕的村庄"，该营屯位于喀左县大城子镇南部山口，傍大凌河哨口，交通便利，自然环境优越，资源富庶，在营屯发展上占据很大的优势。白音爱里村不仅至今仍保留有海青格热传统民居的集群性，营屯内的蒙古族民众在保护与传承本民族文化传统方面，也表现出很高的文化自觉。丰富的民族文化遗存使白音爱里村近年来吸引了一些外地企业来此投资，进行文化与旅游开发，营屯也"借风行船"，将传统民居建筑的生态化更新列入了发展规划。与之形成对比的是，历史上依循五营环卫格局布防设置的四道营子、五道营子等营屯，因其地理区位已绵延至南部山里，地处偏远，交通不便，古往今来囿于地理的阻隔，与外部交往不畅，使自身发展受到诸多客观限制。不仅居民的整体生活水平不及地处优势生态位上的营屯，居民对民族文化传统的承继与保护意识也较为薄弱，这些营屯的特质历经岁月的冲刷已所存无几，就建筑形制的演化来看，这些营屯已与当地汉族村落几无差别。

综上可见，生态位研究视角的构建，有助于解释、揭示营屯形制演化的差异性以及营屯人居环境与建筑的演化规律。

4.1.2 由"军屯"到"民屯"的运行机制调适

从分布辽西境内的蒙古族营屯外部形态来看，也可视其为辽西蒙古族海青格热民居建筑的集群性聚落。虽然这些营屯建造之初在选址与分布上出于军事防御的目的，但在营屯营造尺度上，每个营屯内部的民居建筑格局以及建筑单体与周遭环境的关系仍然是由居住主体决定的。单体民居建筑的分布与聚集构成每个营屯的公共空间，也是形成地方认同的物质载体，是营屯重要的结构性要素。

根据耗散结构的理论，聚落自组织从无序向有序的运行与演化需要具备一些基本条件，主要包括以下四个方面：一是开放性；二是非平衡性；三是非线性；四是系统内部保持适度的涨落。如此才能构成井然有序的自组织系统。具备上述基本条件，聚落演变的自组织属性即可判定。以下将循此路向，着重对卸脱防御使命后的辽西蒙古族营屯的自组织运行性质予以审视和剖析。

（1）开放性

蒙古族营屯自其生成之日起，虽然有他组织（如地方统治者委派的官员管理营屯运行，或有相关机构发配战略物资与资金等）的外力介入，但就营屯的日常来看，民户的生计与生活都是靠自己打理的，营屯可以说始终与外部环境持续地进行着物质、信息、能量、资金，尤其是人员之间的交流，这种开放性结构也是我国绝大多数村落的基本结构样态。事实上，即使是辽西偏远地区的蒙古族营屯，若想维持聚落的运行，得到发展，必须要保持对外部环境的开放，不断地从系统外部引入"负熵"，以抵消自身演变中产生的具有不利影响的"正熵"❶。在多数人的认知中，我国传统的农村社会大多被视为自给自足且相对封闭的社会形态，其实这种封闭性并非与外界完全隔绝。以辽西蒙古族营屯来看，虽然其最初是由他组织建构的聚落，但仍具有开放性，除自然环境，如地理、气候、植被、动物等要素具有开放性之外，在其与社会环境的相互作用方面，也呈现着开放的样态。从蒙古族营屯组织运行的属性来看，营屯的各个聚落之间，营屯与所在区域内的城市之间，始终存在着大量的交流。这种交流主要体现在以下方面：一是营屯内的农耕民众世世代代日出而作、日落而息，过着小农经济生活，多数人对外部世界认识有限，显得相对封闭。然而，每个营屯中都能找出少数见多识广的精英人士，这些人或从政，或经商，或走村串户主持红白仪典，或闯荡四方使用手艺养家糊口，总之，他们担负着营屯内部与外部世界的沟通，成为集散各种内外信息、联结日常生活网络的使者，客观上维持着营屯对外开放的属性。二是即使在前工业化时代，营屯以自给自足的小农经济为主，但在日常生活中仍存在着与其他村落之间的物质能量和信息交流互动，如姻亲缔结往来、民俗节庆互动，以及商贸交易活动等，从而使这些营屯始终保持着对外开放的性质。

当然，营屯的开放性并非百分之百，营屯的开放是有边界的，这边界并非物质性的实体界域，而是由区域的自然环境、资源条件、族群历史、文化传统、价值取向等诸多因素熔铸而成的一道无形的"网墙"，由其对外来的物质能量和信息进行有效的

---

❶ 在热力学领域，熵指的是混乱度，用以表示某些物质系统状态的一种量度或说明其可能出现的程度，熵值的大小可以反映系统的无序程度。负熵是物质系统有序化、组织化、复杂化状态的一种量度，反之即为正熵。

过滤，以界定聚落发展的范围。在顾及系统的整体性前提下，将外来的物质能量和信息平衡化地输入聚落系统内部的各个部分，以利于营屯均衡有序地发展。

（2）非平衡性

从耗散结构理论来看，开放性只是营屯与外部环境进行能量交流的必要条件，却并非充分条件。若营屯的日常生产、生活组织运行系统长期处于一种平衡、静态、板结的状态，其运行系统不具持续运行的动力，营屯便丧失了发展的活力。营屯若要发展，必须保持与外部环境在能量、物质和信息方面的流动性，而能量的流动需要营屯内部有源源不断的内生动力，也即耗散结构理论所指的"势差"。营屯运行系统的非平衡性，即营屯在自然、经济、社会等运行子系统之间存在差异，这也是营屯运行形成势差的关键原因。营屯运行系统内部呈现的这种非平衡性在很多方面都有所体现，或者说无处不在。从田野调查来看，造成营屯运行系统势差的原因有许多，诸如因营屯之间所处生态区位和规模效益的差异导致的外部资本吸附流动有别；因营屯之间在人口分布、自然资源结构等方面不均衡导致的交通流动；营屯内部居民之间在政治、经济、教育、宗族（家族）势力等方面的差异导致的竞争和攀比；营屯之间在生计方式及经济条件方面存在的差异导致的劳动力流动等，都将影响营屯的运行，使其远离平衡的状态。正是这种非平衡性使营屯的演化充满动力，也使营屯的自组织发展演变成为可能。

（3）非线性

由于蒙古族营屯在不同的历史阶段具有他组织介入聚落运行系统的特殊性，使营屯的运行系统与辽西区域的汉族村落相比，更体现出一种多层次、多结构、多要素交织的复杂运行特点。一般说来，人类居住环境的运行系统包含五个子系统，即自然系统、人类系统、居住系统、社会系统和支撑系统。各子系统间环环嵌套，既呈现纵向的树状结构，又具有横向的相互关联，普遍存在着非线性的相互作用。从蒙古族营屯的运行系统来看，此中任何一个要素的变化都不是独立存在的，都是与其他多种因素交织作用的结果。在这些多种因素中，有的能抑制或阻止该要素发展，有的却能促进该要素变化生长。试举一例，处于窳劣生态区位的营屯，因土地贫瘠，资源负载力较低，自然会造成居住主体生活的贫困，而若生活贫困，便没有能力建造像样的民居建筑，更遑论修筑便捷的交通道路；同时，为了生计，营屯内青壮年人口及劳动力不得不大量外流，而聚落获得外部资源与动能的概率也自然大大降低。辽西蒙古族营屯运行系统演变中始终存在非线性机制，一方面使营屯的演变具有多样性和不确定性，另一方面也使远离平衡态的营屯空间形成新的有序结构。

（4）系统内部涨落

对于蒙古族营屯运行系统来讲，涨落表现为入侵行为和空间的干扰，是空间结构和功能之间相互作用的结果。例如，伴随着清王朝的覆灭，营屯卸脱防御使命，从军屯过渡到民屯，其系统也由他组织为主的运行体制转换为自组织运行，营屯内部的各子系统的状态也随之改变，呈现此消彼长的现象。从这种涨落的效果来看，蒙古族各营屯的运行系统已经通过自适应、自调整、自修复维持了自身的形态结构。可见，适度涨落可以促使营屯运行系统的功能与结构朝着不断调适和完善的方向发展，营屯的这一特点也可在客观上推动其空间形态的演变和进化。

随着社会的发展、时代的演进，辽西蒙古族营屯的发展演变也呈现着复杂性和层次性增长的过程，从无序到有序，往复循环。辽西蒙古族营屯从军屯过渡到民屯之后，他组织对营屯的掌控作用逐渐弱化或基本消失，营屯的发展演化进入以个体为主导、自发自主建设的阶段。例如，有清一代，辽西蒙古族民间一直奉行清统治者规定的建房规制，这些规制等级森严，普通民众不敢越雷池一步。如蒙古族王公贵族可大兴土木，修建富丽堂皇的府衙住宅、庙宇殿堂；四等官品以上的塔布囊（驸马）及有战功受封赏的达尔汗、梅林、章京等官员可盖屋顶起脊、前出廊后出厦的砖房和草屋；普通兵民可建三间土木石结构的海青格热民居；闯关东的内地汉族只能建窝棚草房等。随着清王朝解体，营屯管理官员撤出，这些陈规旧制已不复存在。营屯的蒙古族民众在建造或改建房屋时，在规格与形制方面几乎没有了限制，当地民众基本上都依循对资源和区位进行优化选择的原则，根据自家的经济条件及居住功能需求等综合状况，进行聚落建筑的发展建设，在位置选择、规模大小、使用性质及形式风格等方面，当地蒙古族民众基本上都是自觉地与原有营屯环境进行协调与适应。正是这种"空间自律"的机制，使辽西区域众多蒙古族营屯逐渐由看似杂乱无序的个体建设发展成为具有清晰脉络格局的聚落空间形态。

自组织理论认为，自组织系统"一般由大量子系统组成，并且在一定的约束条件下，可以从无序态转变到有序态，从而产生出有秩序的集体和运动功能"。可以说，营屯由防御性设置转化为普通农耕聚落之后，在相当长的一个历史时段里，辽西蒙古族营屯的发展和演化都处于自组织状态，聚落的运行主要依靠自身力量做出局部调整，在维持或改善营屯空间形态的同时，基本上保持了营屯形态及其运行的相对稳定性和独立性。

4.1.3　海青格热民居的自主营造

如果说营屯是辽西蒙古族聚落建筑的外部特点，那么海青格热民居则是辽西蒙古族传统建筑的内核性表征。从宏观上看，海青格热民居是辽西地区蒙古族、汉族、满族等多民族民居样式和文化观念整合的产物，混融了北方汉族囤顶民居与东北满族海青房民居的某些建筑特点，但又与其存在明显差异，是带有一定蒙古族文化特色的民居类型。在辽西蒙古族营屯建构中，海青格热民居的形制与营造也充分体现了他组织防御性聚落的特征，许多防御型格局及建筑营造至今仍有保留。

海青格热彰显了辽西农耕蒙古族民居建筑的"营造"与"居住"的两大主体——工匠师傅与辽西蒙古族在实践过程中的形制筛定及功能认同，这一建筑类型在其生成与演化过程中吸收、磨合、调适、优化，沉积而形成某些规律性，最终形塑出这一兼具地域性与民族性特点、趋于模式化的建筑形制。以类型学方法对海青格热建筑单体进行拆分式解析，探讨这一类型建筑的营造技艺及文化特质，解析这一建筑类型的发展过程，是研究辽西农耕蒙古族传统建筑模式及其内涵的有效途径。

（1）辽西蒙古族民居的演进

追溯人类的居住空间，原始初民多是利用天然空间，居住于自然形成的洞穴内，以避风雨、防兽害。《墨子》记载："古之民，未知为宫室时，就陵阜而居，穴而处。"《庄子》载："古者禽兽多而人少，于是民皆巢居以避之，昼拾橡栗，暮栖木上，故命之曰'有巢氏之民'。"从这些记载来看，先民早期的居住形式是原始穴居。随着生产力的发展，这种巢居、穴居的居住方式被人造居住空间所替代。正如《周易》所述，"上古穴居而野处，后世圣人易之以宫室，上栋下宇，以待风雨"。居住空间的变迁是与建筑材料的变化密切联系在一起的。

元代，在森林里狩猎的蒙古族人以活树为中柱，用草围起来搭成茅棚居住。在草原游牧的蒙古族人则居住在灵活易拆迁的帐幕里，又称"毡帐"，故游牧民族又被称为"住毡帐的人"。当时的帐幕都是圆形、拱顶的隐蔽窝棚。

明代，辽西地区的蒙古族人仍然沿袭传统的游牧生活方式，居住于蒙古包内。少数王公贵族、官员及家属住进城镇中环境比较优越的固定衙门和住宅。明代后期，靠近明代边墙的蒙古族平民大多仍住在蒙古包内。此时，出现了用土木石建造的房屋"拜兴"，亦称"板升"。蒙古包结构基本相同，没有大的变化，一般都用木架作骨干，以牛皮、木条、绳索筑成伞状包顶，上覆厚厚的毛毡。蒙古包的外部形态大小有别，但窗户都开在顶部，门设在东南方向，中间设有烟囱。蒙古包之所以将门设在东南方向，这与蒙古族"逐水草而居"的生活习性有关，也与古代北方草原民族崇尚太阳有关。同时，面向东南方向设门也可以抵御西北方向的风雪，这是游牧民族在适应自然环境过程中的智慧创造。蒙古包内部格局以东北为尊，为老人或户主的位置。夜晚睡卧，东侧是女人，西侧是男人，老人或户主睡卧在北面。正如史料记载，明代万历年间，宰赛部落为了防御暖兔部落的进攻，在开原西部"新建一城，南方砖包，东北西三方俱土筑"。后来战争没有发生，该城"但以居板升佃户（指汉族）"，而宰赛部落仍然保持游牧的生活方式。旧时，蒙古族人将拥有建造房屋的好手艺人称为"塔尔罕"，有名的塔尔罕的名望越来越大、越传越远，方圆几十里以外的人都请他建造房屋。后来，随着民族文化的融合，人们把建造房屋的人称为木匠、铁匠，有四个柱子、十二面墙的房屋形成就出现了。

清初，蒙古族人定居于敖木伦河流域后，适于游牧生计的蒙古包这种传统居所已无法适应农耕生产生活方式的转变。转为农耕生计后，以定居为主要生活模式的蒙古族人逐渐放下牧羊鞭，拿起锄头，脱下长袍皮靴，穿上短褂布鞋。人们的住所需要更稳定的院落和宽敞的空间，以利于人口的繁衍、家禽家畜的饲养、物品的存放与财富的积累等。此时，修建永久性住房就成为生活的必要环节，蒙古包也逐步被固定的房屋代替，筑土构木的土木建筑工程大量出现。

据调查，从清末到20世纪50年代以前，辽西地区蒙汉杂居。其中，蒙古族的居住形式大体分为四种：一是贫苦农民住的伙房、草棚和简陋的"塔拉沁格热"（类似瓜窝棚）。二是"阿拉巴坦"，即普通农民住的土木石结构的平房，有1间、2间、3间不等。三是王公居所，多是富丽堂皇的王府衙门和住宅。四是喇嘛庙。通常在蒙古族村落密集的地方，选择风景宜人之地建筑喇嘛庙。庙宇建筑宏伟壮观，多具汉族、藏族的建筑特色。

（2）海青格热民居的出现与发展

明末清初，随着生活环境及生计方式的改变，蒙古族民居也经历了由圆形住宅形式向方形住宅形式转变的形态学意义上的转变。平民住宅出现了用土木石建造的平房"拜兴",王公贵族则用砖瓦盖房。清代中后期,辽西蒙古族人逐渐完成从游牧生计向农业生计的转变,蒙古族人建造"拜兴"的技术越来越成熟,以"拜兴"而聚居,出现了人口较多的村落,蒙语称"爱里"。清代末年,喀左县境内的蒙古族已经完成从游牧向农耕的转型,当地已耕地连片,村落相望,居住蒙古包的牧民已不多见。据1918年由蒙古族学者罗布桑却丹在沈阳用蒙古语所著的《蒙古风俗鉴》记载,"现在蒙古地方的房子,凡汉族迁去得多的地方,蒙汉族的房子不易区别,农业地区蒙古人所住的和汉族没有区别"。

辽西蒙古族迁移到喀左地区后,在居住样式上先后经历了蒙古包、帐篷,再到"马架子"的发展过程。随着时代的发展、社会的演进,辽西蒙古族在民居建筑方面不断受到同一区域内的建筑技术、建筑材料的影响而有所发展。但从总体上看,与同一地域汉族民居相比较,辽西蒙古族的居住形式仍非常简单,直到后来才出现海青格热的民居形制。

据调查,辽西蒙古族的海青格热民居的建筑、设计和发展共经历四个阶段:第一阶段是清初始时期,海青格热的初建期。蒙古族人就地取材,搭建土墙、土坯、木檩硬压山平房。第二阶段是清代中期,海青格热的发展期。随着生活的稳定、财富的积累及汉族工匠的介入,出现了修建四梁八柱、砖石结构、一明两暗的海青格热。第三阶段是清朝晚期至20世纪50年代前,海青格热建造技术的完善期。随着砖、石和石灰的采用,海青格热更加坚固美观。第四阶段是20世纪50~80年代末,海青格热建造技术的大普及、大提升期。随着砖、石、木、瓦、水泥和石灰的全面应用,海青格热的建造材料和技术有了质的飞跃。此后的海青格热变得更加坚固、美观、实用,数量也大大增加,遍及辽西蒙古族聚居地。海青格热民居的优点很多,构造上防风、抗震又防雨。现今的海青格热民居无论是建筑材料、空间格局,还是建筑功能等方面都非常标准、成熟和完善。

20世纪50年代以后,辽西农耕蒙古族人的生活水平不断提高,居住条件也随之改善。到1958年前后,多数人家更新住宅,建起了砖石土木结构的海青格热民居,居住宽敞,有明显的玻璃窗。各家都修建院落,土石院墙,大门建起门楼,院前屋后有菜园,栽植果树。海青格热民居的出现和演变是历史的产物,是辽西蒙古族民众的创造,是蒙汉各族劳动人民共同劳动的结晶,延续至今成为辽西民居的一大特色。正如当时民间流传的民谣所唱,"三转一拧,石灰锤顶,院有压井"是富裕的象征。随着钢筋、水泥的采用,农村中又出现了北京式平房和小楼。但海青格热民居因其经济、易建、坚固、美观,在辽西蒙古族聚居地区仍受到青睐。

(3)海青格热民居的营造

海青格热民居是辽西蒙古族的骄傲,是历史的记忆,是蒙汉民族团结的象征,是蒙古族人的乡愁,是奉献给世人的宝贵文化遗产。传统海青格热的外形与马鞍子的形状相似,且多由土质原料建成,后来才出现了钢筋、砖瓦、青砖等建筑原料,现在的海青格热多是由青砖和白灰建造出来的。一种民居建筑形式定型后,由于文化的惯性作用,在一定时期内很难更改。从清朝开始,直到20世纪50年代之前,辽西地区战争不断,当地民众的生活温饱问题尚难解决,一般不会顾及建筑的形制、设计等文化层面的需求。与我国众多区域的乡村社会一样,辽西蒙古族海青格热民居建造普遍没有专业设计,都是当地民间工匠通过传承下来的建造经验开展建造,海青格热民居的形制与营造技艺也依托当地建筑工匠群体得以传承沿袭下来。

海青格热传统民居的建造一般要经过筹划、选址、备料、施工、装修等几个环节,按先立房架,后砌墙安门窗的程序建成使用。工匠多是修建府衙、庙宇时来自内地的师傅和本地的能工巧匠,杂工以家人、亲友、邻居等众人相帮为主。

根据田野调查得知,辽西蒙古族营屯由军屯过渡为民屯之后,聚落的运行便处于自组织的状态(图4-2)。在自组织运行下,聚落的海青格热民居营造可以归纳为以下几个主要程序。❶

第一步,选材用料,即准备好盖房需要的木材和石料。通常,建造海青格热的木材多用松木、榆木、槐木、杨柳木等当地出产的树木。经济条件好的人家用松木,经济条件差的人家用杨柳木。一根松木的价格在50元左右,一根杨柳木的价格在20~30元。旧时,杨柳木稍细,价格更显便宜,盖三间房,花费500~600元即可。一般农户家里有林场,自家就可以产出木材,不必重新准备。如果自家木材不够,可以去卖树木的农户家里买木材。砖瓦石块、石灰砂浆等就地取材,就地烧制。石料多是农家自己从山上开采的,开采出来的石头除了建造房屋外还可以用来出售。

---

❶ 被访谈人:赵树林,男,蒙古族,66岁。访谈时间:2017年9月10日。访谈人:孙心乙、高杨倩。

图 4-2　本书作者建筑结构调研场景

第二步，择日子，打地基，立架上梁。木匠事先把檩子、坨做好，等到良辰吉日，再找瓦匠打地基。确定地基位置后，开始挖槽，槽的深浅不一，之后在槽里垒砌石头地基，填平。地基的深浅与家庭经济条件相关，经济条件好的家庭将地基挖深一些，大约40厘米。经济条件差的家庭地基挖得稍浅一些，大约30厘米。然后，在地基的外层镶砌石条装饰。正所谓"木匠骨头，瓦匠肉"，房子建造最主要的人物是木匠，木匠会根据盖房人家的要求做好立架。立架的标准和规矩要依据房子的大小而定。旧时，穷苦人家多是盖三间房子，用木匠的话讲，就需要硬压檩子，即将檩子直接压在墙上，没有坨；与之相对，有钱人家会做四架坨。立架一般沿一头砌起，民间俗称"掐头"。多是掐在东面，从东往西立起来。手艺好的木匠3天就能打好地基，立架也能立成型。立架时也有讲究，通常要在院中放张桌子，木匠把墨斗放在桌子上，东家把喜钱放在墨斗下面，然后开始立架。"上梁"是建筑营造中最具有仪式感的过程，即建筑屋顶最高的一根中梁的安装工序。古往今来，上梁不仅体现了中梁在建筑结构上的重要功能，中梁的架构也始终体现一定的信仰意蕴。

第三步，上檩子、上椽子、上笆。立上架子后，瓦匠开始砌墙上檩子。先上中间的脊檩，以三间房子为例，一共七个檩子，前面三个，后面三个，中间的叫中檩。然后上椽子，最后上笆，即依地基、檩子、椽子把墙砌好，墙的高度依据房间的开间大小而定。上笆时，可以请村中邻里前来帮忙。人缘好的人家，来帮忙的人多；人缘不好的人家，来帮忙的人少，主人家不得不出钱雇佣零工。在旧时乡村社会，村中但凡遇到婚丧嫁娶、盖房、种地等大事小情，邻里之间在维系亲缘关系的同时，都会互帮互助。

随着工业技术的进步和时代变迁，蒙古族海青格热的建造材料和建造技术也在逐渐演化，同时，辽西乡村民间工匠艺人的数量也在逐年增加，传统的营造经验与技艺也在不断地传承和发展，久而久之形成了不同的民居营造派系。在辽西蒙古族乡村，虽然当地民众多居住海青格热形制的民居，但在具体的建造形式和营造材质上也会大同小异。有些营屯所处区位交通闭塞，经济相对落后，民居便多使用黏土坯屋顶；而有些营屯所处区位优越，经济相对繁荣富裕，当地民居便多为混凝土屋顶。在富裕程度有别的营屯之间，海青格热民居建筑的墙体材料也有很大差别。可见，虽同属海青格热民居，其建筑形式也不尽相同。

（4）海青格热建造的适应性

蒙古族营屯内的海青格热民居从布局形态到工艺技术都显示出对自然生态的朴素调适，体现了建筑与自然地理、气候因素和谐共生的特征。环境适应性技术策略主要体现在以下方面。

①坐北朝南的群体布局。海青格热民居的布局遵循寒地气候的特征，大多是坐北朝南的方向，就是南边有大窗户，北边有小窗户。不论是客厅还是卧室，一般也都是朝阳的。采光通风的建筑格局不仅在夏天可以起到防暑降温的作用，而且在冬天还有保暖的效果。正房朝南不仅有利于采光，还可以避北风。近一个多世纪以来，辽西地区的气候环境发生了很大的变化，总的趋向是干旱与风沙性气候。在20世纪上半叶，辽西民居多为草房，房屋起脊，狂风来临时，可轻而易举掀翻屋顶。故此，当地民居的形制顺应这一气候特点，采用马鞍型屋顶，既可阻挡冬季的北风寒流，又能有效阻挡春夏季南风扬起的风沙。可见海青格热屋顶形成前后稍低，中间拱起，略呈弧形的马鞍型，有其生态性的背景原因。

②集聚收缩的单体形构。建筑设计一定要有扎实的根基，既不能脱离现实生搬硬套，也不能超越现实任思维游走，这对经济发展相对滞后的东北寒地而言尤为重要。基于此，建筑多采用紧凑、集中的平面布局形式，以矩形、圆形、工字形等几何图形作为平面的基本形态，造型简洁、规整，尽量避免复杂的轮廓线。这样可以减少外围面积，降低热损失。

③满足多种功能的建筑空间布局。建筑空间，即用墙体、地面和顶棚等实体所限定和围合起来的空间，属性和尺度是建筑空间所必须具有的特征变量，包括对不同实用功能的满足、对不同文化和审美要求的联系以及对视觉效果的控制等。总

之，建筑空间也是人们的一种知觉空间。海青格热在营造方面体现了空间体系建构的诸多因素。首先，辽西地区冬季严寒，人们的活动一般在屋内进行，因此，民居内部的建筑空间除了居住功能外，还要承载日常活动以及相互交往等功能。于是，海青格热房屋的建筑构造不仅要适应北方的严寒，而且要想办法改善建筑内环境的舒适性。例如，进入屋内，一般的构造是左手边为烧柴的灶台。灶台连接着火炕，烟通过火炕进入烟囱，然后从屋顶冒出。这样的构造不仅可以节省燃烧物，而且便于取暖。

④与周围环境的协调性。文化的适应性首先表现在人类与生存环境之间的不断调适，最终达到人类与周围环境和谐与协调的关系。海青格热民居由当地的木、石、土坯等极易得到的建筑材料建造，在20世纪90年代以前并没有工业材料的进入，不会对地方造成污染，同时也与周围环境极为协调。

（5）海青格热的建造内涵

在文化的涵化过程中，最终形成的新的文化类型会带有原初文化的某些特征。无论是从外在建筑形制，还是从其内在空间形态来看，海青格热都沿袭了许多蒙古族游牧文化的建筑元素，是蒙古族游牧文化在农耕文化中的保留和遗存。例如，早期以狩猎游牧为主的蒙古族人把海青鸟视为本民族最崇拜的神鹰，故把自己民族建造的马鞍形平房也起名为海青格热，寓意居所像神鹰一样威武。海青格热最有特色和代表性的马鞍型屋顶，是最直接的游牧文化和战争遗迹的保存；海青格热两侧山墙顶部酷似蒙古包的拱圆造型、建筑门楼两侧的墙垛多呈内外满圆造型等，皆是对草原游牧时代蒙古包"圆"之造型的承继。砖石砌筑的院墙有别汉族建筑的直角，多为圆形拐角；建筑表皮的石刻装饰纹样也多为祥云等鲜明的蒙古族文化符号。

同时，海青格热的装饰图案丰富多样、寓意深刻。蒙古族民间图案一部分源自对图腾的崇拜，如龙、凤、狼、牛、马、骆驼等，一部分源自日常生产和生活，如回纹、卷草纹、渔网纹、火焰纹等，还有一部分是体现吉祥美好意蕴的求吉图案，如祥云、如意、盘肠（吉祥结）、佛手、荷花、梅花、八宝等。在海青格热的建造和装饰中经常用到以上图案。如柱脚石下镶装大立面护柱板石，上装压板石，在鹰嘴石上有七层厚方砖或石刻，刻有梅、兰、竹、菊、石榴、牡丹、瑞兽等吉祥图案；在山墙上画有盘肠、祥云等图案；砖带上装饰有黑白交错的狼牙图案；两侧山墙前后建成马蹄垛形状（图4-3）；房屋前后护板石和外屋门两侧护板石上刻有大面积吉祥图案；屋门和大门的门楣上装有木制方、圆式户对，下装相对的门墩以代门当，不仅象征着家族人丁兴旺，还彰显着房屋的庄严和贵气，也体现了蒙古族人对蒙古族祖居的留恋。

4.1.4 营屯的俗常生活

图 4-3 马蹄垛造型上的圆形浮雕

辽西蒙古族营屯由防御型设置转化为普通农耕聚落之后，其发展和演化便进入一个自组织过程，此后经过近一个世纪的自组织运行发展，营屯已不再是近乎独立完整的发展体系，其在发展演化过程中不断受到汉文化的冲击和影响，营屯的生产、生活，人们的日常交往、岁时仪礼，乃至居住文化与习俗等都逐渐发生变迁和演化。卸下了屯成防御使命，辽西蒙古族营屯的日常生活变得单一，与当地汉族村屯无二，基本上围绕着农耕生计的"农时"运行。

如果说营屯是辽西蒙古族聚落的外部特点，那么海青格热民居则是辽西蒙古族营屯的内核性表征。根据对一些在营屯定居数代的蒙古族民众访谈获知，历史上这些防御型营屯的设置选址虽是由官方确定的，但营屯内拖家带口的蒙古族民众的日常生产、生活，包括民居建造与修缮，都是自组织运行实施的。

蒙古族营屯的运行系统由多种相互关联的要素构成，这些要素相互作用，支撑并制约着营屯的演化与发展。营屯内呈集群性的诸多自建的海青格热民居单体建筑，以及与维持营屯运行相适应的公共设施体系构成了营屯的整体空间。营屯内的海青格热民居与历史上他组织基于防御意愿建构的营屯外部设置结合，既体现着初始的防御功能，也映射着辽西蒙古族民众顺应生存区位的居住意愿。这些自建的单体建筑又在其演化进程中展示了其具有的可变性特点。在建筑学的研究视野，其可被视为自建的"主体"。

值得说明的是，海青格热民居的形制生成与建造演化过程都是处于自组织状态的，都是自建的"主体"根据自身的力量做出调整的。例如，营屯形成的初始阶段，聚落内的个体民居建筑在空间使用方面多是比较随意的，功能划分不甚清晰，院落形制也未形成。渐至后来，在当地汉族乡村居俗传统的影响下，蒙古族民众在营屯内饲养的牲畜也不再散牧，海青格热民居的建筑空间与院落形制也逐渐变得主次分明，房屋的功能设置及院落的布局也向汉族民居靠拢和借鉴，逐渐通过围合的方式和空间层次来表现居住者的身份，富裕的人家围起了院套，修建起美观实用的门斗，民居建筑空间的私密性也不断加强。

古往今来，与我国南北各地广大乡村社会的民居建造过程相类，辽西蒙古族营屯在一幢幢海青格热民居的营造过程中，由区域内血缘、地缘关系组成的聚落社会系统都发挥了重要的作用，每一幢个体建筑的营造都近乎营屯内部的共同活动。据白音爱里村一村民介绍说，他家的房子建于1987年，当时前来帮忙建房的手艺人全部都是本村有亲缘关系的亲属和交往密切的朋友，大家都是义务来帮忙的，"咱们这盖房子都是村子里人来帮忙，不论村里哪家盖房子，大家都来帮忙，能干啥就干点啥呗"。❶喀左县官大海农场一陈姓村民也介绍了同样的信息：在早期那时，盖房子都来帮忙，来帮忙的都是村里的人，听说你家盖房子了都会来帮忙的，泥瓦匠也都是村里的人，不用出去请。到了上梁那天来帮忙的更多，那时候哪有什么工钱啊，帮忙的没有钱就是管顿饭呗！现在不行了。❷

调查发现，由于辽西蒙古族较早置身于汉族文化的包围之中，当地蒙古族民众在居住观念方面也程度不同地吸收了汉文化的某些观念。受汉族居住习俗影响，辽西蒙古族民居营造至今仍沿袭某些建筑伦理与选址观念。具体来说，就是东面有蜿蜒起伏的水或山，西面有宽阔的道路，南面有小一点的水域，或池塘，或河沟，北面有像丘陵一样的山丘。如果居屋选址既坐北朝南，又能达到这四个条件，可谓是极好的宅基地。房子左边（或东方）的建筑不怕高，无论多高都可以，但右边（或西方）的建筑不能高于所住的房子，此观念民间代代承袭，相沿成俗，在辽西乡村建房，不论是汉族还是蒙古族，多数民众都遵循此道。

然而，调查发现，辽西蒙古族营屯在单体民居营造方面也经常发生着彼此间在空间、资源上的竞争，自建主体似乎都曾有过为争取更好的通风、采光、水源、交通条件的谋划，或在建房的尺度、高度、选址、风格上也都存在着攀比与竞争。例如，在辽西白音爱里村调查发现，少数海青格热民居的房山上部绘有黑色的狼牙纹饰，据了解，此举便是该民居主人认为房山所绘狼牙纹饰有保佑平安的寓意（图4-4）。这是自建的主体根据自身的认知进行的某种调整，以寻求聚落社会运行秩序的动态和

---

❶ 被访谈人：翟国军，男，汉族，1964年生，喀左县白音爱里村人。访谈时间：2017年9月4日。访谈者：孙心乙、高杨倩、祁业华、秦雪、李泽鑫。
❷ 被访谈人：陈文，男，蒙古族，1960年生，原喀左县官大海国营农场职工。访谈时间：2017年9月7日。访谈者：孙心乙、祁业华。

谐，属于自组织性质。可见，辽西蒙古族营屯的自建民居主体并非孤立存在，而是以一种竞争与协同的关系，存在于营屯相互协同的动态演化体系之中。

近十多年来，辽西乡村出现了一些游走于各地的民居建筑施工队，他们承担了当地大部分民居建筑的工程，但多数营屯内的蒙古族民众仍保

图4-4 山墙上的黑色狼牙纹饰

持在建房中的换工互助。在访谈中，许多人认为乡邻村民之间互助建房的过程，既是一种人情交流，也是劳力换工的过程，毕竟建房是乡间大事，居家过日子都有需要别人帮忙的时候，"今日人帮我，他日我帮人"，地方社会就这样紧密起来了。此外还注意到，乡间民居建筑的营造过程，也是乡土建筑进行技术培训和经验传承的重要途径，不仅工匠们通过共同营造而得到技艺的交流与提升，一些村民也坦言，在民居建造帮工实践过程中习得了一些建筑知识和生活技艺。蒙古族民众以亲情、人情为纽带帮工互助，使每一幢民居的营造都成为居住者世代口传的美好回忆。

走访辽西地区的蒙古族营屯发现，每个营屯都有数个自然形成的内部公共空间。这些公共空间是营屯日常生活的载体，是营屯对外展示与交流的窗口，也是村民内部信息传播的焦点。聚落形态空间影响营屯的可持续发展，受村民交通出行、经济生活、活动目的等因素影响，在营屯系统内部产生了物质能量与信息的融汇，造成内部区域之间的不平衡。

在采访村民王荣华时，他表示，原生产队的位置现为他家。生产队时期，原来生产队打的大井是浇地用的，那时候村中有很多用于吃水的井。在武明生（村东头第一排第一家）家前广场的位置就有一口原先生产队打的用于浇地的大口井（蒙古包位置），其他生产队打的井都在地里，生产队打的靠近村里的只有这一口井，浇井前面一片地。早年间是几家一口井用于生活取水，叫"土井"，村民王九春家所在的整个胡同只有一口井，这个胡同过去有8户人家，那时候有的人家住的胡同，还有的是没有井水的状态。❶

---

❶ 被访谈人：王九春，男，蒙古族，1944年生，曾任喀左县十家子村小学老师和村干部。访谈时间：2017年9月8日。访谈者：孙心乙、秦雪。

从整体上看，营屯内部的海青格热民居建造与修缮基本上是在自组织框架下进行的。自组织运行的营屯内部在民居规划建设方面似乎没有形成某种层级管控机制，对个体民居的建筑及修缮也没有施加管理和约束。营屯居民在营造、修缮自家居屋的时候似乎有完全的自主权，聚落的建筑也处于自主建设、自发演化的状态。但事实上，村民个体的行为在一定程度上主要受屯规民约和道德的约束，事关营屯的整体利益与未来发展的时候，自组织的管理系统也会行使其管理的权利，自组织系统的作用会明显增强，自组织对聚落运行的导控作用也必然会凸显出来。一些发生在营屯寻常生活中的小事件可以说明这个问题。例如，在决定居民自建住宅的形制方面，一些营屯的自组织管理系统在近年来便经历了一个不断调整的过程。

一位村干部表示："村里最早盖北京平房的是张宝瑞他家，盖北京平房都是九几年才兴起的。"❶

一位村民表示："村里老赵家的北京平房建于1982年，基本是全村最早建北京平房的一家。他家原来的海青格热建于1961年，以前不论是海青格热还是北京平房，都可以盖。20世纪90年代村里已经有很多人家盖北京平房的了。现在村里不让拆海青格热翻建北京平房。前几年张胜奎想要拆海青格热盖北京平房，村上不让动，要他家把房子保护起来。现在是可以维修但是不能拆掉。还有，村西边有个老瓦房，几次想要拆了盖新房，村上也没让拆，说是维修可以，就是不能拆。"❷

基于上述采访可见，营屯自组织系统是根据自身发展需要不断调整管理职能的，通过优化选择，将未来的发展模式逐渐改变、积累递进，带来发展活力。通过调整旧的聚落形态结构，完成营屯自组织的更新与跃进。

4.2 营屯民居建筑的形制特点及其建筑的叙事性

如果将营屯视为一个复杂的系统，那么在由军屯过渡为民屯之后近一个世纪的历史时段中，辽西蒙古族营屯经过漫长的自组织发展，逐渐形成了特有的自然、社会、

---

❶ 被访谈人：村干部，女。访谈时间：2017年9月8日。访谈者：孙心乙、祁业华、李泽鑫、秦雪、高杨倩。
❷ 被访谈人：张胜奎，男，蒙古族，喀左县白音爱里村村民。访谈时间：2017年9月4日。访谈者：孙心乙、祁业华、李泽鑫、秦雪、高杨倩。

历史与文化特征，这些特征随着岁月的延伸，已经深深固化在营屯独特的空间结构机理之中。以至于在今人眼中，有些营屯虽然显得杂乱破败，民居建筑陈旧，但却仍然或多或少地透露着某种吸引人的独特气质。这既映射出自组织在蒙古族营屯演化过程中的某种调和之功，也是营屯建筑作为"立体之书"的一种言说与叙事功能展现。

4.2.1　海青格热与满族民居比较

自古以来，辽西地区便是北方少数民族与中原汉族文化交流的纽带，多民族文化在这一区域相互碰撞、交融，进行着各自的文化坚守与演化。尤其自清代中期之后，中原内地大量汉族民众纷纷移至辽西地区谋生。定居在辽西地区的汉族、满族、蒙古族民众在建造民居时，因地制宜地顺应小区域的地理气候特征，适度融入小区域的文化生活习俗，不断进行磨合与借鉴、尝试和创新，逐渐演变成辽西地区今天的民居形式和空间布局。

然而，无论历史性的文化演化，还是近年来的现代化浪潮冲击，辽西地区的汉族、满族、蒙古族民居建筑仍然程度不同地显现着上述民族民众对本民族固有居住传统的沿袭与坚守。例如，辽西蒙古族海青格热民居虽冠名以"海青"，但在建筑形制与特色上却与东北满族传统的海青房同中有异。两者相同之处是皆为石基、砖山墙、砖压檐、砖挡梢、七檩房架，但在外部形制与框架格局上，两者又有明显差别，可谓此"海青"非彼"海青"。

海青房是东北满族的传统民居（图4-5），过去在东北各地乡间十分常见。满族海青房形制为硬山式屋面，房柱插地，门向南开，高大宽敞。屋顶常用材料为草顶和瓦顶，草顶海青房是用苇芭或秫秸盖在椽上，平整铺置，久经风雨后，房草蜕变为黑褐色，故称"海青房"。瓦顶海青房屋面多用小青瓦仰面铺砌，在房檐边用双重滴水瓦封边，此举既有利于屋面的排水，又具有美化装饰的作用。

在20世纪50年代以前，辽西地

图4-5　东北满族海青房

区因有一定的满族人口居住，满族海青房在乡村也比较常见。满族海青房的常见样式有万字炕、口袋房、三合院、四合院、照壁墙。其中，口袋房形状似口袋，具体是指在三间房的最东面屋南侧或五间房的东起第二间屋开门。过去，满族富裕之家多建四合院或三合院式的海青房，其特点是石基、砖山、砖压檐、草皮屋顶、砖挡梢、七檩或九檩房架、木板门、十三棂窗。满族海青房一般是正房四间或五间，东西厢房各两间或三间，门房一间，又称"过道"。在院内迎门处立一"照壁"，也即影壁。正屋正间左右设两灶，留有后窗。正间的东西邻间有土炕，作为寝室。厢房一般为磨坊和牲畜房。院内东侧或西侧建有猪圈。普通人家多为一正一厢，或一正一厦的草房，碎石基、土坯墙、七檩房架、九棂窗，正屋多为一明两暗或一明三暗。贫苦人家多是一明两暗的泥土小草房，五檩房架、小门小窗，狭矮黑暗。在满族聚居的乡村，一般人家建房时习惯采用连排、伙山、伙院墙的方式，如此既方便邻里间互相依靠，又可节约建筑材料。

满族海青房屋脊有两种形式：一种叫花瓦脊或玲珑脊，是用瓦片、花砖拼出的鱼鳞、锁链和轴辘线等图案；另一种是屋脊皆为实体，造型简洁。屋脊两端常饰有鳌尖，或是更复杂的造型。人们常称"前出狼牙，后出梢，东为龙头，西为凤尾"，龙头凤尾寓意吉祥。这种造型的平面入口处往往凹进0.5~1米，俗称"吞廊"。海青房门窗是前檐墙的主要部分，窗下墙及两尺间使用砖墙，其他位置使用木材，窗与实墙，窗纸与木材和砖石对比强烈，后檐墙多为砖墙，基本没有窗户。两山墙的木柱和前后檐墙用砖石包筑，使墙体保温效果明显增强。

满族海青房的门多为独扇的木板门，有木制的插销，内门是双扇木板门。南北墙上有窗，窗户一般为支摘窗，木制，有花格，花式多为长方形、菱形等，上下两扇开合，上窗可用棍支起通风。以前多用"高丽纸"作为窗户纸糊在窗棂外面，纸上淋油或盐水，可以预防雨雪淋湿窗户纸，而导致其脱落。窗棂上有各种美观的图案。20世纪80年代后基本不再糊窗户纸，改镶玻璃，更显美观漂亮（图4-6）。

满族海青房内正对门的屋子称为"外屋"，外屋有锅台、厨灶、水缸、灶

图4-6 东北满族民居

坑与室内火炉相通。通常，火炕有南、北、西三面，满语称"土瓦"，形状如"万"字，又称"万字炕"或"蔓枝炕"。满族人以西为尊，布局上，西炕为窄炕，下通烟道，东屋为晚辈居住。南北两面炕上有的人家铺炕席，有的人家糊炕纸。衣柜放在炕梢，上面整齐地叠放被褥等。通常，长辈住南炕，晚辈住北炕。睡觉时，头朝炕外，脚抵墙，可以有效地预防寒冷，并保证呼吸新鲜空气。有的人家为御寒，也建火地。

"子孙椽子"是满族海青房内部常见的设置，其为东西墙之间横架的圆木杆，设在离屋顶十几厘米处，挂悠车用。有小孩子的人家常在子孙椽子上悬有悠车，将婴儿放在悠车里，以方便大人腾出身手，边用悠车哄孩子边做其他活计。从炕面到房梁栅成里外两个空间，也有的是在相应位置设活动的栅板，白天撤去，晚间安放。此外，晚上睡觉时，从棚顶吊下一根长杆，悬挂幔帐，可以防止头顶受风着凉，俗称"幔杆子"，也可用以分割南北炕，兼具遮挡作用。

吃饭时，满族人家在炕上摆好长方形桌子，炕上铺毡褥子，人们围着桌子盘膝而坐。屋外有碾坊和仓库，满语称"哈什"。院内东南立一根长杆，上放锡斗，下放三块石头，称为"索罗杆"。杆后常用砖砌成壁墙。

"跨海式烟囱"是满族海青房民居的一大特色。北方汉族民居经常把烟囱建在房顶上，满族人却将烟囱建在房屋西侧或房屋后面的地上，高高竖起（图4-7），烟囱通过一段横烟道与房屋主体相连，烟囱的基座有的用砖石砌成，有的是一根木头，外面捆缚藤条绳索，为了加固，还要涂抹一层黄黏泥。满族人民的炕面积大，烟囱体积也粗。这种落地烟囱在如今东北地区的一些满族乡村依然可以看到。通常，落地烟囱的出烟口要比房檐还高，烟囱根底有窝风窠，保持通风，减少气压，炉灶燃烧充分，火炕也热得快。

图4-7　满族传统民居建在平地上的烟囱

20世纪50年代以后，辽西乡村民居式样逐渐变化，一些乡村建房开始统一规划，这一时期所建的海青房越来越讲究，广泛使用红砖，逐渐取代青砖青瓦。近年来，辽西农村的民居多是用红瓦建成的五间房。21世纪以来，满族海青房民居在辽西乡村已经很难见到。再看辽西蒙古族的海青格热。20世纪50年代以来，辽西乡间建起多处砖瓦窑，可大量烧制青砖，因此辽西蒙古族纷纷翻建住宅，修建起成片的土木砖石结构的海青格热民居。

海青格热民居的营造技艺可以归纳为以下几方面。

（1）木作

三间海青格热木架结构是四梁八柱抬梁式，是房盖的承重体。大梁上竖立骑马桩、二柁，使其成梯形结构，并承载檩条，保持屋盖成一定弧度。梁长1丈5尺~1丈8尺（5~6米），直径为1尺（约33厘米）以上。檩条采用7根或9根，直径7~9寸（23~30厘米），长为1丈1寸（约3.7米），前檐檩和嵌檩、中檩选松木为上。檩间连接处采用燕尾榫咬合，西间檩榫头朝向东侧，中间檩西头作卯口，东头作榫头，东间檩西面作卯口，榫卯相结合，这是蒙古人的习俗。柱子高为8尺1寸~8尺5寸（2.6~2.8米），直径为5~7寸（16~23厘米），上作方榫与梁连接。椽子108根以上，直径为5寸（约16厘米）左右，长为4尺5寸（约1.5米）左右，用铁钉钉牢在檩上。门为板式里开，外屋门楣上装户对，两侧和上面安小窗。东西屋前窗对开四扇，木棂里糊纸。屋顶在椽上铺秋秸、木条或木劈柴，用泥覆盖作房盖底层。

（2）瓦作

地基用毛石灌石灰砂浆。墙体采用泥坯、石材、砖垒砌。窗台下砌砖带，后檐不出头，用砖封口称风火檐，前后檐口用瓦作滴水。两侧山墙顶部垒成拱形，上出烟筒。在屋面基础上用细土抹平压实作滚水而成马蹄形，或用石灰膏拌砂石捶实，抹出亮面。用砖作锅台或地面，地面旧时多为土面。火炕用泥坯搭成。外墙用石灰膏勾缝。

（3）石活

石活主要有柱脚石、地基面石、窗台板、护柱板、压板石、方砖石和门墩石的雕凿刻制。材料采选当地山中的上等石料。

（4）装修

外装修一般采用素面，砖石勾缝。内装修在东西屋吊纸棚，墙面用细泥抹之，石灰浆涂之或纸糊之。中间屋不吊顶。外屋檐刷桐油或油漆。

晚近时期营造的海青格热民居基本都是坐北朝南的格局，3间、5间不等。3间房屋，中间开门，也有东边开门。5间房屋，中间开门。室内格局多为开门这一间为厨房，置锅灶，居室为火炕，灶房烟火从炕下通过，炕热室暖，烟囱在房外两侧。蒙古族民居不论是几间房，多为南、西搭筑火炕，俗称"弯子炕"，也有南、西、北三面搭炕，俗称"钱褡子炕"。在西北墙角安放佛龛，敬奉佛像和家谱。后墙和西墙安放柜箱、桌凳。中间明堂安放火盆架和祭火用的火盆、水缸、橱柜等，不开后门。靠屋门两面搭有锅灶。蒙古族人以西为大，以右为上，故尊西屋为上。为了表示对长辈和老人的尊重，长辈住西间，晚辈住东间。留客也在西间，东屋用作子女居住或存放物品。

此外，海青格热的屋内陈设也变化明显。自清代中期，蒙古族人开始大量建造固定居所以来，由于住所不再移动，屋内的陈设也不断多样与复杂起来。据资料记载，清代中期以前，中等以上人家一般都有"火池"（用以供奉）。在室内北墙西端有佛龛，西北放单橱柜或双橱柜。到了清代后期，富裕人家增添了"好望阁"，即立柜、碗柜和地桌等，柜上摆放帽盒、掸瓶、茶具等，柜前还摆放有供来客坐的"春凳"。民国时期到中华人民共和国成立前，富裕人家除了有多样的家具外，还置有用来放在火炕上，放被褥的炕柜，俗称"炕琴"，有些在居室内还摆放有各种桌椅，且装饰精美，而贫民人家，除供火池、佛像外，家具很少。

20世纪50年代，随着经济收入的增加，生活水平也在不断提高。不仅新建住房，而且室内陈设也在不断更新与增加。20世纪60年代，蒙古族供奉"火池"、佛龛的人家逐渐减少。20世纪70年代，蒙古族人家开始在室内箱柜上摆放收音机、茶具、座钟，也有些人家墙上有挂钟，地上桌椅和炕桌、炕柜样式也逐步多样化。改革开放后，蒙古族人家的室内陈设更新的速度越发加快，表现在旧式的箱柜逐渐减少，与此同时添设了新式立柜、写字台、沙发、茶几等。箱柜上摆放有电视机（多为黑白）、录音机，墙上挂起新式石英钟，日历变为挂历，传统年画也演变为新款年画。20世纪90年代，出现了组合柜、壁橱、新式化妆台、彩色电视机、冰箱、洗衣机等，一些精美的工艺品也摆设于组合柜上，宽大的窗台上还摆放有花景盆栽。近十年来，新的智能设备越来越普及。尽管陈设不断现代化，但一些蒙古族的民俗符号依然在屋内显示出来，过春节时，不少人家张贴的是印有蒙文的对联。

将辽西蒙古族海青格热与满族海青房比较，在外部特征上，两类民居屋顶的差异表现最为明显，满族海青房无论瓦房还是草房，其屋顶都为起脊的人字形。辽西蒙古族海青格热则为平顶马鞍式，房顶成微拱形，房屋左右两侧山墙大多凸出于屋顶，凸出部分砌成夸张的弧形，谓之"滚水"。海青格热与海青房的房顶的苫盖物也不尽相同，满族海青房草房屋顶苫盖物主要有四种：芦苇、秫秸、苞米秆和苫房草。苫房草是东北山区天然生长的野生草类，细长而坚韧，比较难得，所以主要由山区人家或者富裕人家所用，寻常人家往往用不起这种苫房草，取而代之的是芦苇和秫秸、稻草。将芦苇、秫秸铺好后抹泥或覆以稻草。海青房瓦房则是在完成上述工序后再压瓦。但蒙古族海青格热的屋顶不覆瓦，而是直接压土抹泥。

在建筑学视域中，屋顶并不只是一个建筑构件，其不仅与居住群体所处的地理环境、气候条件和社会生境密切相关，也与不同民族或族群的历史及文化传统相关联。

4.2.2 海青格热与汉族囤顶民居比较

囤顶民居是富有辽西区域特色的汉族传统民居，目前在辽西的朝阳县和兴城市两地尚可见这类民居建筑，其余地域已不多见。其中朝阳县黑牛营子乡的清风岭村因地处柏山脚下，沟壑纵横，较为偏远，村内至今仍保存有集群性的囤顶民居建筑（图4-8），由于该村曾作为电视剧《中国地》的外景拍摄基地，一时闻名遐迩，如今已成为辽西区域的知名旅游景点。

囤顶民居结构形式是通过对传统的硬山式建筑做减法形成的，是介于硬山屋顶与平屋顶之间的一种建筑形式。囤顶民居建筑的形成与辽西汉族民众历史上所处的生态区位、自然环境、气候条件、区域习俗、族群历史等因素都密切关联。尤其是生态区位，决定民居的建筑材料和形制。历史上，辽西地区是我国东北满族、蒙古族等少数民族和汉族的杂居之地，也是中原汉族移民闯关东的重要滞留地。不同民族与族群文化在辽西区域碰撞、融合，彼此间兼收并蓄，形成辽西区域又一特殊的民居房屋建筑形式。由于辽西地处北方，冬季寒冷，风沙较大，在漫长的历史

图4-8 兴城市囤顶民居

时段里，汉族乡村民居多为泥草房，若草房起脊，狂风来临时，极易将屋顶掀翻。囤顶民居的屋顶略呈弧形，前后稍低，中间微拱，不仅可以节省大量木料，更重要的是可以有效减小风的阻力，阻挡寒冷的北风和风沙较大的南风对屋顶的侵袭。

囤顶民居属于硬山式梁柱木结构的建筑，房檩被完全包砌在山墙内，屋顶不突出山墙。除了用柱子承重外，还可以把柱子包在短墙中辅助承重。山墙前后顶部的砖逐渐向外砌出，与檐椽外伸的距离大体相等，可以包住檐口。通常，囤顶民居在单梁上不设瓜柱和梁枋构件，常用许多根短柱，使中间檩的高度提升。短柱中间高、两端低。短柱与梁、檩之间以榫卯结构相接。檩子上面铺设椽子，椽子上为草编织层，然后在上面铺上土层，可以保温、防水。

囤顶建筑制作工艺考究，要先在椽子上铺 2～3 层苇莲垫层，上面再铺设干秫秸或淤土草泥，做成 10 厘米厚的保温层。秫秸上也要铺设干泥背，使秫秸稳固。然后在干泥背上再铺设约 3 厘米厚的掺有麦秆的黄土，碾压结实。富裕人家的屋顶并未就此完工，还要在黄土顶层再压做青灰背墁顶。此外，一些人家还在前后屋檐的外段铺设两层板瓦，并将其探出前端屋面，以利于将雨水排出檐部。

如果将海青格热与北方汉族囤顶民居比较，两者在建筑形制上确有相像之处，如檩木完全包砌在山墙内，山墙前后均向外突出，屋顶不悬出山墙。屋顶砖要一层层地往外砌，约等于檐椽外伸长度，檐口在山墙处被完全收束起来，等等。可见，若以民居建筑类型生成时间推断，囤顶民居样式生成在前，海青格热民居样式形成较为晚近，其建筑应当是吸收并融合了东北汉族囤顶民居的许多营造特点。但从一些建筑细节来看，二者又确乎同中有异，尤其在建筑的外部形制方面，存在一些明显差别。

因北方地处寒冷，为获取更多的采光日照，囤顶民居南向墙体普遍都开有较大的窗户，故屋面主要靠柱子承重。而海青格热作为防御型营屯的内部建筑，其在营造之初便突出了建筑物的牢固与防御功能，房子均不设后窗户和后门，南向的窗户也偏窄小，墙垛（月白墙）较宽，故屋面主要靠墙垛承重。据营屯一些蒙古族老人介绍，海青格热房子的突出特点就是防御的功能，屋面的墙垛是有意加宽砌厚的，宽度以一人能隐身其后为宜，在以前不仅可以躲避防范前来进犯者的弓箭或子弹，而且屋里的人可以躲在墙垛后面向外射箭反击，屋面的这一形制是有意为之，具有隐身防御的功用。

俗话说，"山看脚，房看顶"，屋顶文化是建筑文化的重要构成，也被称为建筑的

"第五立面"。从海青格热的屋面造型来看，马鞍型屋顶是海青格热民居典型的外在特征。而海青格热民居南北两面的四个榫头构件，则被辽西蒙古族形象地称为"马蹄垛"，如此便有"四个马腿托起个马鞍子"这一带有游牧文化意味的地方性话语。

上述皆为辽西蒙古族营屯民居建筑刻意突出的民族特点，以区别于辽西乡间的其他民居建筑。

4.2.3 海青格热与汉族平顶式民居比较

辽西地区是多民族聚居地，地区性与民族性的关联是辽西民居建筑多样性的根本原因之一，两者共同造就辽西地区各民族民居建筑的差异性和相似性，并形成了式样丰富的辽西区域民居建筑类型。概括起来，影响辽西民居形成的因素主要有两大类：一类是自然的地域性因素。地域性因素可选择性明显，但不可改变。另一类是具有社会含义的民族性因素。民族性因素选择性强，也可以改变。

前文已述，囤顶民居是一种介于硬山屋顶与平屋顶之间的建筑形式，在建筑营造方面，平顶式民居可谓是囤顶民居的简化版。辽西地区干旱，且风沙较大，当地的汉族传统民居多为平顶式。平顶式民居结构以木柱托梁架檩，以砖木结构为主要建筑形式。为应对北方寒冷的冬季，许多人家建房时还对墙和屋顶加厚以保暖。

在传统社会中，辽西汉族富裕人家若修建一座有型有款的囤顶式居屋，在建筑材料及工匠营造技艺方面均有较高要求，民间工匠在建造囤顶民居时尤要注意建筑构件的功能与装饰的整合。以石材的选取及利用为例，从建好的民居正立面能够看到建筑的石构材料相互衔接，包括腿石、抱门墩、踏板石、抱框石、迎风石、找平石等，它们共同形成了建筑墙体的基本框架。这些构件在建筑中发挥的作用不同，如腿石、抱门墩和抱框石可以起到承重作用；窗户上下的踏板石、山墙的找平石等石、砖、木料的混合使用可以找平；迎风石可以衔接山墙和使屋檐外延。这些石材构件除了具有丰富建筑外观的装饰作用外，还可以坚固建筑主体。传统的囤顶民居在营造中善于利用材料资源并运用独特的营建技巧，将建筑材料的功能和装饰予以整合，使其熔铸为一种民居建筑艺术，成为辽西囤顶式传统民居建筑的一大特色。然而，调查中发现，这种建筑艺术在近现代辽西汉族平顶式民居中已经被简化，几乎消失。

我国乡村民居建筑历来不同于专业设计的经验性设计，是民间工匠总结世代传承的建造经验开展房屋的设计与建造，辽西乡村也是如此。古往今来，辽西地区风沙大、雨水少，这种气候特点使居民不对房屋屋顶的坡度有所要求。结合多风沙的气候因素，辽西地区的汉族移民在房屋的屋顶形式上采用了平顶式。这种民居既适于辽西地区一年四季多有风沙的气候环境，同时又可节省建筑材料与成本。因营造技艺的简化，对工匠的要求也自然随之降低，人力支出费用减少，可谓经济实惠。历史上，这种居屋类型尤其适用于因生活所迫而闯关东移居关外的汉族民众，故而在辽西乡村中十分常见。

随着时代的变迁与建造技术和建造材料的更新，辽西民间工匠的建造技术和知识经验也发生了很大的变化，在当地出现了不同的民居建筑样式。以平顶建筑的使用材料为例，在相对落后、交通闭塞的地方，人们更多使用的是黏土压的屋顶，还有的地方使用的是混凝土屋顶。辽西多数汉族村落仍以平顶式民居为主要且常见的建筑样式。随着生活水平的提高，平顶式民居的建筑形式、功能越来越被民众新的生活要求所替代，当地村民开始对旧有民居进行自发性拆迁与翻建，各地翻建新房者众多，许多旧式平房被翻建成当时颇为流行的"北京平房"，即一种以现代建材建造的平顶式民居。对于辽西地区不同时代不断演化的汉族平顶式民居，当地的蒙古族民众自始至终有严格的界定与共识，从未将这类民居建筑与海青格热混为一谈。

从上述比较不难发现，辽西蒙古族营屯的海青格热民居建筑既混融有北方满族海青房、汉族囤顶的某些建筑特点，又与这些民居形制存在明显差异，是具有辽西蒙古族特色的一种民居建筑类型。海青格热民居这种多元文化融合、多义叠加的建筑特点，是辽西蒙古族自定居以来与当地汉族、满族长期杂糅相处，在民居建筑文化上融合和交汇的结果。

4.2.4　营屯的建筑叙事

纵览近一个多世纪的世事更迭，时代变迁，辽西各地的民居形式演变繁复，已出现众多的民居样式，但辽西蒙古族海青格热民居依托其强大的使用功能、低廉的建筑成本、极高的族群认同性，始终代代因袭相陈，未有大改，构成辽西乡村社会一道独特的民居建筑风景。

作为一种可以传达信息和文化含义的表达方式，建筑可以通过其材料、造型、色彩、虚实、路径、边界、空间设置等传达一定的社会文化意义，以建筑表皮、造型、空间等物质形式为媒介，通过象征、类比、场景再现等方式，营造出一个可以传达丰富文化和价值信息的故事。当然，不是所有建筑都有故事可讲。从叙事的角度来看，建筑分为叙事性建筑与非叙事性建筑两大类。非叙事性建筑多指因使用目的而建造的构筑物，即被人们称为房子或"构筑物"的民居，实用功能突出；叙事性建筑所储存的文化信息量较为丰富，精神元素含量较高，其可能具有一定的实用功能，但必须附着某种精神与文化功能。建筑的叙事功能并非仅体现于纪念性建筑、政治性建筑及宗教性建筑上，承载着特定族群历史的民居建筑也同样具有叙事功能。海青格热民居便以象征手段和空间元素为媒介，将辽西蒙古族诸多文化元素与历史记忆整合呈现在世人面前，这种无言的述说，使这一民居的建筑叙事也成为可能。

辽西蒙古族营屯及海青格热民居作为存储族群历史的载体，历史印痕与民族符号元素已浸润、固化在建筑肌理之中，使蒙古族民众对其产生情感上的认同与依附，成为远离草原游牧生活的辽西蒙古族情感寄寓之所。即使时光流逝，岁月变迁，但历史上辽西蒙古族屯戍其中的气息与特质，至今仍附着在营屯建筑的一砖一瓦之中，依稀可感，映射着建筑的适应性。同时，这些建筑又犹如一部立体之书，矗立在岁月的风尘中，无言地述说着古往今来辽西蒙古族所处的历史生境以及累积的文化情感，成为族群独特的文化血脉和文化基因。可以说，是族群传统的力量维系着这些历经磨难而未轻易改变的文化基因，才使今人得以从这些建筑中触摸历史的脉动，感受建筑的营造之美。不言而喻，生活建筑同样记载着历史、承载着历史，是历史的活化标本。

4.3 营屯的场所意义

人类学的代表性学者克利福德·格尔兹（Clifford Geertz）主张文化分析是寻求意义解释的科学，认为"文化研究不是总结规律的科学，而是阐释意义的科学"；文化研究的目的是"理解他人的理解"。若从此视角理解"文化持有者"对海青格热民居的阐释，或可避免建筑学界的某些"臆测"与"倾向"。毋庸置疑，具有鲜明民族性与地域性特点的营屯及海青格热建筑集群，不仅是辽西蒙古族的历史事件及个体人生经历的发生容器，也曾赋予一代代辽西蒙古族民众深深的场所感和认同感，是其生命力的重要源泉。

4.3.1 关于海青格热的族群记忆

海青格热民居建筑对于辽西蒙古族民众别具意义。时至今日，辽西蒙古族民间仍流传着关于海青格热民居由来的传说。下面是喀喇沁左翼蒙古族自治县白音爱里村75岁的蒙古族故事家张立勇的讲述：

我多次听老人讲过这段故事。咱乌梁哈氏部落的先祖哲勒蔑，当年带着些兵马，架着"海青"（蒙古族崇拜的雄鹰）四处打仗。有一天夏天，下大雨了，这咋整，也没有避雨的地方，他就把马鞍子全部拆下来，叫大伙儿顶上了，顶上这一片马鞍子，就把雨截住了。这老祖先就说，咱们以后不打仗了，就盖这样的房子吧，可以遮雨，也方便安定，这马鞍子下面多平安啊！这样，后期进入喀左这个地方了，也定居了，就得生活吧。这（以前）蒙古包是随身带的，但安定以后怎么办呢，他就号召将士们，去找找看有什么能人啊，研究咱们怎么定居啊。这当中就有很多能人出来了，就琢磨咱们老祖先不是说过建一个外形是马鞍形的房子吗，（屋里）结构是草原雄鹰海东青，像这鸟巢结构的房子，这样的话是不是既可以适应现在环境，又能面对气候的变化。就这样，真就建出这样的房子来了，房顶是马鞍形的，下面结构就照海东青鸟巢的样子。这样，这个房子既美观，又延续蒙古包的形式，后人就把它叫海青格热。蒙古语"海青"是鹰，"格热"就是房子，就是这海青房，不是平房子，平房子那叫板升格热。❶

这段叙述非常清楚地表明了海青格热的居住主体——辽西蒙古族对这一民居建筑形制生成的族群记忆以及建筑特点的解释，即"马鞍屋顶+鹰巢屋身"。同时，叙述细节还透露出，在辽西蒙古族普遍使用母语的清代，"海青格热"这一民居建筑的称谓便已经存在，辽西蒙古族将海青格热视为民族骄傲的一种文化创造，将其与辽西乡村常见的平房划分为不同的两种民居类型。

辽西蒙古族营屯及其建筑的遗存与演化，映射着辽西蒙古族在不同历史时期所处的自然生境、社会制度、建筑技术、文化传统等意象，也传递出辽西蒙古族社会深层结构的许多珍贵历史信息。辽西蒙古族从草原迁徙移居辽西之后，便置身于汉民族文化的包

---

❶ 讲述者：张立勇，男，蒙古族，1940年生，喀左县白音爱里村村民，国家级非物质文化遗产名录《东蒙民间故事》传承人；采录者：孙心乙；采录时间：2015年4月3日；采录地点：喀左县白音爱里张立勇家。

围与影响中，其本民族原有的文化及其传统不可避免地与汉民族文化持续发生着多维度融合和交汇。对于这部分辽西蒙古族来说，在移居地区汉文化的包围圈中，如何固守本民族的文化传统，保留本民族的文化属性，是辽西蒙古族民众内隐于心的文化焦虑。正是在这样的族群生境中，带有农耕蒙古族特色的营屯民居，对于辽西蒙古族而言，不仅具有强烈的民族心理归属感，在历史层面上更具有深刻的文化价值和认同意义。

近年来的田野调查证实，对于辽西蒙古族而言，海青格热民居是作为营屯历史的一种集体记忆存在的。从防御性营屯到生活聚落的演化，这一民居建筑形制得以承袭，并作为一种地方性知识被不断建构，其潜在的动力之一在于辽西蒙古族需要依托这些聚落建筑实体强化群体的集体记忆，并借此增强群体的认同感和凝聚力。正是上述这些十分独特的历史文脉，使营屯及其海青格热传统民居建筑的遗存有了不同凡响的价值与意义。

4.3.2 营屯的"场所"特征与内涵认同

辽西蒙古族营屯及其建筑，生动地体现出建筑对族群历史和生境的适应性，折射出辽西蒙古族民众对居地生发出的"场所精神"与族群传统的依附和情感（图4-9）。

图4-9 白音爱里村边影壁山上新建的敖包

正如前文所说，诺伯格·舒尔茨将其称为"场所感"，场所感是人们对建筑秩序感性认知的另一种表达，建筑有相应的场所文脉依托才能有其存在的意义。对于辽西蒙古族农耕民众来说，营屯及其建筑的生成与演化，映射着辽西蒙古族在不同历史时期所处的自然生境、建筑技术、文化传统、政治制度以及族群社会深层结构的许多珍贵信息，无声地表述了族群所处的特定历史生境以及累积的文化情感。

蒙古族传统民居建筑对于辽西蒙古族民众而言具有强烈的民族心理归属感，在历史层面上具有深刻的价值和意义，更蕴含当代社会可资利用的多种资源。如今，辽西地区一些乡村陆续开始实施"农村危房改造""节能住宅"等试点工程，对这一区域内的各民族传统民居的存续构成了冲击。而尚有部分蒙古族民众心系传统，钟情"海青格热"传统民居的生态宜居特点，或精心维护旧宅，或依型修建新居，使这一建筑样本在今天仍呈现出一定的传统风貌。族群传统的力量维系着这些历经磨难而未轻易改变的文化基因，使我们得以从遗存的这些营屯与别致的建筑单体中，触摸到区域历史的脉动，感受到这些建筑映射出的生态性思维及营造之美。

4.3.3 营屯建筑构件的符号展演与象征意味

一种文化与另一种文化的区别最先不是体现在文化心理内容上，而是符号上。同理，民族文化的界限在于其创造的符号和符号的规定范围，划出了分属不同民族或族群文化的疆域。建筑符号更是如此，如汉族的四合院、哈尼族的蘑菇房、藏族的碉房、羌族的碉楼、粤东北客家的圆形围屋及土楼民居、傣家的干栏式竹楼、白族的"垛木房"或"竹篱笆房"、彝族的"土掌房"等，这些民居建筑从聚落选址到住宅营造，从空间格局到功能分区，从建筑结构到民居的文化信仰，都凸显着强烈的文化符号意味，体现着鲜明的民族或地域文化界域，昭示着独特的地域和民族传统及风情。

与上述现象同理，海青格热传统民居也是辽西农耕蒙古族的一种文化创造，同样蕴含着文化符号的意味。海青格热传统民居建筑形制与空间形态保留了众多蒙古族游牧文化元素，同时又混入北方满族海青房、汉族囤顶民居的某些特点，属于具有辽西蒙古族特色的民居建筑类型，具有多元文化融合、多义叠加的建筑特质。自海青格热传统民居形制生成以来，当地蒙古族民众颇为认同，已成为辽西蒙古族用以区别"我群"与"他群"的一个重要标识。事物或器物的命名与特定人类群体的文化认知密切关联,辽西蒙古族对海青格热传统民居建筑构件的命名,生动地映射出辽西蒙古族的生计虽然已从流动性草原游牧转向定居式农耕,但其认知系统的重建仍紧紧依附于本民族固有的文化传统。

除上述建筑立面的符号性及构件命名折射出的文化符号展演外,海青格热建筑形制与空间形态还留有众多带有蒙古族游牧文化的建筑元素,如建筑中对"圆"的沿袭运用,即对草原游牧时代蒙古包"圆"之造型的承继。从侧面看,海青格热两侧山墙顶部的拱圆宛如勒勒车的车轮,又如隆起的蒙古包,当地蒙古族民众极为认同此说,皆认为其房山就是蒙古族文化符号的造型(图4-10);建筑门楼两侧的墙垛,也多呈内外漫圆造型(图4-11);一些人家以砖石砌筑的院墙也有别汉族农家院墙的直角,而是以圆形缓弯转角;此外,海青格热传统民居建筑的挑檐、方砖、柱顶石和压顶石,一般都雕刻有祥云、花草、鸟兽等图案或蒙文,其他蒙古族文化符号也比较常见。辽西蒙古族在海青格热民居造型上的一些夸张和变形,承载着他们的民族情感、民族认同、民族心理,是区别我群与他群的文化符号。通过对这些建筑细节的剖析,不难发现辽西农耕蒙古族如何建构了自己的文化,如何在大面积的汉族文化包围圈中顽强地保持本民族的文化属性,如何通过认知和解释重构自己的文化,如何在文化传承中坚守传统,不断强化民族的凝聚力与认同感。

图4-10 山墙造型对于"圆"的运用

图4-11 海青格热民居圆型院门

时光流逝,岁月变迁,历史上辽西蒙古族营屯的"防御性"屯戍气息早已消逝,但一些残存的固化符号及某些难以言说的特质,至今仍附着在营屯建筑的一砖一瓦之中,依稀可感,这些符号与特质映射着建筑的适应性,无言地述说着古往今来辽西蒙古族所处的历史生境以及累积的文化情感,成为辽西蒙古族独特的文化血脉和文化基因。

4.3.4　场所精神对营屯建筑演化的影响

特定区域的民居建筑必然显露出与区域社会与族群传统相匹配的空间特质。而所谓聚落，即是指在建构技术、空间形态、社会结构和文化观念等方面表现出相对的稳定性、持续性和一致性的人类生活场域。营屯是辽西蒙古族民众历史上长期聚居、生活、繁衍在一个边缘清楚的固定地域而形成的生存空间，也是按照一定的秩序法则组建的生活框架。这一生活框架从简单到复杂，从被动到适应，其间不断发生着各种转变，进而逐渐地适应环境、改变环境，最终形成整体协调的一个有机体。蒙古族营屯不仅仅是集群性的建筑实体，也是辽西区域文化、蒙古族民族精神的物质载体，其演化的形态必然受到地理环境、文化观念、经济基础、历史传统、社会习俗等诸多方面复杂因素的制约和影响。

20世纪80年代，国家有关部门及辽西区域地方政府为了推动少数民族地区的发展，对具有浓重游牧文化风格和农耕文化特色的辽西蒙古族海青格热传统民居实施了一些保护措施。将喀左县境内海青格热民居遗存较多的官大海农场和南哨街道白音爱里村列为少数民族特色村寨，并将海青格热传统民居列为重点保护对象，这类民居也逐渐成为外来游客游览的主要观光景点。

20世纪90年代，辽西区域一些农耕村落及其建筑不断更新和演替，一些蒙古族营屯以及海青格热传统民居也被陆续改建，其原生特色和可辨识性正在逐渐减弱。在辽西乡间调查发现，许多丧失区域与民族特色的村落空间已取代原有村落中有着紧凑肌理和充满历史记忆的空间结构，一些村落建筑甚至出现荒废遗弃、放任改造等现象。伴随着辽西境内一些传统村落的历史文化氛围逐渐消散，一些民众对区域文化的认同感与民族文化的归属感也日渐丧失。

由于置身于大面积的汉民族文化的包围与影响之中，蒙古族营屯不可避免地与汉民族文化发生多维度融合和交汇。面对这一复杂的社会变迁情态，如何固守本民族的文化传统、保留本民族的文化属性，是辽西蒙古族当下面临的文化困境。在这种情况下，辽西蒙古族的一些精英的文化自觉被激发，人们开始对营屯的"场所"意蕴及其精神予以重新审视与开掘，重新意识到辽西蒙古族营屯携有地域历史的丰富信息，具有浓郁的民族文化象征意味，其既是一种历史记忆，又是一种现实的生活方式。对于辽西蒙古族而言，负载深厚的辽西区域与族群历史信息的蒙古族营屯及海青格热传统民居，更能唤起他们强烈的民族心理归属感。正是基于这样一个社会快速变迁的时代语境，一些营屯的自组织系统或主动或被动地开启了对蒙古族传统文化链条的修复实践。

以辽西喀左县官大海国营农场为例，官大海历史上曾是辽西蒙古族防御型营屯的驻扎点之一，至今当地人口的70%仍为蒙古族，在辽西喀左全县来看，官大海也是蒙古族人口密集分布的重点区域。调查中了解到，官大海所辖村落至今尚有众多集群性的海青格热传统民居建筑。1635年，蒙古王爷在官大海修建了吉祥寺，当地至今留存下来三座庙宇，分别为吉祥寺、经升寺（车轱辘庙）和双大庙。这三座庙宇的形制都保存着古老的藏传佛教的建筑风格。进入21世纪以来，官大海国营农场致力于发展宗教文化旅游和蒙古族民俗文化旅游，旨在以此为杠杆振兴地方经济。当地政府近年来越发认识到，海青格热传统民居是辽西蒙古族特色文化旅游的一道风景，拟以蒙古族营屯和海青格热传统民居作为传统村落规划建设项目，以吸引更多游客前来观光旅游，壮大地方影响，拉动地方经济。

2013年，官大海农场开始大面积整修辖区内的海青格热传统民居，前后共用了三年时间完成这一工程。官大海农场审时度势，抓住机遇，将当地老旧的海青格热传统民居危房和险房加固、修缮。此次整修规定辖区各村政府不可提供建筑材料和设备，全部由海青格热传统民居住户自己进行修缮和内部改造。同时，还规定此次整修只能翻新修改、加固和维修，海青格热传统民居房屋的主体结构不能改动，要保持建筑的外部形制原样，保留原有的建筑风格，不可以将海青格热改建成北京平房。

官大海农场此次组织的对海青格热民居的修复行动，实则也是对辽西蒙古族传统文化的修复，其实践意义深广。对营屯及海青格热传统民居的聚焦，折射出地方政府及蒙古族人民尊重传统建筑的场所精神，顺应并延续本民族的文化与历史的发展脉络，激活了当代蒙古族民众对族群历史的回忆与精神追求，增强了人们对聚落历史文化、生活环境的认同感与归属感，从而促进了区域与民族传统文化的继承和发扬。

4.4　本章小结

辽西蒙古族营屯以一种渐变的方式完成了由军屯向民屯的过渡。伴随着他组织的导控减弱，营屯自组织系统的作用日益增强，对营屯运行的导控逐渐突显。

随着社会的发展、时代的演进，辽西蒙古族营屯的发展演变呈现出复杂性和层次性增长的过程，从无序到有序，往复循环。在相当长的一个历史时段里，辽西蒙古族营屯的发展和演化都处于自组织状态，在维持或改善营屯空间形态的同时，基本上保持了营屯形态及其运行的相对稳定性和独立性。

营屯及海青格热传统民居作为存储历史的载体，历史印痕与民族符号元素已浸润、固化在建筑肌理之中，成为远离草原游牧生活的辽西蒙古族情感寄寓之所。通过比较发现，海青格热传统民居建筑形制与空间形态保留着众多蒙古族游牧文化元素，同时又混有北方满族海青房、汉族囤顶民居的某些建筑特点，但又与这些民居形制存在明显差异，是具有辽西蒙古族特色的一种民居建筑类型。海青格热传统民居这种多元文化融合、多义叠加的建筑特点，是辽西蒙古族自定居以来与当地的汉族、满族长期杂糅相处，在建筑文化上融合和交汇的结果。辽西蒙古族将海青格热民居视为本民族骄傲的文化创造，将其与当地乡村常见的平房划分为不同的两种民居类型，古往今来，这一建筑形制已成为辽西蒙古族用以区别"我群"与"他群"的一个重要标识。

基于当下社会快速变迁的情境，一些营屯的自组织系统或主动或被动地开启了对本民族传统文化的修复，折射出辽西蒙古族聚居地的政府及蒙古族文化精英尊重传统建筑的场所精神，顺应并延续民族文化与历史的发展脉络，在当下的文化变迁与形形色色的文化合围中寻求传承的努力。

第 5 章
营屯更新的路向探索与典型案例分析

近年来，辽西地区一些蒙古族营屯的改建与更新速度不断加快，其中不仅有营屯内部自组织的更新动力，同时也有他组织出于各种动因的外力推动。虽然自组织和他组织在推动营屯更新的目的、方法、过程等方面不尽相同，更新理念也不尽一致，但有一点毋庸讳言，就是辽西蒙古族营屯所处的生态区位、承载的独特历史，以及营屯内遗存至今的集群性海青格热传统民居，已然成为辽西地方政府以及相关机构眼中可用以弘扬传统文化、振兴乡村社会的重要资源与财富。基于这一共识，自组织和他组织必然要在辽西蒙古族营屯如何更新这样一个整体框架中运作，且在一些更新内容上也将必然发生合作。故而，辽西蒙古族营屯的更新与运行也被置于一个前所未有的复杂系统之中。

本章结合复杂系统理论视角，援用生态学的生态位理论，在田野调查的基础上，按照营屯更新的特点将辽西蒙古族营屯划分为四种类型：生态文化村、宗教旅游村、原生态改造村、整体移民村。同时，分别选取辽西喀左县的官大海农场、白音爱里村、十家子村、南山村四个营屯作为上述类型中具有代表性的聚落进行深入分析。从四个营屯所处的生态区位、营屯历史、生计方式、建筑特色、人居环境、宗教信仰、文化娱乐等方面对营屯演化与更新路径进行描述，揭示营屯更新运作系统的复杂性特点，以及在这一过程中运作系统的矛盾和调适原则。

5.1 营屯更新的生态位基础及其制约性

近年来，随着我国全面推进的新型城镇化与新农村建设，许多地区乡村的传统民居建筑被轮番地"整治"与"翻新重建"，辽西地区的广大乡村也难以避免地面临着史无前例的快速变迁，但当地众多沿袭至今的蒙古族营屯及富有特色的海青格热传统民居建筑，目前仍在很大程度上未得到有效保护，也尚未引起社会各界尤其是建筑学界的广泛关注，可能随时面临着损毁与破坏。如目前喀左县境内仅有官大海农场、白音爱里村、十家子村三地有关部门对传统营屯和海青格热传统民居实施了一定程度的保护，其余众多营屯建筑的发展与更新均处于无序状态。尤其在海青格热传统民居的保护方面存在问题较多，集中表现为经济贫困之家多任其破败，经济富裕之家多"建设性"地破坏。鉴于此，近年来改善蒙古族营屯内民众的生活质量、提升古老的营屯在当下的可持续性发展与振兴活力、展开复杂系统运行下营屯的演化与更新路径的研究、维护建筑样本的多样性等问题已被提上政府及相关职能部门的议事日程，而加强对蒙古族营屯的保护与研究，针对不同营屯发展的生态区位基础，助力其制定符合科学性与可操作性的具体更新规划，建筑学科更是责无旁贷。

5.1.1 营屯更新的生态位基础评估

辽西蒙古族营屯大多建于清代，《喀喇沁左翼蒙古族自治县县志》记载的屯数和营数，在清代基本上没有太大变化。喀左县境内的地名除了具有语言文字符号的共性特点以外，更重要的是展示了历史上民族融合的特点。古往今来，营屯所沿袭的生计方式、建筑结构、习俗传统、文化心理、宗教信仰等，都是研究营屯更新的重要考察对象。

先看喀左区域的自然生境。喀左县的地形地势呈西北、东南较高，中间较低的槽形状态。域内南有松岭山脉由东南延伸，西北有努鲁儿虎山脉自西南向西北延伸，属辽西侵蚀低山丘陵区。县域群山绵延、丘陵起伏、沟壑纵横，素有"七山一水二分田"之说。喀左县地处中温带半干旱的西辽河流域，地区的气候特点是春季少雨多旱风，夏季炎热雨集中，秋季晴朗日照足，冬季雨稀天寒冷。全县年平均最高气温16.1℃，夏季平均气温为23.2℃，秋季平均气温为9.5℃，冬季平均气温为6.6℃。最热年份为7月，月平均最高气温为29.8℃；最冷月份为1月，平均最低气温为-14.9℃。极端最高气温为42.0℃，极端最低气温为-29.6℃。上述自然环境与气候条件无疑会在一定程度上影响当地的民居建筑，而地理位置偏僻、对外交流闭塞也造成了辽西区域整体经济相对落后，民居建筑的技术水平存在一定局限。

从辽西区域《建平县志》可知，民国年间该地并不太平，各种势力角逐于此，这一社会生境也影响了蒙古族营屯的外在形态与蒙古族民居建筑形制。由于辽西区域自然环境、族群历史、文化传统、经济发展程度以及民间建筑工匠派系等不同，辽西一带的蒙古族民居建筑形制也与同一区域内的汉族、满族等民居不尽相同，呈现出同中有异的特点。

从整体上看，辽西地区经济与交通发展相对滞后，直至2019年京沈线高铁开通之前，喀左县作为辽西区域重要的行政管理中心之一却未有火车直达。那时外地人到喀左县，只能在距离县城36公里的公营子镇下火车后转乘其他交通工具。长期以来，由于地理环境的相对闭塞、资源禀赋的不足、交通的不便等问题，为赶超现代化而进行的拆迁与改造在该区域进展较为缓慢，故而境内的蒙古族聚落中至今可见众多带有蒙古族建筑风貌的传统民居，罕见地呈现出集群性，至今保存较为完整。

2009年9月，国家有关部门开始在全国开展少数民族特色村寨保护与发展试点工作，国家民族事务委员会办公厅、财政部办公厅联合下发了《关于做好少数民族特色村寨保护与发展试点工作的指导意见》；2012年12月，国家将少数民族特色村寨保护与发展纳入统一规划之中，国家民族事务委员会印发了《少数民族特色村寨保护与发展规划纲要（2011—2015年）》。作为人们的栖身之所，辽西蒙古族营屯的更新首先必须适应当地的气候特点和地形条件，满足民众生存与生计活动需求；其次，在营屯更新与建筑营造上，建筑材料应立足就地取材，不仅可降低建造成本，同时也与区域的自然生境具有适应性；再次，营屯在历史演化的不同阶段，其建筑水平都与其时、其地的建筑技术及经济社会发展密切相关，营屯的更新应与区域及民族的居住传统具有贴合性；最后，除了作为生活的空间，营屯还应该有宗教活动空间，以满足蒙古族民众的宗教文化等精神活动需求。总之，营屯的更新离不开特定的生态区位与族群生境，此为基础，但同时也存在多向度的更新可能。

5.1.2 营屯文化结构质素辨析

实现营屯的可持续发展与生态化更新，需要剖析营屯的文化结构及其质素，把握其在民众生活的功能与关联。调查发现，辽西区域的一些蒙古族营屯至今仍可见大量具有蒙古族特征的文化结构质素，这些质素散存于营屯的日常生活时空之中，有的与辽西蒙古族群体有一定关联，有的与部分蒙古族民众的生活发生关联。总之，正是这些文化结构质素，使得营屯在物质文化与非物质文化两个维度都有别于当地的汉族村落，形成较为明显的民族传统建筑辨识度。营屯的生态化更新，应对这些文化结构与质素构成有充分的认知与辨析（表5-1）。

表5-1　辽西蒙古族营屯的文化结构与质素构成

文化结构	素质构成	与空间环境的关系	与蒙古族民众的关系
物质文化	传统建筑（海青格热民居）	占据一定空间	生活于其中
	标志性建筑（敖包及用于旅游的蒙古包设施）	占据一定空间	依赖民众参与
	宗教建筑（吉祥寺等）	占据一定空间	与部分民众关联
	院落、街衢、聚落	占据很大的空间	生活于其中
制度或者非制度文化	宗教活动	占据一定空间	与部分民众关联
	民间信仰	不需要专门空间	与部分民众关联
	传统岁时节日（春节、端午节、中秋节等）	需要一定空间	民众广泛参与
	人生仪礼、民族语言	不需要专门空间	与部分民众关联
精神文化	民间工艺制作（马头琴、剪纸、刺绣等）	需要一定空间	特定的参与者
	娱乐活动（东蒙民间故事、秧歌、广场舞、蒙古族象棋、纸牌等）	需要一定空间	民众广泛参与
	体育活动（骑马、摔跤、射箭等）	需要一定空间	与部分民众关联

只有对营屯的文化结构及其质素构成进行深入了解，才能在营屯更新中把握科学的原则。仅以民居建筑这一显性符号来看，辽西蒙古族营屯内的海青格热传统民居约

能占到聚落建筑总量的60%以上，但是由于保护力度难以跟上，很多传统民居建筑要么人去屋空，任其坍塌，要么进入一种"保护性破坏"的怪圈。这种现状亟待建筑学界积极参与到营屯的更新保护中，发挥学科所长，协助当地政府制订切实可行的营屯更新方案，以推进其在科学的保护中发展。同时，对于地方政府等决策者来说，应采取各种手段保留与强化营屯文化的多样性，通过对营屯的物质文化载体和要素的保护，提升营屯生态文明的内涵，避免营屯在盲目跟风的更新中陷入"千村一面"的境地，导致营屯文化特质的丧失。

5.1.3 营屯物质要素更新的途径

（1）民居建筑的更新

在辽西蒙古族营屯中，与居民生活最为密切的无疑是海青格热传统民居。正如前文所说，海青格热建基于营屯之中，自然会具有鲜明的防御型符号。并且，即使在营屯的屯戍使命结束直至20世纪40年代，由于时局不稳定，为了生存安全，人们只能加固自家房子，一些蒙古族民众甚至在房子夹墙内修有地堡和暗道。蒙古族营屯民居建筑原有的防御性设施因而得以沿袭且不断加持增置，使得营屯的防御型特色一直保存至今。

调查可见，辽西蒙古族营屯早期的海青格热传统民居大都已损毁或翻建，老宅所存无几，现存的海青格热传统民居多建于20世纪70年代。到20世纪80年代末期，辽西民间建房多是聚落内民众互助协力，除了请大工（泥水匠、木匠）外，小工都是村民之间互相帮工，这一时期的自建民居多数仍沿袭海青格热形制。

营屯民居建筑的更新主要包括内部改造、维修、翻修、加建、局部改建、全部改建等形式。现实中，房屋的更新过程比较复杂，往往包括上述多种形式。通常情况下，辽西乡村土木建筑的民居一般居住20年左右便应该进行一次较大的维修，在这20年中，往往还掺杂有若干小范围的修补。这样的修理不但节省人力、物力与财力，减少能源的消耗以及废弃物的产生，而且对于延续建筑的文化肌理、聚落的文脉都会起到积极作用，同时也符合可持续发展的目标，以及更新的要求。一般说来，营屯民居建筑的更新主要包括以下旨向与内容（表5-2）。

表5-2 营屯民居建筑更新旨向与内容

主要旨向	具体内容
布局生态化	在更新规划中，充分考虑辽西各个营屯所处的不同地理区位，建筑物的布局应结合不同的生态环境特征，与当地的地形地貌有机结合。涉及整体迁移的营屯，应充分考虑蒙古族民众迁移后的生计与生活方式的可持续性
建造技术和设计生态化	借鉴"生态建筑"绿色、节能、环保的理念，实现"有机更新"与"低碳更新"。辽西冬季天气寒冷，注重建筑的防寒保暖，注重建筑的节能，房顶和墙壁宜采用保温材料，采用双层玻璃以充分吸收太阳光热，吊炕与地热适宜大规模推广运用
建筑材料生态化	提倡建筑应用环保建材，减轻环境污染，减少建筑本身产生的有害物质
管理生态化	采取多组织的管理方式，尤其充分发挥自组织在营屯的管理与运行中的作用

由于海青格热建筑具有强大的使用功能、低廉的建筑成本、极高的族群认同性，在辽西蒙古族营屯民居中仍占到约60%。对于此类民居建筑的更新，应格外予以关注，量身制订可操作的更新方案。

（2）基础设施的更新

基础设施的更新是营屯整体更新的重要组成部分。在其生态化更新的过程中，可以从两个方面着手：一方面，发掘与提炼原有的"地方性知识"，将其运用到生态化更新中；另一方面，借鉴现代的生态学知识、组织化理论，提高营屯的生态环境容量，使营屯运行系统内的良性功能最大化，使身居其中的居民身心健康得到全面保护，最终实现营屯的可持续发展。

除了物质要素的更新外，还有两个方面应重点顾及：一方面，管理制度层面的更新。这一更新涉及社会管理的层次，应将他组织的社会管理与聚落自组织的管理结合起来，探索"自组织+他组织"的管理模式。另一方面，精神层次的更新。应摆脱现代性的束缚，让地方民众充分认识到自己所生活空间的价值与意义，也就是说，要在对营屯现有空间的发掘中找到本民族的归属感与凝聚力，并在此基础上再现营屯的活力与实现乡村振兴（表5-3）。

表5-3 营屯基础设施生态化更新的实践与内容

相关理论	主要方法	措施与内容
"自组织+他组织"的复杂系统理论，生态化更新理论	总体布局生态化	在整体观的指导下，多组织参与
	建造技术和设计生态化	住房规划：改造危旧房，改造工作要兼顾宜居及建筑节能，致力于改善居住使用者的生活质量，尽可能保留营屯传统民居建筑的风格特色与文化表征
		用水规划：节水措施，饮用水安全措施
		道路规划：加强生态化设计与建设，就地取材改善道路环境，方便出行
		电力和通信设施：电网更新，移动信号无盲区建设 建立垃圾集中处理地
	工程生态化	更新过程中避免对居住环境造成新的污染与损毁
	建筑材料生态化	建筑材料与当地资源构成相协调，提倡就地取材以及应用环保型建材
	管理生态化	管理符合聚落实际状况，尤其要让聚落民众参与到管理中来 自然主义和人本主义有机统一

5.1.4 生态位法则对营屯更新的制约性

生态位法则又称"价值链法则"或"格乌司原理"，是由生态学家约瑟夫·格林纳尔（Joseph Grinnell）提出的。他认为，大自然中，凡存在者就有自己的"生态位"，即适应其生长的特殊环境。生态位现象具有普适性，可针对所有生命现象，不仅适用于生物界，如动物、植物、微生物等，也适用于人类，小到具体个人，大到特定群体，所有生命现象都应找到适合自己生存发展的生态位，并且每一个生态位都具备一定的优势，是具有普遍性的一般原理。

前文已述，辽西境内众多蒙古族营屯彼此之间的生态位存在较大差异，而生态位法则在近年来的营屯更新中已显现出明显的制约性。调查发现，一些营屯处于平坦开阔的地带，或傍城傍镇，或依山傍河，或傍公路交通干线，诸如白音爱里村、官大海农场等营屯，"守"有可供耕种的肥沃土质，"攻"有可供多种经营的富庶资源，这些营屯在更新与发展方面，可谓既有"八方聚财"之利，又有"呼风唤雨"的可能。而另一些营屯地处偏远山区，交通不便，可耕种土地不仅数量有限且十分贫瘠，山区植被覆盖不足，区位内的资源承载力也较低，诸如五道营子、南山村等，这些营屯在更新与发展方面可谓举步维艰，捉襟见肘。可见，辽西蒙古族营屯的更新并非基于同一起跑线，故此，制定同一性的规划与模式也并不适用。营屯更新应遵循"生态位法则"，不同的营屯根据自身区位条件与资源状况，廓清生态位，独辟蹊径，围绕各自营屯特点确定更新与发展路径。

营屯更新具有强大的内在动力，这种动力表现在蒙古族民众对营屯物质生活和精神生活怀有改善与提升诉求的方方面面。从文化遗产学的角度来看，辽西蒙古族营屯及其建筑既是历史遗产，又是文化遗产；既是物质性文化遗产，又是非物质性文化遗产，具有"双遗产"的特性与特点。因此，对蒙古族营屯及其民居建筑的更新，需要有科学的思路与实施策略，可谓任重而道远。

5.2 形制差异的营屯更新案例分析

调查发现，近年来辽西地区当地一些营屯或是以内生性需求驱动为主，或是以外来性动力拉动为主，相继开展了对营屯更新的一些探索，也取得了一些有说服力的实绩和有效的经验，但与此同时，也暴露出一些尖锐的矛盾与亟待解决的问题。

按照营屯更新的思路与要求，本书在深度田野调查的基础上，在辽西喀左县蒙古族营屯中分别选取了具有代表性的四个聚落类型，即生态文化村（白音爱里村）、宗教旅游村（官大海农场）、原生态改造村（十家子村）、整体移民村（南山村）。

我国当代村落的发展正面临着前所未有的挑战，上述四个聚落的公共空间演化也都已呈现出当下的时代性特征。为便于廓清营屯的发展演化脉络与轨迹，以下将结合不同的发展阶段，对这四个营屯公共空间与聚落形态演化的内在关联进行梳理，对其近年来的更新途径分别展开具体剖析，总结其更新过程中的得失利弊，前瞻其可持续性的发展趋势，以期能为相类似的传统村落的更新提供一个可资借鉴及可操作的模式。

5.2.1 生态文化村——白音爱里村

（1）白音爱里村的历史成因

白音爱里村隶属于喀左县南哨街道。南哨街道位于喀左县大城子镇南部的山口，大凌河的哨口处，故称南哨街道，大城子镇驻地为梁家营子。南哨街道总面积54平方千米，截至2018年，现辖7个村委会，总人口为13573人。其中蒙古族人口4371人，占全镇总人口的32%，主要居住在白音爱里村（二道营子）、五道营子、梁家营子村。

北元时期，白音爱里是东蒙南哨口戍军喀喇沁部军营第二营盘所在地。清乾隆十四年（1749年），随军迁来的蒙古族兵丁及家眷在此驻扎，守卫山海关以北的众多军事哨所。其中，部分兵丁移居南哨，后来以道为界，形成了不同的营屯。当时的白音爱里营屯位于第二道防线，故屯名为"二道营子"。后来因屯名与辖区内白塔子镇的二道营子村重名，遂于1981年更改屯名为"白音爱里"（图5-1）。

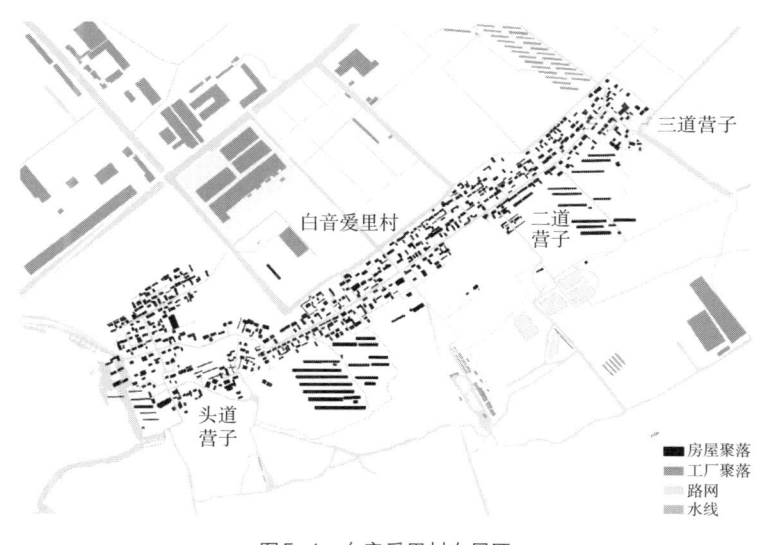

图5-1 白音爱里村布局图

（2）营屯自然环境与村落形态

①村落布局。南哨街道白音爱里村地处县城南郊，东邻大凌河，北邻利州工业园区，交通便捷，地理位置优越，辖区总面积408公顷。

②生计方式。该村以农业和工业为主要生计方式。2009年，全村实现工农业总产值208万元，农民人均纯收入6847元。

③村落形态。该村是典型的蒙古族聚居村，蒙古族人口占全村总人口的88%。2014年，白音爱里村划分为6个村民组，总计415户，计1458口人。

④生态环境。全村总面积650公顷，其中居住区面积43公顷，森林面积463.9公顷，林木覆盖率达到18%。工厂区面积31公顷，公共休闲区面积0.4公顷。全村住房415间，存在时限达到100年以上的房子有18间。

（3）空间体系的构建

蒙古族在此形成聚落已超过300年的历史。走进白音爱里村，可以看见村口矗立着高大的民族艺术牌楼（图5-2）。

①建筑的特色。白音爱里村拥有集群性的海青格热传统民居，截至2017年，村中共有房子415间，其中海青格热307间，这些大都属于老房子，且多数处于年久失修的状态，如何有效保护这些特色民居是当地相关部门面临的一个难题。近年来，白音爱里村已将村内的蒙古族传统文化元素视为珍贵的文化遗产资源，明确提出对村内的海青格热传统民居实施分等级保护与修缮，随之村里开展少数民族特色村寨建设，重点加强对传统特色民居海青格热的保护。

②空间的重新打造。2012年，村里对村东西主干道两侧约4000米墙体进行了统一修缮，建设了蒙古族历史文化长廊，形成错落有致、特色鲜明的建筑风格。墙体绘有蒙古族传统吉祥符号及表现民族风情的放羊牧马、摔跤骑射等图景，同时还绘有蒙古族历史人物与历史典故（图5-3）。

2012年，白音爱里在村东的一座高山上，建造了一个敖包。祭祀敖包曾是蒙古族最隆重的传统节日之一，多在农历五月到七月举行。"敖包"是蒙古语，原是蒙古族在草原游牧时用石头堆成的道路和界域的标志物，后来逐步演变成蒙古族用以祭祀和祈祷吉祥幸福、畜牧丰收的象征。敖包是蒙古族的重要祭祀载体，人们用松柏、柳

图5-2　白音爱里村门楼　　　　　　　　图5-3　白音爱里村街道

条、花卉、彩旗将敖包装饰起来，摆上供品，祈祷风调雨顺、六畜兴旺。

如今，白音爱里村围绕村里打造的旅游规划，开始恢复敖包的祭祀传统，并举行赛马、摔跤、射箭等活动。

（4）民族语言的保护

2008年，朝阳市民族和宗教事务委员会在喀左县南哨街道白音爱里村开展了建立民族语言文化生态保护基地的试点工作。白音爱里村民族语言保留完好，据2017年实地调研统计，精通蒙古族语言的有228人，占全村总人口的16%；能够听懂但不会讲蒙古族语言的有384人，占全村总人口的26%。2009年以来，该村以保护和发展民族特色村寨为目标，以发展民族文化和民族乡村旅游特色经济为重点，致力于打造民族牌、旅游牌、特色牌。村里还建设了民族语言生态保护基地和蒙文图书阅览室，每天早、午、晚，民族语言广播站定时向村民播放蒙语日常会话和生活常识，成为蒙古族文化、语言传承的重要方式。白音爱里村还被授予"蒙古族语言生态保护基地"的称号（图5-4）。

（a）蒙古包　　　　　　　　　　（b）文化墙

图5-4　白音爱里村蒙古包景点与文化墙

（5）民族文化的传承

1995年，白音爱里村村民张志军以个人名义办起了文体活动中心，为村民提供乒乓球、篮球、棋牌、摔跤、秋千等活动场所和器材，并承办了两届村那达慕大会。东蒙民间故事在白音爱里村广为流传，张立勇、白瑞芹是两位民间故事传承人，白音爱里村是第一批国家级非物质文化遗产"东蒙民间故事"的保护基地。2009年4月，白音爱里村还被授予"辽宁省民间文化艺术之乡"的称号。

2017年，民族村寨牌楼、历史文化长廊、海青格热传统民居等历史人文景观已经成为地方政府发展区域社会、弘扬民族文化的重要载体。为打造特色村寨，喀左县扶贫开发局已将白音爱里村列为整村推进重点村，县旅游局将白音爱里村纳入全县旅游发展总体规划；县体育局为村里提供体育健身器材；县文化局帮助建设村图书室，提供了大量图书；县交通部门为村内外的街道路面实施硬化工程。白音爱里村得到八方相助，陆续在营屯附近的山下开发修建起蒙古族风情园、跑马场、射箭场、垂钓场等观光旅游及娱乐设施，近年来吸引了一些远近游客。调查了解到，白音爱里已经付诸实施营屯的生态化更新实践活动，不仅创建了文化娱乐广场，还筹资整修了部分海青格热传统民居。对于生态文明村的建设，村干部们普遍有较高的认知与文化自觉，他们认为，守着青山绿水，就应该珍惜大自然馈赠的宝贵资源，村里应该带领民众发展绿色产业，崇尚绿色生活，建设绿色家园。生态文明村是民间生态文化资源的主要聚集地，有利于引导和带动营屯的生态文明建设，提升广大蒙古族民众的生态保护意识。基于这一认识，白音爱里村自觉加大投入，打造农耕蒙古族民俗文化品牌，制定发展营屯旅游业的规划，目前围绕营屯的生态化更新，一些规划已经开始实施。2009年，白音爱里村被列为"辽宁省少数民族特色村寨建设试点村"。2014年，又被国家民族事务委员会授予"中国少数民族特色村寨"的称号。2019年，白音爱里村被列入"中国传统村落名录"。

当然，调查过程中也发现一些问题，在白音爱里村一些村民的院子里，新修的北京平房窗户宽大，房间敞亮，还配有卫生间，使得传统的海青格热与北京平在一个院落里比肩而立显得突兀而落伍。如何在保留富有历史文化价值的传统民居建筑的同时，提升这些传统民居的宜居指数与使用功能？如何兼顾聚落内的新建住宅与传统海青格热民居的风格协调？以上问题仅仅依靠聚落自组织的能力与经验运作难以解决，这也是建筑学界需要思考的问题。

5.2.2 宗教旅游村——官大海农场

官大海为喀左县境内的国营农场，位于喀左县城西12千米处（图5-5）。官大海地处大小凌河冲积平原地带，土质肥沃、水资源丰富，曾是清代喀喇沁蒙古族左翼旗扎克萨衙门治所的所在地。官大海的地名即由蒙古语"高林涛辉浩若"到"官涛浩若"逐渐演变而来,"高林涛辉浩若"的汉语意为"河湾上的王公住所"或"河曲上的王公住所"。清代,从关内迁来此地的大量汉族民众不会说蒙语,就把"官涛浩若"说成"官大海"。民国时期在登记户口和地名时一律采用汉语,于是"官涛浩若"随民间口语被写为"官大海"。20世纪50年代之后,辽西蒙古族中也有越来越多的人说起了汉语,"官大海"这个名称也就得到了普及。

图5-5 官大海农场布局图

官大海南与坤都营子乡隔河相望,西与凌源市乌兰白镇相连,东北同六官营子镇为邻,境内有辽西地区闻名的车辙辘庙和吉祥寺,目前被辽宁省民族和宗教事务委员会命名为"蒙古族特色旅游基地"。官大海农场下设四个分场,也即四个蒙古族营屯,分别为西官大海村、东官大海村、北荒村和前坟村,农场驻地为东官分场。

(1) 官大海农场的历史成因

后金天聪三年(1629年),因蒙古族喀喇沁部与察哈尔林丹汗部不和,元大臣扎尔楚泰的儿子济拉玛十四世孙苏布地偕同族叔父色棱,同满洲女真结成联盟。天聪九年(1635年),皇太极将喀喇沁黄金家族编为蒙古八旗,而将乌梁海塔布囊("塔布囊"原意为"成吉思汗黄金家族的女婿")所属部众编为喀喇沁左翼旗,由者勒蔑第十二世孙色棱为喀喇沁左翼旗首任扎萨克,旗衙门就设在官大海。喀喇沁左翼旗的管辖范围东起乌兰哈达图和硕,西接乌里苏台梁(今河北省平泉),北抵牛尔河南梁

（今辽西建平县朱碌科镇），南到宁远边墙（今辽西葫芦岛市兴城）这一广阔地域。

截至2017年，官大海农场下设的四个营屯分场共12个作业组，1010户，3450人。其中蒙古族人口2420人，占官大海农场总人口的76%；汉族人口765人，满族人口仅有2人。

（2）官大海聚落及其民居建筑

乌梁海部蒙古族于明朝中后期来到官大海，清朝实行"借地养民"政策后，关内的汉族人也先后来到这里谋生。在漫长的发展过程中，这里的蒙汉民族互相学习、和睦相处，蒙古族也逐渐由游牧转向农耕。官大海是辽西蒙古族由北方草原游牧生计向定居农耕生计转化与演变较早的地区，随着生计方式的转变，当地蒙古族的生活方式也发生了很大的变化，在与汉族文化的交流与融合过程中，这里同时积淀了许多游牧文化元素与农耕文化元素，其中尤以海青格热传统民居建筑最为典型。当地一些年长的蒙古族民众至今仍对他们居住的海青格热传统民居有着强烈的民族认同与独特的认知解释。调查中经常听到当地民众热心指点着海青格热传统民居的外形介绍，从他们口中所述的建筑特征来看，海青格热这一蒙古族聚落的代表性建筑确乎较为融洽地体现了农耕文化和游牧文化的结合。

如今，官大海的蒙古族虽已不再像草原的蒙古族那样居住蒙古包，实施游牧生计，但走进官大海，不论是街道广场的建筑风格，还是集群性的海青格热传统民居，随处可见蒙古族建筑文化元素的留存，随时观赏到不同于辽西地区其他汉族村落的文化景观（图5-6）。

图5-6 官大海农场民居、街景

（3）官大海营屯的更新实践

现在，官大海农场充分利用当地深厚的历史文化、宗教信仰、丰富的自然资源和充满魅力的蒙古族传统文化特色，制定了《喀喇沁左翼蒙古族自治县官大海农场创建省级特色乡镇实施方案》，提出了生态建设和良性发展目标。农场所辖四个营屯合力，提出共同打造"省级生态文明农场"，致力于打造水净、地绿、天蓝、建筑美的生态文明农村，大力发展生态农业，做强生态经济，改善生态环境，积极探索辽西蒙古族营屯更新发展的新模式，为辽西地区蒙古族特色乡镇、特色聚落的更新发展起到一定的推动作用。调查发现，官大海农场近十几年在营屯的更新实践方面主要致力于以下方面。

①构建特色生态型产业，夯实聚落发展基础。官大海农场依托现有产业，明确了建设生态化与民族特色型农场的发展思路和理念，秉持高产、高值、高效的理念，积极引导、鼓励当地民众大力发展特色农业种植与打造蒙古族农家乐特色旅游项目。经过几年的努力，目前已形成一定的规模效益与辐射性影响力。在打造特色旅游项目方面，开发了蒙古族文化观赏基地，实施多元化的旅游体验。当地兴建了一批富有蒙古族特色的农家乐餐饮及民宿，每年都吸引着各地游客前来休闲度假。辽西喀左县提出"打造全景喀左、发展全域旅游"的县域发展思路，官大海农场也因势提出在域境内以小城镇体制创新为引领，以招商引资和项目建设为支撑，以破解要素制约为保障，强力推动农场民族特色型旅游业加快发展，把旅游业培育为场域经济新的增长点，作为支撑农场经济发展的战略性支柱产业，实现民族特色小城镇发展理念、经济发展模式、规划建设管理和社会管理服务上的创新计划。

②打造和谐宜居的人居环境。2007—2017年，官大海农场陆续制定了一系列辖区内营屯的发展提振规划，诸如辽宁省生态农场建设、小城镇"六化五个一"建设、农场环境综合整治建设、辽宁省清洁工程建设、民族特色村寨建设、美丽乡村建设和农垦系统保障性安居建设等。官大海所辖四个营屯先后实施了乡村交通路网及人畜饮水安全工程，大力改善了人居环境。从2013年初开始，农场大力整治营屯环境卫生，在农场四个营屯内放置了近500个垃圾投放桶，都配备了保洁员。为使营屯的人居环境得到根治，农场建成一座无害化垃圾处理厂，共投资50多万元。到2015年，整修并硬化村路20千米；沿路围屯栽植各种风景树10万株。在营屯居住质量提升方面，新装太阳能热水器近200个，新建沼气池150多户，改水改厕200多户。农场实现了场地绿化、道路硬化、庭院亮化。

与此同时，农场还从根本上着手营屯的整体居住环境治理，对辖区内的远山和河滩进行绿化。官大海农场每年春、夏、秋三季都以人机结合的方式在辖区内开展植树造林，农场现有林地面积达到了400多公顷。2017年，西官大海村开发特色旅游观光项目，辟建了大规模的油菜花观赏基地，提升了营屯的生态环境景观，每年五月是油菜花开的季节，油菜花海遍地摇金，金黄色的花浪吸引了全国各地数万名游客慕名前来"打卡"、观赏游玩，使官大海日益接近了宜居、宜业、宜游的发展目标，被人们誉为喀左县的"塞外小江南"。

③加强传统民居建筑的保护。官大海农场充分利用了辽宁省农垦系统实施的保障性住房安居工程建设、危房改造配套工程建设、扶贫农场和辽宁省民族事务委员会（省民委）特色村寨建设等工程下拨的资金支持，制定了对所辖四个营屯内的蒙古族海青格热民居进行系统排查与修缮的规划，以及具体的传统民居保护措施，并陆续拨款对所辖营屯一些老旧的海青格热传统民居进行维护与修缮。调查了解到，2015年，农场下拨资金为东官大海村修缮海青格热传统民居32幢；2017年为前坟村修缮134幢。据不完全统计，截至2018年，官大海农场出资对所辖营屯810户危旧房屋进行了维修改造，对228户海青格热传统民居进行了保护性修缮。

④营屯空间充分彰显蒙古族特色文化。聚落建筑的更新，还包括聚落建筑与公共空间能否带给居住主体精神上的愉悦、心理上的安适，令他们身居其中感到熟悉、亲切，进而形成凝聚与认同。对此，蒙古族传统文化符号在营屯建筑与公共空间的运用，蒙古族民族文化传统在当地民众日常生活中的复建，便显现出不可替代的重要作用。

为了保护和传承蒙古族传统文化，官大海农场在所辖四个营屯中分别打造了蒙古族特色文化一条街、蒙古族特色文化广场和蒙古族文化长廊，有的营屯还修建了蒙古族风情园和敖包文化园。为使蒙古族优秀传统文化在区域经济发展和社会管理中得到充分发扬，官大海农场积极推动营屯的民族文化与音乐艺术的传承，当地会演奏蒙古筝、马头琴和四胡等民族传统器乐的人越来越多。

目前，官大海农场的人居环境得到很大改善，步入营屯，经过硬化、美化、亮化的巷路平坦整齐，沿街民居的围墙和桥涵都实施了美化，绘有蒙古族文化符号，营屯内都修建了民族文化广场，配备了健身娱乐设施。由于官大海农场打造民族村寨特色建设成绩突出，被喀左县列为旅游开发重点单位，被辽宁省民族和宗教事务委员会批准为辽宁省民族特色乡镇。东官大海村还被国家民族事务委员会列为第一批民族特色村寨建设试点单位。

官大海农场充分发挥民族特色村寨建设优势，在蒙古族营屯的生态化更新之路上不断探索，勇于实践，取得一定的收效，成为喀左县民族特色村寨建设发展的样板和典范，先后被辽宁省有关部门命名为"辽宁省生态文明农场""辽宁省绿色食品出口基地""辽宁美丽农场"，被国家民族事务委员会命名为"中国少数民族特色村寨"。目前，官大海正致力于申报"国家级民族特色小镇"。

5.2.3 原生态改造村——东哨镇十家子村

"东哨"是以部落名称命名的，喀左县东哨镇蒙古语地名为"德日翁古特"，"德日"蒙古语意思是"上"，"翁古特"是蒙古族汪古部的一支，因其历史上在此地承担防御任务，后定居于此，故得此名。

东哨镇位于喀左县城东部11千米处，南与老爷庙镇相接，北与兴隆庄乡隔大凌河相望，东与羊角沟镇接壤，西与草场乡相邻。全乡下设9个村委会，截至2017年，全村共计1.67万人，其中蒙古族人口1690人。近年来，东哨镇积极推进当地的蒙古族特色村寨建设，在小马架子村修建了3000平方米的文体广场；十家子村修建了蒙古族文化广场、蒙古族风情文化墙及民族文化基础设施；烧锅杖子村修建了民族文化广场，并推广村内的蔬菜冷棚升级改造项目以及红辣椒种植示范项目等，为村落的发展注入了活力（图5-7）。

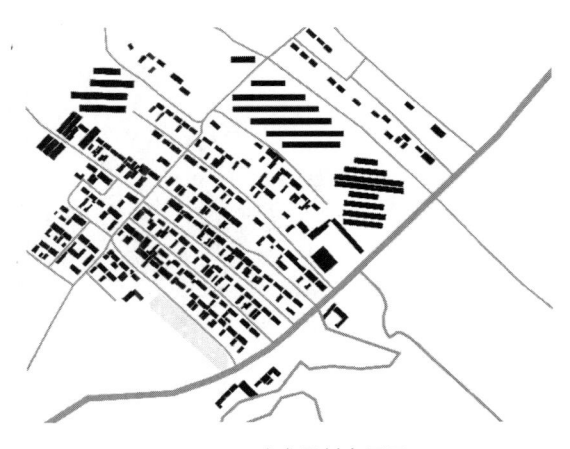

图5-7 十家子村布局图

(1) 十家子村的历史成因

据资料记载，十家子村形成于元代之前，最早由辽代中京大定府管辖，因有10户蒙古族游牧定居于此，遂取名"十家子村"。十家子村最早的居民均为蒙古族。据该村村民武德胜家的《武氏家谱》记载，清军入关后，其祖先那木才曾任山海关守将，《武氏家谱》记载了那木才以下11代男性的名字。清雍正二年（1724年），朝廷实行"借地养民"政策后，东哨镇一带才陆续迁入了大量来自关内的汉族人口。这些作为外来户的汉民一开始只能屈居当地较差的生态区位，大多居住在山里。渐至后来，随着人口增多，才逐步从山里移居到较平缓的地带，并伴随着民族融合的加深，形成了十家子村。据2018年的统计数据，十家子村有居民1061人，其中532人为蒙古族人口，少量为回族、满族人口，其余为汉族人口。

(2) 宗教活动空间

十家子村早年有福寿寺，俗称南大庙。该庙宇于清顺治八年（1651年）修建，占地百余亩，有正殿和东西两座跨院，共有殿堂8间、僧人住房27间，兴盛时期寺内有喇嘛20多人。20世纪60年代，福寿寺被拆除，至今未得复建。一直以来，祖先崇拜为村民最重要的信仰，每年春节期间，当地人除供奉祖先外，还供奉灶王爷、财神爷等神祇。

(3) 民族特色村寨的创建

2017年，经过严格评审，国家有关部门将全国717个少数民族村寨列入第二批"中国少数民族特色村寨"，予以命名挂牌，其中就包括辽宁省朝阳市喀左县东哨镇十家子村（图5-8）。

十家子村的蒙古族文化底蕴深厚，民族语言和民族传统民俗保存较好，是国家级非物质文化遗产"东蒙民间故事"的传承基地之一，村内有10余名东蒙民间故事和手工艺术品雕刻的传承人。截至2017年，十家子村现有民居269间，其中224间为海青格热形制，占总民居的83%。在明代后

图5-8 十家子村口的"中国少数民族特色村寨"石碑

期村落形成之时，村内民居建筑皆为海青格热形制，初时为土木结构。目前村内的海青格热民居建筑分布于全村各处，多数人家主屋仍为海青格热形制，少数人家主屋形制为"北京平房"，家中既有海青格热又有北京平房的有5户。

2016年，喀左县东哨镇的十家子村和吉利生村开始打造民族特色村寨，进行村落的生态化更新，主要包括重建民族特色一条街、村委会和文化广场，安装太阳能路灯，修建垃圾池，购置垃圾箱，修建公共卫生间，院墙进行富有民族特色的改造等。具体措施为：①建设蒙古族风情文化墙1000米；②村口搭建两个蒙古包作为蒙古族营屯符号（图5-9）；③村内绿化植树千余株；④村内道路硬化千余米；⑤村内修建垃圾池、垃圾箱共20个。

图5-9 十家子村村口作为旅游招牌搭建的蒙古包

这些措施的实施，使村民的居住环境得到较大改善。在调查现地，十家子村村民委员会表示十家子村下一步将在村容、村貌改造方面加大投入，致力于提升海青格热传统民居居住质量，使村落的更新与推进民族特色村寨建设和民族文化传统修复结合起来。

5.2.4 整体移民村——南山村

南山村隶属于喀左县公营子镇。清顺治十四年（1657年），喀喇沁左翼扎萨克色棱去世，长子奇塔特袭镇国公札萨克之位，在官大海任职6年。清康熙二年（1663年），王府曾迁于南山村所在的南公营子，即如今的公营子镇。

公营子镇位于喀左县北部，北邻中三家镇，南隔牤牛河与小塔子沟乡相望，西与建平县万寿街道接壤，东和朝阳县乌兰河硕乡、波罗赤镇交界，距喀左县城37千米。截至2017年，公营子镇总面积168平方千米，辖17个行政村，1个街道办事处，118个村民组，共有7518户30563人，镇驻地为大垡卜村（图5-10）。

1947年7月，建叶柏寿县，公营子为叶柏寿县第八区（治所中三家）。1949年7月，叶柏寿县被撤销，公营子归建平县第十一区（中三家）管辖。1953年3月，第十一区由中三家迁至大垡卜村。1956年，撤区并乡，公营子区被划为4个乡，即辘轳井乡、古山子乡、岳台子乡和公营子乡。1958年3月，又将4个乡合并成2个乡，即辘轳井乡和公营子乡。同年10月，又将辘轳井乡并入公营子，改为公营子人民公社，下辖16个作业区。1961年4月，公营子人民公社从建平县划归喀左县管辖。同年，从公营子公社划出中三家公社。1968年，公营子公社管理委员会改为公营子公社革命委员会。1980年，恢复公营子人民公社管理委员会。1984年3月，公营子公社改为公营子乡人民政府。1984年8月，将公营子乡分为公营子镇和小塔子沟乡，牤牛河以北的8个村划归公营子镇，以南的9个村划归小塔子沟乡，南山村为公营子镇所辖。

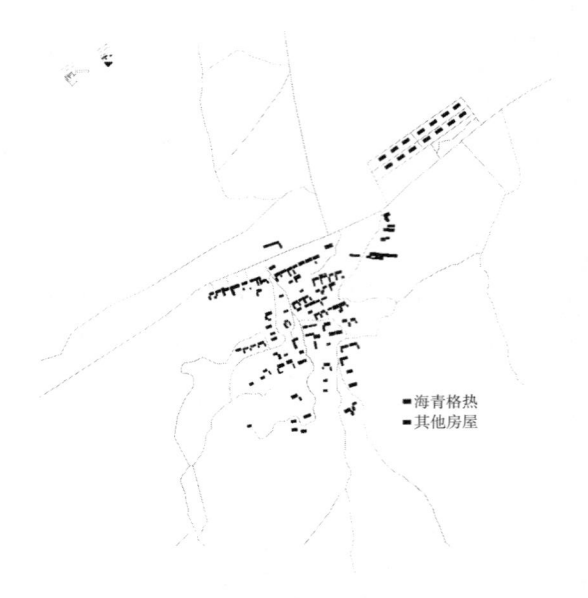

图5-10 公营子镇布局图

（1）并不宜居的南山旧村

南山旧村处于建三线公路南段（此公路系由建平县公营子镇互通出口，终点至四官营子镇三台村，故称"建三线"，全长约53千米）15千米处的山坳里。南山村是公营子镇的四个贫困村之一，截至2017年，该村总面积约541.01公顷，有264户815人。其中贫困户114户298人。这264户人家分散居住在6个自然村，南山旧村是南山村的一个自然村，也即一个村民小组。南山旧村处于层层叠叠的山坳里，交通极为不便。村内房屋依山而建，位置高低错落，近年来很多房屋已多年无人居住（图5-11）。

图5-11　航拍南山旧村全貌

截至2017年，南山旧村有34户居民，以老年人为主，对32位在村村民进行调查发现，其中20世纪30年代出生的1人，40年代出生的9人，50年代出生的17人，60年代出生的3人，70年代出生的2人。对南山旧村民居的建房时间进行调查得知，其中20世纪60年代的建筑1幢，70年代12幢，80年代8幢，90年代12幢。据2017年对南山旧村现存房屋类型统计的数据显示，村中现有房屋82幢，其中砖瓦房66幢，北京平房12幢，海青格热4幢。

根据实地调查与统计数据可见，南山村是一个典型的山居村落，四面环山，远离交通线。村内民居建筑受地形限制，大都建在陡坡上，不仅交通十分不便，而且村内水资源匮乏，用水困难，实在不宜人居，故而近年来村内已有约一半人口自行迁往外地（图5-12）。

为改善南山村的居住条件和农业生产环境，近年来，由公营子镇政府规划实施，

图5-12　南山旧村街道和旧村房屋

119

组织指导南山旧村进行整体搬迁，通过新屋换旧宅的方法，组织村民分批迁入新村，使居住条件从根本上得到改善。公营子镇的具体做法是：在距南山旧村山下不远处一块平坦的开阔地上辟建一座新村，新建的南山村巷路交通及村内绿化等公共设施均由镇政府统一规划，村内的民居尽可能都采用生态型环保材料构筑，如在民居建筑的顶部安置太阳能电池发电板等，强调了住宅的保暖与节能等实用功能。调查所见，由于新村民居建筑的外部形制与室内格局整齐划一，无论是从新村外部观望还是深入居室探看，新建的南山新村都透露出浓浓的城市住宅味道，在周遭的乡村聚落包围中颇显时尚，分外惹眼。南山旧村的搬迁工程分两期进行，第一期已搬迁29户74人，于2017年底安置进入新村。第二期搬迁计划正在贯彻实施中（图5-13）。

图5-13　南山新村村貌

根据搬迁安置规划，南山旧村的村民搬出后，当地政府因势利导，为南山旧村制定了整体盘活的旅游开发规划。南山旧村拥有半隐山林的美丽风景，民居依山而筑，鳞次栉比，村容古旧，非常适合作为摄影、绘画爱好者的写生之地及影视拍摄的取景之地。目前镇政府正积极规划，准备将其打造为适宜观光旅游的特色村落，进行整体性招商引资，努力将这一乡土资源活化，开掘这座村落蕴含的另一种功能，为其注入现代要素，纳入区域经济与旅游发展格局，让复活了传统文化的精神家园获得新的生命，使其得以完整保存，成为辽西的一种乡村记忆。由于南山旧村的一些房子因长久无人居住而自然坍塌，处于半废墟的状态，在第一期居民搬迁之后，当地政府便开始对旧村的民居建筑进行统一修缮。调查获悉，南山旧村目前已有一些慕名前来进行写生以及摄影的艺术工作者到此短居小住，当地政府有意借此实现村落的转型与更新。

（2）南山新村的更新实践

2015年，公营子镇政府制定了《改善农村人居环境规划（2016—2020）》，其规划原则是"科学规划、分类实施；量力而行、循序渐进；城乡统筹、突出重点；以人为本、全民参与"。按此计划，到2024年，公营子镇全镇的农村居民在住房、饮水、出行等基本生活条件方面会有明显提升，城乡基础设施和基本公共服务水平差距也将逐步缩小。尤其是在人居环境方面将得到较大改善，实现住房安全舒适，饮水清洁放心，道路平坦便捷，设施配套完备，乡风淳朴文明，生活舒适美好，让农村居民真正过上"住得舒心、喝得放心、走得顺心，环境清新、配套贴心、生活称心"的好日子。其具体措施包括以下几个方面。

①优先建设保障性基础设施。把住房改造同扶贫移民、生态移民、灾害避险搬迁以及村庄撤并结合起来，引导农民建设安全、节能、舒适、美观的住房，加快生态性民居农房试点示范。2017年，南山村完成150户农村危房改造，到2020年，将基本实现现有农村全部危房的改造任务（图5-14）。

图5-14 南山村新居外部形制与内部装饰

对于南山村村民来说，此前在旧村居住时，祖祖辈辈过的都是无水、缺水或饮水困难的日子，故而村落更新的保障性基础设施首先是解决吃水用水问题。新村建设中首要的就是村庄集中式供水的水源工程、分散式供水的工程和管网的工程建设，如此才能提高自来水入户率，彻底解决村民饮水的便利与安全问题。2017年，南山新村自来水入户率已达到80%，且水质有明显改善。当地政府的目标是到2020年，建立健全村落用水的长效运作机制，自来水入户率超过90%，确保饮水安全工程良性运行。其次是积极推进公路畅通工程建设。提高南山村与公营子镇、其他村屯的连通水平，完善公路安全防护设施建设，推进公路客运站和汽车停靠点的建设。在公营子镇政府的统一部署下，截至2017年，境内各自然屯间的通畅率已达到70%，村内的主要道路及巷道硬化率达到60%。村路硬化率有望在2020年超过90%。

②整体提升村落人居环境。随着南山新村居民的陆续迁入，村落开始逐步推行"户分类、村收集、镇处理"的日常生活垃圾收运处理体系，建立了村落街道的清扫保洁制度，配备了垃圾存储设施和运送设备。通过在源头对垃圾的分类减量，因地制宜地确定垃圾治理模式，基本解决了旧村垃圾乱堆乱倒现象。同时，借助新村营造的契机，在新村规划起点上试行运用低成本、低耗能、少维护、高效率的污水处理技术，建设了农村生活污水收集管网，加快镇区污水处理设施建设。推广人畜用水分离，节能与清洁能源并置，帮助农民规划修建卫生间，努力完善村落的公共服务配套设施。上述更新实践，都已收到一定的成效。

③打造美化、绿化、宜居的现代生活聚落。在公营子镇政府的扶持下，南山村近年来由外及内地对聚落的整体环境进行了提升改造，对村庄道路、民居庭院、村中空地和聚落周边的宜林荒山进行了全面绿化；对村落内部进行了围墙改造、庭院硬化、线杆净化（管线入地）、道路亮化（主要街道、巷道安装节能路灯），对村落内的公共场所进行了美化（图5-15）。2016年，村落开始实施移民搬迁工程时，结合当地的种植传统，大力发展葫芦种植，种植工艺葫芦和食用葫芦计4公顷左右，组织村民进行葫芦的深加工，使迁入新村的部分村民很快找到新的生计，获得一定的经济效益。同时，村民委员会还说服村民参与当地的光伏发电入股，在新村的农耕生产格局还未调整到位的情况下，也能保证有一定的收入，对村落内的贫困户实现了由"输血式"扶

图5-15　南山新村街道绿化和太阳能发电板

贫到"造血式"帮助的转变。据调查，截至2017年底，南山村移民搬迁后获得扶贫帮助的农户有89户310人。

5.2.5　营屯更新中的经验与问题

上述4个蒙古族营屯的更新案例，具有一定的代表性与覆盖性。从宏观上看，辽西蒙古族营屯的保护与更新是以自组织为主运行的，更新的启动有早有晚，节奏有急有缓，发展并不均衡，成效也有高低之别。其中既有可参考和推广的实践经验，也存在一些值得警醒和规避的问题。无论这几个营屯的更新动力是源于自组织的主动性发展欲求，还是源于他组织"条框型"工作框架的职能型介入；无论是发乎于"自上而下"还是"自下而上"，其更新的实践都已呈现出当下的时代性特征。

从营屯更新与可持续发展的长久之计来看，毫无疑问，白音爱里村、十家子村、官大海农场三个营屯对聚落内的海青格热民居实施分等级保护与修缮，在聚落空间开展少数民族特色村寨建设，将聚落遗存的蒙古族传统文化元素视为特色资源而自褒其珍，依此进行的更新实践皆为明智之举。从效果来看，这几个营屯也因对聚落形态及蒙古族民居建筑的保护、修复而获评"中国少数民族特色村寨"，在获得国家更多政策扶持的同时，也为本营屯的持续性发展吸引更为广泛的社会关注，进而建立起聚落发展的良性循环。而对于南山旧村这类处于生态资源匮乏至不宜人居的聚落，基于政策的指导性更新或迁移是必要的。值得一提的是，南山新村的营造使原聚落民众仍然得以回归乡土性社会，继续沿袭当地人奉行参与的生活方式。上述实践都在一定意义层面上体现了对传统聚落保护更新模式的探索，体现了根据价值要素的判断，寻找适合本聚落自身的保护更新模式，并依此制定保护和更新的分类别措施。

通过以上对这几个营屯公共空间与形态演化的审视梳理，对其近年来的更新途径展开剖析，能够发现一些存在的或潜在的问题。毋庸置疑，在现代化的浪潮冲击下，在乡村快速城镇化的时代大背景下，辽西蒙古族营屯及其传统民居建筑面临着快速消失和濒临破坏的困境。调查中还发现，个别聚落的自然更新被阻断，取而代之的是他组织运行的"强行更新"，某些来自他组织缺少专业视角的所谓规划与策略，导致具有历史文化价值的传统聚落失去原本特色，聚落的建筑形式和公共空间也发生不同程度的改变，"自破坏"和"他破坏"现象时有所见。一些出于盲目追求营屯空间形态的统一规划或曰统一更新，如整齐划一的道路围墙、展示的简单涂鸦的蒙古族绘画与符号等，在一定程度上使得部分营屯原有的建筑细节被破坏，某些所谓的"更新"实践，甚至改变、打破了营屯原有的自然形态及建筑格局的多样化特色。

蒙古族营屯的更新与发展是一个全方位的研究议题，与之关联者不应仅仅局限于聚落内的民众及聚落本身。剖析上述营屯更新过程中的得失利弊，总结其在更新中的经验探索与问题缺漏，以问题为导向，前瞻其可持续性的发展趋势，可以为后续的传统聚落的更新提供可资借鉴及可操作的模式。

5.3 营屯更新中的矛盾与调适

5.3.1 建筑质量与居住品质

辽西蒙古族营屯内的海青格热传统民居主要是木石建筑，这种建筑一般正房为三间或五间。院落整体瘦长，呈矩形，纵深较大。院落形状根据每户的地点以及周围的院落布局而定，并没有共性。一般来说，院中房屋多为2幢，即正房和西偏房，正房东边多搭建临时储藏棚。这是辽西蒙古族营屯民居的普遍布局——偏房坐落于正房的西侧，储藏棚位于正房东侧。蒙古族以西为贵，旧时偏房为长者居住。正房成矩形，一般分割为三间房，即东侧、西侧及厅堂，房屋一般只开南窗，北侧整体封闭。近些年由于旧房不断翻新改造，为保持室内通风及采光，偶有见北侧及东西两侧山墙开窗的案例。

以白音爱里村村民张耀军家有40年房龄的海青格热建筑为例，张家院落纵深48.8米，院落最宽处24.2米，最窄处19.4米。院落被房屋分割为三个部分，门楼外东西两侧有两处狭长小院，用于种植玉米等作物；门楼内主房前有内庭院一处，用于种植蔬菜等小型作物，并散养鸡、鸭。正房后有T形后院一处，当地居民一般多在后院种植高大乔木以遮挡院落，后院大量空地用于堆放农具及种植作物，并置有一后门，方便住户出入前往劳作。辽西民居院落的门楼不正对主房，一般多偏东或偏西，或以中心庭院间隔。张家正房长10.4米，进深5.5米，高3.9米。屋顶呈马鞍型，东西拱起，南北成拱形，且南侧略低，北侧略高。西偏房长6.7米，进深5.1米，高3.1米，室内分为两间，南侧一间住房，北侧为门厅。偏房的南侧顺势衔接有猪圈、羊圈及鸡圈三座，延伸至门楼（图5-16）。

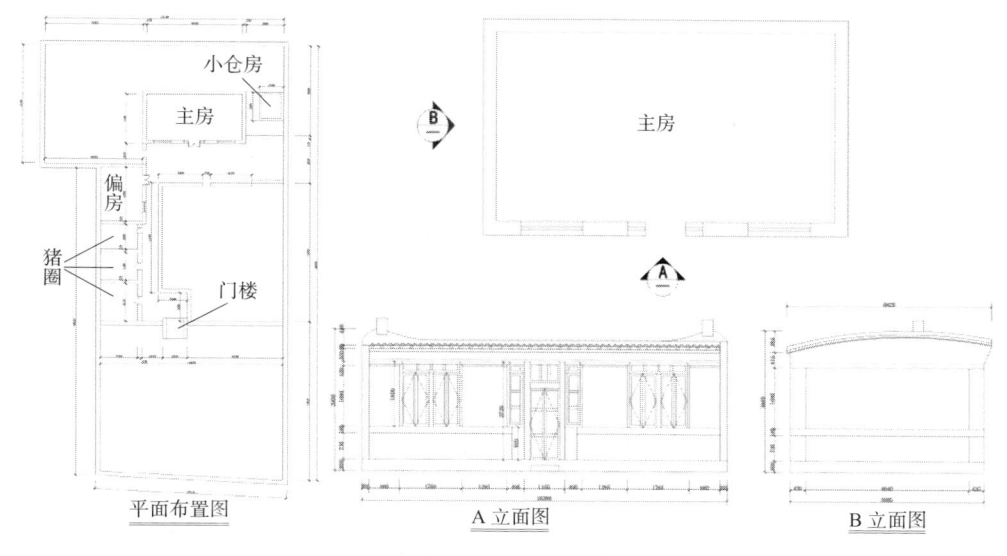

图5-16 白音爱里村村民张耀军家房屋平面

从建筑质量与居住品质来说，营屯传统民居建筑面临的主要问题是居屋内的设施普遍老旧，且传统的木石建筑也不够牢固。同时，一些传统营屯在建立之初选址时主要考虑此地是否易于攻守，因此聚落的地理位置大都较为偏远。在今天看来，不论是聚落的交通环境还是居住配套的公共建筑，都带有较大的局限性。针对这样的矛盾，当地一般采取两种办法：一种是对较为偏远、居住品质较低的聚落进行整体搬迁，对于在异地新建的民居建筑，在改善和提升居住品质的同时，兼及居住主体的居住惯习，保留一些传统的民族文化元素，如前述喀左县的南山村个案；另一种是对原有的传统民居建筑进行改造，利用现代节能、环保、高质量的建筑材料对原建筑进行修缮和改造，延长建筑的使用寿命，改善居住质量，如前述的白音爱里村与官大海农场等营屯对海青格热进行保护与修缮的个案。此外，对营屯整体空间环境的改善与更新，其中重要的指标即提升聚落内外部交通条件，加强聚落的医疗、卫生、教育、娱乐等配套设施建设，使得营屯能聚拢人气，留得住人。

从宏观上看，建筑质量与居住品质之间的关系主要包括以下几个方面。

（1）关于建筑的尺度与空间感

建筑的尺度研究的是建筑物给人感觉上的大小印象和其真实大小之间的关系。尺度与尺寸的意指不同，尺寸是建筑物的绝对大小，通过测量会得到一个精确的数值，而尺度指的是人对建筑总体体量的视觉估量以及心理感受，并无一个精确的数值。尺度感是人对建筑最基本的印象，住宅的空间舒适度以人的心理感觉为基准，住宅过大或过小都会影响到舒适度。住宅空间过小会显得拥挤，空间过大会显得空荡，也会失去家庭温馨的生活氛围。辽西蒙古族海青格热建筑格局设计的合理与否是建筑功能分区成败的关键，这不仅和建筑面积相关，更取决于建筑者对民居空间尺度的准确把握。例如，卧室应有明确的独立性，应尽量朝南，远离入户门，避免正对，使用面积应不小于居住配套的公共建筑。同时，随着现代化进程的演进，乡村民众也开始追求舒适便捷的居住品质，在条件许可的情况下，在对传统民居建筑的维护与改造中，室内卫生洗浴空间都应列入更新规划。总之，营屯的生态化更新应着力于聚落空间与建筑功能的升级，注重建筑功能的改善与提升，致力于生活空间舒适度的提高与增强。

（2）关于与居住配套的公共建筑

居住配套设施包括教育保育类公共建筑、生活服务类公共建筑，以及休闲娱乐类公共建筑。从辽西地区的一些营屯来看，与居住配套的公共建筑的营造可以和整治村容村貌结合进行，在整治废旧坑、水塘，清理营屯内闲置宅基地和私搭乱建的基础上，完善配套建设营屯公共服务设施和基础设施，为村民修建可供休闲、集会、健身的功能性公共建筑，如官大海农场等营屯近年来修建的蒙古族特色文化广场和蒙古族文化长廊，东官大海村修建的具有蒙古族文化特色的戏台，方便了民众的文化娱乐生活。

值得一提的是，与居住配套的公共建筑还包括具有明显识别度的聚落特有的标志性建筑符号。历史上，蒙古族防御型营屯从外观到内质均与区域内的其他汉族村落有所不同，尤其是村口区域，是营屯和外部自然区域的分界点，具有标志和分隔的功能，故而在近年来的乡村传统文化复建中，一些蒙古族营屯在村口处搭建了具有文化标志意味的符号性建筑，如喀左县十家子村及官大海农场一些营屯在村口搭建的草原游牧时代的蒙古包，白音爱里村建起的蒙古族文化风情园和敖包文化园，东官大海营屯修建的"苏鲁锭"塑像等。这些与居住配套的公共建筑都在无声地表述着建筑群体的文化属性。

（3）关于居住的交通环境

从辽西区域的发展规划来看，营屯交通环境的改善是重要的列项。俗话说，"要想富，先修路"，交通的便捷直接关乎着村落的社会发展。营屯生态化更新的交通设施规划应有助于聚落的发展，如梳理营屯内部道路，完善营屯对外联系的道路，整修并硬化村路，安装交通照明设施，在道路沿线栽植树木等。居住的交通环境应以方便居民生活为主，达到安全性、方便性以及功能的多层次性等要求。

5.3.2 传统建筑技艺与现代建筑材料

清初，蒙古族喀喇沁部定居于辽西敖木伦河流域（大凌河），随后逐步开始了由游牧的生产生活方式向农耕的转变。定居后，蒙古族人放下牧羊鞭，拿起锄头，脱下长袍皮靴，穿上短褂布鞋，开始了农耕生计。此刻人们的住所更需要稳定的院落和宽敞的居住空间，这样的空间有利于人口的繁衍、家禽家畜的饲养、物品的存放与财富的积累。如此，建造永久性住房渐渐在辽西蒙古族中流行开来，海青格热这种土木结构的民居建筑在当地逐渐涌现。营造固定性民居的建筑技艺不同于搭建蒙古包，当时，当地的蒙古族人并没有这样的技艺。因此，辽西地区蒙古族的王公贵族们就从关内聘来能工巧匠，大兴土木，修建起富丽堂皇的府衙、住宅、庙宇殿堂。在蒙古族人聚居的营屯内，为适应当地的气候条件和在借鉴当地汉族民居的一些特点基础上，辽西蒙古族在修建的房屋中刻意融入一些本民族的文化元素，逐渐形成前出廊，后出厦，屋顶为起脊马鞍形的海青格热民居建筑形制。这种民居的建筑材料也由最初的就地取材，搭建土墙、打造土坯、木檩硬压山平房，到后来的四梁八柱、砖石结构、一明两暗的格局。随着砖、石、石灰、水泥在民居建筑中的广泛采用，后期的海青格热民居更加坚固、美观和舒适。

如今在辽西蒙古族营屯，保留下来的海青格热大多是20世纪60年代以后建造的。在20世纪八九十年代，北京平房进入辽西乡村，并且以其舒适、宽敞、明亮而受到当地年轻人的欢迎。在一些营屯，北京平房大有取代海青格热之势。在此情况下，传统的以师带徒、口传手授、代代相传的建造海青格热的技艺也不可避免地面临着失传的危险。如何对传统的建筑技艺进行传承与发展，如何处理传统的建筑技艺与现代科技及材料的矛盾，这些都是营屯更新过程中需要思考的问题。

5.3.3 消费观念与居住品位

马克思认为，生产或观念上的内在动机是由消费创造的，观念是生产的前提，消费活动不仅创造了生产的动力，同时还创造了在确定生产目的中起作用的对象。不同国家和地区的居民对于食物、衣物、取暖、居住等自然需求的不同取决于该国家和地区的自然气候。实际上，除了自然条件以及消费者本身的生理、生活特点的差异外，消费观念的变化也与生产关系的变革有很大关系。改革开放后，人们的消费观念与居住品位都发生重大变化，消费需求也越来越呈现出综合性和多层次性的特点，辽西蒙古族营屯也不例外。在当地，受到收入的增长以及外来观念的影响，人们自觉或不自觉地进行着居住建筑与环境的更新。消费观念的变化使人们在居住方面也产生新的要求，海青格热建筑原有的一些具有防御性目的和特征的功能逐渐弱化并退居次要位置，而适应现代人居住消费需求的宽敞、明亮、舒适等特征逐渐占据主要地位。例如，传统的海青格热民居地面将泥土压实即可，而在这一民居的沿袭使用实践中，随着社会的发展、生活水平的提高，逐渐演变成以烧制的青砖或红砖铺就的地面，再后来又演变为水泥地面、瓷砖地面，以及如今也可见到的水磨石地面。在调查中了解到，当地许多民户房屋的地面都经历过这几个阶段的改造，有的人家则直接从泥土地面跳跃到瓷砖地面。但也有一些老年民众坦言，当下流行的水泥地面、瓷砖地面、水磨石地面都没有原先的土制或烧砖地面温和实用、接地气。此外，海青格热内部也在不断装修翻新。外装修一般采用素面，砖石勾缝；内装修为屋内顶部做吊顶，墙面用细泥抹之、石灰浆涂之，然后再刷涂料或以壁纸糊之。屋内布局也发生变化，新的家具、现代化的电器早已普及，传统海青格热的大通炕变得越来越小，打制或购买的木床已经成为一些农家的必需品。但仍可听到一些民众坦言相告，北方的冬天还是住在火炕上温暖舒适。

5.3.4 整体更新与个性需求

与我国当下许多地区的农村相似，随着生活水平的提高，辽西地区蒙古族民众的消费需求也日趋个性化，由此引发了营屯的生态化更新与民众的个性需求之间的矛盾。阎云翔教授在对黑龙江下岬村的研究发现，20世纪80年代前期，该村的人依然全家挤在一铺炕上。20世纪80年代中期开始的建筑与改造房屋热潮，则彻底地改变了这种传统的居住方式。到20世纪90年代，村里人争先恐后地在房屋式样上标新立异。其中最具代表性的变化是室内空间被分成了不同的功能区域，火炕逐渐变小，卧室不再仅仅是一铺大炕，而成了多功能的独立空间，同时还增加了"客厅"。新式住宅结构使每位家庭成员拥有了一定的私人空间，这不仅能够保护家庭成员的个人隐私。住宅空间格局的变化，也意味着家庭成员就空间的使用而重新调整自己的行为，"私人化"成为家庭的重要特征，夫妻关系成为家庭生活的主轴，家庭成员的个人权利意识更加强烈、个人空间和隐私需求增多。从更深的层面分析，在私人生活范畴的这类变化是人们对个人权利要求逐渐增加的标志。

与黑龙江下岬村的情况相似，辽西蒙古族营屯自20世纪90年代中期以来也相继进入大规模的新民居建造与旧有房屋改造阶段，人们视经济条件，或对原有民居进行改造，或再建新的民居。在此过程中，民众个性化需求也明显体现出来，尤其是屋内布局，许多人家不再恪守居俗传统，而是根据家庭成员的个人意愿进行调整划分。确实如阎云翔所说，随着住宅空间格局的变化，家庭变得更加私人化。这样的变化不仅仅是家庭内部的变化，也蕴含着社会关系的变化，更体现着居住观念的变化。从近年建造的民居或进行改造的居屋可以看到，有的已经安装上全新的盥洗设施，许多人家在居室北面较隐蔽处间隔出储藏间，专门储藏零散家用物品，使过去那种进门便对居住主体的家居日常一览无余的境况得到一定程度的改善。

5.4 营屯更新的适应性路径

日本学者伊藤真次在其所著的《适应的机理：寒冷生理学》一书中明确指出，有机体与环境的相互作用构成了适应的过程，其表现在有机体上，是一种代偿性反应。但由于环境概念与类型丰富，想要定义"适应"的全貌是很困难的。建筑适应性不只是对建筑物质层面，或其空间形态的研究，而是以人类需求为起点，综合分析文化、经济、社会、自然等关系的思想、技术和原理。与此同时，也需要更系统地与环境相协调。因此，营屯及其民居建筑的适应性路径也是多样性的。适应性路径可从建筑适应性的社会边界、建筑适应性的空间尺度、营屯更新的适应性镜像、营屯更新的适应性路径四个方面来把握。

5.4.1 建筑适应性的社会边界

一个较为完整的村落共同体具有五种可以识别的边界，即社会边界、文化边界、行政边界、自然边界和经济边界。一些传统且封闭的村落，其五种边界大致是重合的，一个农民一生的生活半径便是这五种边界的限定范围。随着时间的推移，村落逐渐开放，工业化、非农化及城市化始终伴随着村落的发展，那么，这五种边界也不再重合。边界的分化是一个有序的过程，其特点是，由边缘至核心，由经济边界开放至社会边界开放。

海青格热式民居经过四个阶段的发展，在建筑材料、工艺、造型与格局方面都有较大的变化。这种阶段性的变化构成了传统与现代的延续性关系，如今的海青格热就是在历史发展过程中不断祛旧纳新的基础上逐渐形成的。从简单的海青格热雏形，到既有审美意蕴又有较为繁复的建筑工艺的现代民居，其间经历了大约300年。也正是因为辽西地区过去相对封闭与落后的地理和经济环境，才使这一建筑类型得以在今天依然较为完好地保存着。

然而，20世纪90年代以来，随着人们经济生活水平的不断提高，辽西乡村原有的以木石为主体的民居建筑开始被钢筋混凝土建筑所替代，尤其在近年来全国各地都在推进的新型城镇化建设中，这种取代的进程越来越快。从钢筋混凝土材质的北京平房式民居进入辽西开始，便已经对海青格热300多年的建筑史形成了结构性变迁影响。换言之，北京平房无论是建筑原料，还是建筑格局，乃至房屋的空间布局，基本上与传统的海青格热式民居没有过多关联。从建筑肌理和传统文化的沿袭上看，从海青格热到北京平房，可以说是辽西蒙古族民居建筑类型、建筑文化的一种断裂。虽然人们有自我选择生活的权利，但是对于建筑而言，在社会转型过程中，仍然需要重新思考建筑适应性的边界，使得建筑技艺得到继承，建筑文化得以传承。

2005年，中国共产党十六届五中全会提出了建设社会主义新农村的重大战略任务，明确提出了"生产发展、生活宽裕、乡风文明、村容整洁、管理民主"的具体要求，党的十八大报告中明确提出实现城乡一体化、建设美丽乡村是为人民群众造福，不能流于形式，不能大拆大建、涂脂抹粉，更不能仅在房子外面一味刷白灰。其中，要特别保护好具有传统文化意蕴的古村落。在现代化进程中，由于辽西区域所处的边缘性文化地理区位，使得区域内呈集群性的海青格热式传统民居得以保存下来，但是近年来一波波推进的新农村建设中，一些营屯由于对"美丽乡村"的理解有所偏差，在传统聚落与海青格热式民居的保护方面流于肤浅化操作，只简单地采取"穿衣戴帽"做法，将聚落内原有街道两边的民居外墙统一粉刷着色，一些人家也只是将海青格热式民居的外墙统一贴上彩色瓷砖，看上去不伦不类。这种"整齐、划一"的操作使得原本具有民族特色的营屯与传统民居建筑以及族群历史被遮蔽起来，其原生特色和可辨识性正在逐渐减弱。伴随着这些传统民居承载的族群历史文化氛围的日益消散，村落也日益失去其原有的魅力，不难想象，蒙古族民众对区域文化的认同感与民族文化的归属感也将随之日渐消失。

另外，伴随着城市生活方式的影响，一些乡村民众开始向新型民居建筑聚拢，有条件者无不拆旧建新，一些农家将院中原有的海青格热式民居拆除，翻盖成北京平房。调查中见到，一些营屯中新建的北京平房在营造时并未顾及聚落的环境风貌，与原有的院落、街区很不协调，显得突兀而扎眼，在某种程度上破坏了营屯的内在肌理。

2015年初，由中国城市规划学会、同济大学等单位联合举办的"乡村发展与乡村规划学术研讨会"在上海举行。与会学者共同交流了乡村规划在面对乡村问题研究、乡村建设策略和乡村社会治理方面的经验。与会学者进一步强调，要加大对传统村落的保护力度，尤其是传统民居的保护，认为保护与发展并不相矛盾，在保护时应遵循"四性五原则"。其中的"四性"是指"风貌的完整性、保护的原真性、生活的延续性、发展的永续性"；"五原则"是指"原材料、原工艺、原式样、原结构、原环境"。若按照上述原则，近年来，辽西地区在蒙古族营屯及海青格热传统民居的保护与修复中，显然还缺乏科学、系统而又专业的指导，不论是地方政府的规划性修复，还是营屯内居住主体的自发性修复，均与上述提出的"四性五原则"有较大差距。

5.4.2 建筑适应性的空间尺度

对海青格热空间系统进行分析，明确其空间要素组成、空间尺度等概念，建立空间尺度模型，对当代辽西地区民居建筑的保护、建造和评估具有重要的参考意义，运用主、客观评价体系相结合的综合评价法，可以更全面、更客观地分析和评估住宅建筑的环境质量。

（1）客观评估系统

客观评估系统的评估对象是行业专家（或一些用户）；评估标准采用行业特定的专业技术标准，客观、相对稳定；评价对象是（客体）物质环境系统；采用的方法是以科学为中心和还原主义；具体方法和技术主要是实验和观察，以定量技术为中心，要兼顾定量和定性技术相结合。研究目标是诊断和可测试性；实践策略是经验策略；演绎逻辑的优点是，研究结果具有较强的可比性，可以清晰地测试环境物质的质量；缺点是局限于客观参照标准，缺乏自我更新机制，容易僵化（表5-4）。

表5-4 建筑适应性的客观评价指标体系

基本要素	一级指标体系	二级指标体系
客观性指标	物理参数	温度
		湿度
		气流速度
		热辐射
		噪声
		空气
	化学参数	放射性污染物
		甲醛
		苯、甲苯、二甲苯
	生物参数	空气中细菌数
		空气中链球菌

（2）主观评价体系

主观评价体系的评价主体是使用者；评价标准以人们情感的社会心理走向和环境价值标准具有主观性、时代性和变异性。评价对象为"人—室内环境"系统；多元主义的方法论；具体的方法技术是定量与定性相结合的方法，以非实验性多变量方法为主。研究目的是描述、解释和验证。实践策略是一种综合性的折中策略；依循的逻辑是归纳（演绎）、类比；优点是真正从用户的需求出发，结果具有较好的推广意义，可综合评判其综合效益，可形成设计规范的自觉更新机制；缺点是评价标准不统一，结果缺乏可比性（表5-5）。

表5-5　不同环境类别的环境评价因素

室内环境类型	评价因素				评价原则
	行为环境因素	心理感知环境因素	社会因素	物质因素	
居住	空间适宜性 设施便利性 舒适性 空间大小 安全性	自然感 美感 生活气氛 场所精神 可意象性 认同感 满意感 个性化	人群构成 生活方式 地方风俗	实用率 通风 采光 朝向 空间尺度 设备适用性 噪声 空气 绿化	适居性 舒适性 安全性 健康性 便利性 私密性
工作	个人领域 安全性 设施便利性 休息空间	心理舒适 交往要素 工作气氛 减压的环境 工作效率	同事构成 交往状态 管理制度	物理环境 个人照明 卫生间 空间尺度 自然光 陈设和装修 办公家具 人体工程学 绿化	高效性 舒适性 安全性
休闲娱乐	行为适应性 活动多样性 拥挤程度 安全保障性 便利性	自然感 轻松的气氛 多元化的交往环境 吸引力	行为规范 使用群来源 文化氛围 地域生活方式	物理环境 设施新颖性 安全设备 自然景观	轻松性 自然性 健康性 交往性 开放性 便利性
商业购物	可选择性 拥挤程度 休息空间	舒适性 便利性 活力 吸引力	生活方式 管理方式 经济环境 声誉	规模 物理环境 绿化	物资丰富性 舒适性 便利性 安全性
医疗卫生	安静感 便利性 休息空间	安全性 轻松自然感 舒适性	制度 服务水准 治疗水准 声誉 护理气氛	物理环境 隔离设施 洁净设备 自然要素 周边环境	清洁性 舒适性 自然性

续表

室内环境类型	评价因素				评价原则
	行为环境因素	心理感知环境因素	社会因素	物质因素	
学习	学习方式（开放式）休息方式 课外活动多样性	安静 轻松 学习效率	组织方式 管理 同学因素	物理环境 采光 家具	高效性 舒适性 减压度 安静度
交通	拥挤程度 休息方式	可识别性 高效性 秩序性 安全性	交通组织方式 制度	通道尺度 地面材料	高效性 易识别性 安全性

海青格热属于具有防御性功能的独特民居类型。调查发现，传统的海青格热空间设置明显强调防御功能，居室内的窗户普遍不大，且建筑正面窗户一定要高于室内火炕约80厘米，据说如此高度是防止外来之敌从院外看到炕上之人。同时，建筑正面窗户与边墙之间也要留有三四十厘米，据说如此宽度是防止入侵之敌从院外射箭中伤室内之人，边墙的宽度可庇护一人躲箭，也可在墙垛后发箭御敌。海青格热民居建筑的上述特点，显然已经不适用于当下的生活。

如果从客观指标来说，影响海青格热的物理参数只有温度、湿度、气流速度这些指标，这些指标体系主要与建筑所用材料以及建筑的构型有关。从材料来说，首先，木石建筑不可能没有缝隙，在冬季，寒风容易吹入屋内，所以保温条件差。其次，海青格热地基较低，容易返潮，时间长久还面临地基下陷等问题。

如果从主观指标来衡量，海青格热的舒适度、空间适宜性、设施便利性、舒适性、私密性等方面都不能与北京平房相比，但是在场所精神、可意象性、认同感、满意度等方面，海青格热毕竟承载的是辽西蒙古族族群的历史，更能得到群体的认同。官大海农场的木匠李宣俊在当地从事民居建造有几十年的实践，他在访谈中也坦言，近年来，当地人营造住宅更倾向于选择北京平房样式：

年轻人更愿意住北京平房，他们觉得北京平房又宽、又高、又大，比海青格热房子宽三四米，住着更舒服。另外，海青格热用料也没有北京平房讲究，北京平房的用料全是砖，海青格热全是石头，砖比石头更密。虽然海青格热过去都是45厘米的墙体，砖是37厘米，但是砖的密度大，一层灰一层砖，之后两边都抹上，有的人家在房子外墙上还用了保温板（泡沫），这搁上保温板，至少增加了5厘米厚度，所以北京平房就更暖和了。而保温材料在海青格热的墙上根本无法使用。

这种基于主、客观室内环境评价体系，解决了主观性（社会性）评价方法和物质性（客观性）评价方法之间缺乏内在联系的问题，可被运用于营屯民居的适应性研究中。

5.4.3 营屯更新的适应性镜像

"镜像"原是一种物理现象，后来被引申为一种文件形式，是存在于另一个磁盘上的数据完全相同的副本。将"适应性"与"镜像"联系起来，并且作为修饰性形容词而存在，实际上体现的是一种过程，或者说要探讨的是在建筑演化的"过程"中，如何映射出与区域生境、自然生态、社会人文环境发生的关系。对此，可以从以下几方面把握。

（1）关于建筑材料与认知系统镜像

辽西蒙古族原本居住于蒙古包内，在从游牧到农耕的生计方式变迁过程中，蒙古包逐步为海青格热所替代。海青格热民居建筑形制的生成与演化，建筑材料的命名不仅与辽西蒙古族从草原迁徙此地，所处自然生境与社会生境的改变、生计方式被迫由游牧向全部实施农耕转型，以及长期受汉民族文化的包围与影响密切关联，而且与蒙古族源远流长的文化传统以及草原游牧生计形成的文化认知有一定相关性。

前文已述，马鞍型屋顶是海青格热式民居典型性的外在特征。所谓马鞍型屋顶，是指海青格热的屋顶两侧山墙凸出的"滚水"高高隆起，呈现夸张的弧度，造型酷似马鞍，刻意而别致。而海青格热民居南北两面的四个檁头构件，则被辽西蒙古族形象地称为"马蹄垛"，如此便有"四个马腿托起个马鞍子"这一带有游牧文化意味的地方性话语。而在历史上，辽西区域蒙古族营屯之间用以作为界别与区隔的"马蔺道"，更带有蒙古族原生文化的认知特点。马蔺原是蒙古族草原上常见的草本植物，迁居辽西已作农耕的蒙古族仍以栽种马蔺铺设"战道"，足见其沿袭着游牧民族的生态认知，营屯对蒙古族草原游牧文化传统的承继由此也可见一斑。

生态环境对文化的作用必须透过社会才能实现其影响力，海青格热式民居建筑材料的命名反映着蒙古族游牧文化的认知特点。在蒙古族民众游牧生计所建立的生态认知中，自然界中的各种自然物以其类别、数量以及它们与自己日常生产、生活的密切程度构成了蒙古族认知系统的最终来源和分类。在此基础上，蒙古族的各种民俗符号得以创造，并作为传递民俗信息的载体，被应用于文化传习之中。这些民间符号的建构是蒙古族集体意识与个体意识相统一的过程，是一种长期传承下来的集体意识，逐渐将与人的切身利益相关的客观对象作为思想的替代物加以固定，形成民俗文化中的符号，如"马"形象的符号建构。检索海青格热式建筑中的蒙古族文化符号"指符"，也即建筑符号的表现体，不难发现，多数"指符"都取自游牧生计中的自然界生物，带有鲜明的生态特点。这是因为，从生物本身的象征价值来看，"生物学上的价值经常是其他种类价值的最便当隐喻"，生物所具有的生命现象较之其他无生物，显得更加复杂、更加多样，更具动感活力。生物界千姿百态的生命现象，便于引申用以象征多种复杂意义，引发人的遐思、幻想和情感投射，具有某种人性的磁场。如此就决定了自然界中的与某一民族或族群生存有密切关系的生物，极可能会成为该民族或族群表达各种观念与意味的主要象征形象。

近一个多世纪以来，世事更迭，时代变迁，辽西各地的民居形式也演变繁复，出现众多的民居样式，但蒙古族海青格热式民居依托其强大的使用功能、低廉的建筑成本、极高的族群认同性，始终代代因袭相陈，未有太大的改变，已然自成一派，构成一种独特的民居类型。客观上看，海青格热式民居建筑的形成与发展同它所处的地理位置、自然环境、文化环境、社会习俗、气候条件、历史渊源、材料选用等密切相关。

（2）关于建筑营造与技艺传统镜像

一种建筑形式定型后，由于文化的惯性作用，在一定时期内具有稳定性。从晚清到民国，辽西地区战争不断，当地民众的温饱问题尚难解决，一般不会顾及建筑的形制、设计等文化层面的需求。与我国众多区域的乡村社会一样，辽西蒙古族海青格热式民居建造普遍没有专业人员进行设计，都是当地民间工匠通过师承关系的方式传承下来的建造经验。

辽西位于辽宁省辽河以西与内蒙古自治区、河北接壤的辽宁西部地区，区域内部差异性很大。虽然蒙古族聚居区都以海青格热民居样式为主，但即便是海青格热民居，其建造方式也存在许多具体的差别。随着时代的变迁，建筑材料不断发生演替和变化，有些营屯地处偏远，经济落后，交通闭塞，聚落内的民居仍然使用黏土坯的屋顶，而有些营屯所处区位交通畅达，经济发展较好，民居的建筑材料便明显提升一个档次，质量普遍较高，多使用混凝土屋顶。在经济发展不均衡的营屯之间，不仅民居的建筑材料不同，在建筑形式选择上也有差异。但尽管如此，在20世纪90年代之前，海青格热仍是辽西蒙古族营屯民居建筑的主要形式。近20年来，随着人们经济上的逐渐富裕，生活水平的不断提高，传统的具有辽西蒙古族建筑特色的海青格热建筑越来越少，因此，对具有辽西地域文化与蒙古族民族特色的海青格热建筑进行有效保护和科学改建是非常有必要的。

在人类历史上，时间的推移，新技术、新材料、新信息不断地传递、扩散，多民族杂居引发的文化交流与融合等，都会促使不同时期的建筑呈现出不同的风格。这种历时性的影响，一般需要有一些基本要素的支持，如新技术的研发、新材料的发明，人们掌握、消化这些信息与技术的接受过程，传播媒介的介入，技术传播与推广的手段方式等。自近代以来，辽西蒙古族海青格热民居在其演化过程中便经历了上述这些基本要素的吸收、磨合、调适、优化与沉积等过程，最终定型为兼具地域性与民族性特点、趋于模式化的建筑形制。辽西蒙古族营屯的遗存以及海青格热民居建筑形制的沿袭，生动地诠释着区域文化与民族文化的延续传承，关于其建筑营造与技艺传统，在今天已成为活态性的物质文化与非物质文化遗产。目前，辽西蒙古族海青格热传统民居面临被毁坏与消失的风险，但与此同时，也存在着保护与发展的时代机遇。

（3）关于建筑空间和实用功能镜像

建筑是生活的物化、社会生活的空间化、对环境的抵抗性、创造性与组合性，生命作为客体凝固在客观事物中所反映出来的最全面、最完整、最生动、最具体的便是建筑。建筑集实用（居住）功能、艺术功能、伦理功能等于一体，将社会生活空间化，使其成为相对独立的一部分。在此过程中，首先体现在实用功能的空间化。对于辽西地区来说，夏热冬冷是其最为重要的气候特征。据文献记载，辽西地区夏季极端高温可达到41℃，冬季最低气温可达到-29.9℃。作为这一区域的乡村民居建筑，海青格热建筑最首要的功能即保证冬季的御寒保暖、夏季的降热防暑。

蒙古族营屯内的海青格热民居的外观形式和建造技术都体现了对该地区自然生态环境的朴素的调整，体现了建筑与自然地理、气候因素和谐共生的特征。海青格热建筑的环境适应性技术策略主要体现在以下方面。

①坐北朝南的建筑布局。海青格热民居的营造布局遵循寒地气候的特征，选址大

多坐北朝南，在建筑南边开有相对较大的窗户，北边设有小窗户。不论是灶间还是卧室，都以朝阳为宜。采光通风的建筑格局不仅夏天可以起到防暑降温的作用，而且冬天的保暖效果也非常突出。清末何光廷在《地学指正》中写道："平阳原不畏风，然有阴阳之别，向东向南所受者温风、暖风，谓之阳风，则无妨。向西向北所受者凉风、寒风，谓之阴风，宜有近案遮拦，否则风吹骨寒，主家道败衰丁稀。"正房朝南不仅有利于采光，而且可以躲避北风。

②集聚收缩的单体形构。东北严寒地区经济滞后，所以其建筑必须脚踏实地，不可盲目照搬方案，也不可抛开现实情况任思维游走。海青格热民居采取紧凑而集中的平面形式，以矩形、圆形、工字形和其他简单几何图形作为平面的基本形式，造型简洁、规整，尽量避免了复杂的轮廓线。从而在最大程度上减少了外围面积，降低了建筑的热损失。

③建筑空间的布局。建筑空间，即由实体（如墙壁、地板和天花板）限定和围合的空间，通过"原型+变量"的方式可以实现另一种空间。以辽西地区乡村民居来看，其建筑相对自由的空间体系建构需要考虑到诸多因素。首先，辽西地区冬季严寒，人们活动主要在室内进行，因此，内部建筑空间除了居住功能外，还需要承载着日常活动、社会交往等功能，故而房屋的建筑构造不仅要适应严寒的气候，还需要提升和改善建筑内部环境的舒适性。海青格热民居的空间布局比较明确地应对了这些功能性需求。例如，进入屋内即为灶间，一般人家灶间南面的东西两侧便是烧柴的灶台，灶台直接连接东屋和西屋的火炕，烟通过火炕进入烟囱，然后从屋顶冒出。这样的构造不仅节省燃烧物，而且可以让热能充分地流转于室内，便于升温取暖。

④与周围环境的协调性。文化适应性首先表现在人类与生存环境之间不断调适，最终达到人类与周围环境的和谐与协调的关系。海青格热民居的营造多是就地取材，资源成本较低。在20世纪90年代前的"前工业社会"，海青格热的营造基本没有现代工业建材的应用，因而也不会对地方生态环境构成影响与污染，与周围环境极为协调。

在对海青格热民居的调查中还显示出一个有趣的现象，有些蒙古族人家的海青格热民居营造较早，也许是受当时的经济条件所限，房屋建筑内部的主要构件如梁坨之类，是以弯曲的不成材木料架构的，再经由木匠师傅辅以其他工艺技术手段对主梁予以加固，使其达到应有的支撑（图5-17）。以调查所见的这类海青格热建筑的牢固性来看，房子的寿命似乎并未因主要构件如此而受损，只是一眼望去，建筑的主梁犹如弯弯曲曲的一条龙腾空而行，颇有几分怪诞。通过访谈一些蒙古族老人了解到，由于受草原游牧文化"逐水草而居"的迁移性居住传统影响，辽西蒙古族在转入定居式农耕后相当长的一段历史时期，并未形成清晰的定居观念意识，也未形成对永

图5-17 海青格热建筑中弯曲的主梁

久性民居建筑的深度认知。说起来，当地早些时候许多蒙古人家营造的居屋都比较简陋，对建筑材料的选用不甚严格，几无挑剔。许多人家即使建造住房，却没有院落栅栏，饲养的牲畜也很少被圈在栏圈内，任由其在聚落内随意游走散放，聚落内的居民对此并无不适之感。如此居俗，与辽西乡村的环境倒是比较协调。若将其与汉族"大梁不正二梁歪"或者"上梁不正下梁歪"俗谚折射的"主梁"观念比较，与农耕文化对居屋建材的看重与推崇以及"庭院深深深几许"居俗比照，两种文化及其观念的差异可谓鲜明。

5.4.4 营屯更新的适应性路径

在人类发展历程中，村落作为社会的基本单位留给我们诸多宝贵经验。比如，接近自然，与风景有关；规模小，可识别的空间环境；日常生活功能的并置和混合；特性和不可替代性；独立和自助；当地集体的公共生活等。在现代化进程中，辽西蒙古族营屯这种在特定历史时期形成的聚落空间不可避免地要面对外来建筑样式、外来建筑材料以及外来文化的强烈冲击。如何使这一富有地域与民族特色的建筑类型得以延续，如何提升居住主体的生活质量，使其能够与时俱进，需要我们采取一种整体性视角，将营屯及其内部的传统民居建筑置于文化的整体背景下予以考量，以探讨营屯与民居建筑的适应性路向。

聚落产生于特定的自然地理区域之中，加之历史文化传统的沿袭和手工技能的传承，以及区域性建筑材料的限制，不同区域、不同民族都会因地制宜地形成特定的建筑风格和类型。营屯内的民居不仅体现了人与自然的和谐相处，而且也展示出特定时

期族群的历史文化，而建基于特定时期的营屯最终体现的是一种人文生态的和谐。在当下的现代化进程中，我国传统社会时期乡村聚落的诸多特征与适应性经验，由于社会价值尺度的改变而需要重新予以审视评估，对辽西蒙古族营屯与民居建筑的适应性路向的探讨具有普遍意义。对此，可以从民居建筑内部的创新改造和建筑外部环境的有机整合两个视角进行探寻，以廓清辽西蒙古族营屯生存发展的适应性路向。

（1）建筑内部的创新改造

为了适应现代民众的生活需求，传统民居必须要进行改良和更新，以提升民众的居住质量。改良和更新不可随意进行，应在留住建筑的肌理及传统文化根基的基础上展开。对营屯内部建筑的改造而言，需要发掘创新性措施，即从传统聚落的内部结构中去挖掘紧跟时代特征的措施、方式，将其应用于聚落建筑的改造工作中，以此满足社会变迁中居民的多向性需求。

其一，在建材创新中，建材的色彩和肌理应与传统民居相协调。大多数传统房屋在选择材料时以当地自产材料居多。一方面，可以将传统的砖、瓦、石、木等建筑材料运用于当下民居建筑中，同时也要保持原有的民族建筑特色。另一方面，也应考虑到自然资源的局限性以及保护自然资源的目的，尽量选择与传统民居外在风貌相协调的新型建筑材料，以延长建材的使用寿命，在建筑物内使用新的隔热材料，并改善居住舒适度。如此既可以使建筑风貌与传统民居相协调，又可以节约自然资源，提升建筑材料的环保性使其可持续利用。

从辽西地区的相关实践来看，近十几年来，当地一些居民相继对旧式海青格热进行翻修，为了让房体更加结实与保暖，许多人家在建筑外墙上粘贴瓷砖。截至2015年，官大海境内的海青格热民居已经全部整修完毕。原有民居都是木结构承重，墙体用土坯，石头做地基，石灰黏结，石灰压顶，整修后的海青格热民居多已突破了原来的木、石、砖、土等建筑材料，普遍增加了水泥、钢筋、保温板、瓷砖等新的建筑材料。当地政府要求居住主体修缮时要尽可能保留原来的建筑风格，只进行加固、保护和维修，房体结构不可以进行较大改变。许多经过修缮的海青格热仍保留了青色挑檐石，结构还是马鞍子形结构，梁、檩都是原有的构架，屋顶由原来的石灰顶变成混凝土顶。原本室内主要是红砖铺地或者土压地面，如今多已改为铺砌地板瓷砖。上述实践可视为在建筑材料上做出了一定的创新和适应性调适。

其二，在建筑外观的创新上，注重传统文化和乡土文化的融合。民居建筑作为一种符号性的外在存在，是传统文化、民族文化和乡土文化的载体，在民居外观设计、装饰上应采用或融合多种传统元素。在民居的生态化更新过程中，尽可能保留具有突出特征的传统元素，使传统文化和民族文化切实存在、传承并应用于建筑外观设计、装饰和布局上，使民居建筑的外观风格与民族文化形成某种契合与呼应，以此提升居住主体的民族与区域认同性。

其三，在建筑布局和构造的创新上，遵循传承形式与功能统一的更新方式。在民居建筑或维护改造的设计中，注意建筑构件结构功能与装饰功能的统一、空间布局与文化理念的统一、传统布局与现代舒适的统一，注重个体的私密性与个性化。同时，许多海青格热民居对内部空间分割进行了重新设计和改造，开始注重灶间、盥洗间、储藏间的设置及改造，使传统房屋的整体布局功能更加完备，科学宜居，整洁卫生。

其四，在建筑技艺的创新上，注重实用高效与传统技艺的整合与传承的统一。以火炕的使用为例，火炕的燃烧材料主要以就地取材为主。但烧火炕时，需要人工操作，燃料燃烧还会产生大量的粉尘和烟雾，对人及周围环境均造成一定的污染。这些弊端和影响因素都不利于火炕的使用和保暖效率，从现代建筑学的意义上看，完全可以进行创新性的改造和利用。调查发现，近年来在东北其他地区渐有流行的一种新型火炕，已然被辽西蒙古族引进应用。这种新型火炕是在保留传统火炕的基础上，做了某种改进，称为"吊炕"，即悬吊起来的炕。吊炕与床的外形相似，中间中空，四周封闭，有烟道与室外用砖垒砌的灶台相连接。这种炕是通过支撑点与地面保持一定距离，是在燃烧取热的科学原理指导下进行的设施改造，经过这种改进与设计的吊炕，不仅节约燃烧成本，保证了室内的清洁卫生，同时还更适宜现代民居取暖的需求，非常符合当代社会倡导的资源节约型能源利用。目前，这种改进的吊炕在辽西蒙古族营屯中已开始推广。

值得提及的是，在保护传统民居建筑工艺的过程中，在对海青格热建筑进行全面普查的同时，应抓紧对传统的建筑营造工匠的技艺进行梳理、记录与保护，对海青格热传统建筑技艺进行深度挖掘和研究，尽可能全面地掌握其传统技艺的特点，掌握重要的工艺技巧，总结这一传统建筑类型的历史脉络、营造经验、文化内蕴、艺术审美等方面的构成。在当下进行的营屯更新中，把传统建筑技艺与时代发展的方向紧密结合起来，使营屯在创新中焕发出生机与活力，保持其良性且"活态"地发展。

（2）建筑外部环境的有机整合

民居建筑外部的环境适应和更新要采取整合的方式，将聚落民居更好地与周围环境相协调。传统的民居是在历史发展过程中逐步形成的，其聚落形态和建筑形式是特定的自然生态和历史文化生态作用的产物，呈现出一幅人与自然和谐相处的美丽画卷。海青格热的生态化更新不仅要兼及气候条件、能源节约，还应注重聚落景观的塑造和人文生态的蓄养。在传统建筑中，海青格热可谓是以最少的花费营造的极具民族特色和居住质量的聚居场所，建筑学界在当下应该努力挖掘这种建筑的历史传统与经验特色，推动聚落的生态化更新，为其注入时代性的新能量。营屯建筑环境的有机整合可以着眼于以下方面。

其一，民居与院落的适应性。民居建筑要与院落和谐一致，从营屯现存多数建筑的院落来看，不论是民居建筑的外观色调，还是建筑材料，以及建筑风格的方面大都与整个院落基本和谐一致。但此中仍然存在一些需要思考的问题，如营屯民居建筑整体的高度、院墙的高度、院门的高度、院子面积的大小等，彼此之间仍然存在相互协调的问题。一些居民在聚落集群性的海青格热传统民居建筑群中，突兀地兴建起北京平房样式的民居，极大地影响了聚落建筑环境的和谐，与营屯的整体文化风格存在冲突。

其二，院落与周围街区的适应。海青格热单体建筑之间遵循某种结构关系模式，这种结构模式展示的是辽西的区域特色与文化特色。这种建筑结构是历史发展积累的结果，其建筑规则已延续了很长时间，最终形构出院落与周围街区的适应与协调。

其三，街区与营屯的适应。院落处于某一条街上，街区是聚落的重要组成部分，其修复与重建应适应聚落的发展。营屯街区街道的设计目的是使街道得到更新并保持特色，设计应该既全面又涵盖不同特质的街道，应遵循以下原则：海青格热房的尺度；沿街的院墙的高度；保持街道的宽度、绿化；保持原有的传统材料和马鞍式屋顶建筑风格；街道的交通功能应与聚落的文化特征相匹配；对街道进行硬化处理；增加垃圾存放地；增加购物场所；宗教空间的综合利用；充分利用原有空间并适当增加公共空间等。基于以上原则，将街区各种构成元素整合起来，置于营屯中来考量是非常重要的。

其四，营屯与区域社会的适应。辽西营屯大约形成于明代中期，至今有300多年的历史。在新型城镇化建设中，认识和保护营屯的传统肌理十分重要，应避免大拆大建，以及由此引发的一系列问题，使营屯的发展与区域社会的发展相协调，是当下地方政府、相关机构、建筑学界等都应该关注的重要问题。在这些方面，喀左县白音爱里村体现出较早的文化自觉性，该村村民委员会在打造特色村寨的过程中，主要采取了以下措施：

①修建了聚落内的蒙古族历史文化长廊；

②街路的绿化美化；

③在聚落内建立了蒙古族语言幼儿园。

聚落景观是自然景观与文化景观有机结合的结果。自然景观是聚落的母体，在聚落塑造中承担着不可或缺的角色，应秉持这种生态的规划理念。与此同时，我们也要将毫无美感的、媚俗的新建筑替换为由传统建筑生发出来的新建筑语言。上述做法也只在白音爱里村及几个少数民族特色村寨得到了实施，对于辽西大多数蒙古族营屯来说，其人居环境早已不能适应现代化的需求，急需合理规划、有序发展。

在营屯的更新中，为了发挥多组织的合力作用，需要探寻在复杂系统运行下更新的模式。本章将归纳营屯更新的路径，对复杂系统运行的张力与更新的协同动力进行诠释，进而阐述营屯更新的实施方略，在此基础上，尝试勾勒出在新时代语境下辽西营屯更新的"多主体"建构模式。

5.5 本章小结

本章结合复杂系统的理论视角，依托田野调查资料，按照辽西蒙古族营屯形制演化与更新特点，将辽西蒙古族营屯划分为四种类型：生态文化村、宗教旅游村、原生态改造村、整体移民村。在此基础上，选取具有代表性的四个营屯进行案例分析。这几个营屯的更新实践，应该说是具有一定的代表性与覆盖性。蒙古族营屯的演化与更新并不均衡，更新的启动也有早有晚，成效也有高低之别。此中既有可参考和推广的实践经验，也存在建筑质量与居住品质、传统建筑技艺与现代建筑材料、消费观念与居住品位、整体更新与个性需求等方面的矛盾与问题。辽西蒙古族营屯的更新并非基于同一起跑线，故此，制定同一性的规划与模式也并不适用。营屯更新应遵循"生态位法则"，不同的营屯根据自身的区位条件与资源状况，廓清生态位，独辟蹊径，围绕各自营屯特点确定更新与发展路径。

营屯的更新速度还在加快，此中不仅有营屯内部自组织的更新动力，也有他组织出于各种动因的外力推动。虽然自组织和他组织在推动营屯更新的目的、方法、过程等方面不尽相同，更新理念也不尽一致，但有一点毋庸置疑，就是在都市化、城镇化、现代化的背景下，来自"外界指令推动下的组织和演化"越来越明显，他组织对于营屯的更新所起的作用越来越大。基于这一共识，自组织和他组织必然要在辽西蒙古族营屯如何更新这样一个整体框架中运作，且在一些更新内容上也必然发生合作。在新型城镇化的背景下，辽西地区如何将传统聚落建筑的维护、人居环境的改善与民族特色的挖掘、民族符号的凝练结合起来，推动区域社会经济的提升与历史文化的传承，是值得政府及学界思考的问题。

第6章

复杂系统运行下营屯更新的模式建构与实施策略

复杂性科学对科学方法论也有重大冲击，这就需要学界探索在复杂系统之下新的方法论体系。若对辽西蒙古族营屯进行更新研究，本书认为，首先，应运用整体研究的方法。复杂系统下的营屯的更新不仅有自组织的自动改进，他组织也纷纷介入。营屯更新的策略抑或模式建构要在整体观的指导下进行。其次，应当将认识理解与实践性相结合。要发挥各实践行动主体的能动性。

本章结合复杂系统相关理论，强调"多主体"在营屯更新中发挥的重要作用，探索复杂系统运行下营屯的更新与可持续性发展的可行性，尝试建构更新模式，制定营屯更新实施策略。

6.1 复杂系统运行下的营屯更新动力与路向

营屯不仅是一个地理空间，其还与所处区域内的自然、社会、历史、人文等环境交织构成一个复杂系统。在当前我国正在步入乡村都市化、农村城镇化的时代背景下，以及我国政府明确制定的"五位一体"的发展目标下，探寻复杂系统运行下辽西营屯的更新路径十分必要。

6.1.1 营屯更新的复杂系统运行特点

由辽西营屯的发展可以看到，营屯更新过程中既有自组织的有意识更新，也有自组织的无意识更新；既有他组织的有意识介入，也有他组织的无意识植入。不论是更新的理念还是具体的实践，都呈现出非常复杂的样态。

近年来，在辽西地区蒙古族营屯的保护与开发实践中，一些营屯在这方面进行了一些探索，取得了一些成效，使营屯获得了外界较多的关注和扶持，令营屯内几近濒危的海青格热传统民居建筑得到"输血供氧"，起死回生。大致梳理一下，其核心性举措即居住主体、地方政府、相关企业、建筑专家、相关机构等均为营屯振兴与更新的行动主体，比较充分地发挥了自组织和他组织的能动性。其中，一些有启发的经验及做法主要有：

①自组织引导居住主体进行民居建筑内部更新；

②自组织"自下而上"地培育居住主体的"场所感"意识；

③自组织与他组织互动，通过公共文化服务体系对聚落公共空间域块进行建设与更新；

④自组织与他组织互动，通过商业化运作对聚落公共空间域块进行开发与拓展；

⑤各利益相关"行动方"共同协作，挖掘营屯的民族特色、地方特色和时代特色，构建现代性与传统文化融合的复杂性行动方案；

⑥"多元行动方"联手综合整治，构建人与自然、人与历史、人与社会、人与人之间的和谐生态系统等。

上述实践使一些蒙古族营屯及其所承载的蒙古族传统文化日益呈现出由"自在的遗产"向"可操作的遗产"转化的趋势，经过挖掘与修复，一些营屯开始将作为地方特色的蒙古族文化成功展示给"他者"，进而为该聚落带来了新一波的关注"流量"。

在没有政府资金投入或社会资金引进的情况下，一些营屯的振兴与发展多是依靠本地有经济实力与操作能力的企业精英或文化精英。这些地方精英大都具备如下一些特质：对于本群体的历史、习惯与传统等非常熟识；掌握本群体生产或生活某一领域的知识与核心技艺；在本群体的日常生活中具有权威性；对本群体的文化及其传统有清醒认知与评估；在传统传承和保护方面比普通人具有更高的文化意识；在地方文化传统的开掘与价值提升上有一定的经济实力与践行能力；等等。不仅是辽西区域，在当下我国其他地域的乡村振兴实践中也都活跃着一些地方精英的身影，这一群体已成为乡村振兴的"弄潮者"。

调查发现，地方精英的乡村振兴实践一般多带有明显的"操作"意味，多数都可归结为一种"有意识的文化创造"，这种有意识的文化创造往往是在某种目的驱使下对地方传统与文化遗产的有意识开发，体现着乡村自组织运行的原生动力。

营屯更新是一项系统性与整体性、理论性与实践性相结合的工程。对营屯的更新首先要清楚更新的范围、内涵、方式、发展过程、支持途径等问题。传统聚落是一个复杂系统，受到自下而上的自组织以及自上而下的他组织两方面的干预。构成传统聚落的要素不是静止的，随着聚落本身和周围环境的不断发展和变化，它也会发生变化，并且监控聚落各要素的变化，对保护和发展传统聚落具有参考作用。

在当下，我国对传统村落及其建筑已由初期的传承性保护模式向开发性利用模式转变。"开发性保护"成为一种趋势，使众多传统村落及其建筑逐步被带入旅游基地化、市场化、产业化之轨，使包括蒙古族营屯在内的众多传统村落的振兴与更新实践愈加带有复杂系统的运行特点。

6.1.2　基于自组织的内源演替与内生性需求

自组织具有以下特征：第一，整体大于部分之和；第二，就控制方式而言，自组织不是集中控制的，而是分布式控制的；第三，自组织的变化来自低层、局部和边缘；第四，自组织演变的轨迹通常是非线性和突变的；第五，自组织具有自我修复和自我演化的属性。基于上述自组织的特征，尤其是自我修复和自我演化的属性，可以说其所具有的特征也是内生性的生态文明的需求。从营屯的整个发展历程来看，自组织的内源演替趋于主要态势，多数情况下占有主导性质，内源性演替体现为聚落发展演变中的自发性特征。

辽西地区原本汉族人口较少，清雍正二年（1724年），河北、山东等地发生了大面积旱灾，为了解决灾荒，朝廷下令对进入蒙地的中原汉族农民"免其田赋"，对蒙旗王公"许其吃租"。于是关内大批灾民进入辽西喀喇沁、土默特等地。清政府上述"借地养民"的政策实施后，辽西区域逐渐呈现出蒙汉民族杂居的状态。此外，土地改革以前，辽西地区的汉民主要靠租住蒙古族人的土地维持生计。自土地改革开始后，汉民从山沟进入营屯之中，登上了历史的舞台。自此，当地蒙汉民族开始通婚，民族融合也进一步加深。

在喀左县境内的五道营子中，二道营子处于较为中心的地区，其逐渐发展为较大的聚落，也就是现在白音爱里村的前身所在。白音爱里村土地肥沃，紧靠敖木伦河，易于灌溉，在此汇聚的人口越来越多。在生计方式从游牧转为农耕的过程中，当地原有的蒙古包逐步被固定的石木或者土木建筑所替代。清王朝退出历史舞台后，蒙古族姓氏逐渐改成汉姓，以白音爱里村的张立勇家族为例，其家族的蒙古族姓氏为乌苏瑞气，民国年间改为"张"姓。张姓现在是白音爱里村聚落中的大姓张姓人口，占聚落总人口数的60%。而与白音爱里村相邻的三道营子聚落于姓人口较多，于姓的蒙古族姓氏为几嘎出旦。二道营子由于处于"五营环卫"的中间环节，故而历史上便建有学校。

头道营子、二道营子、三道营子这三个自然村之间的距离很近，20世纪40年代末土地改革的时候合起来叫作和平村。由于二道营子聚落和南公营子白塔子地区的二道营子重名，20世纪80年代就改成了白音爱里。四道营子聚落白姓居多，蒙古族姓氏为塔苏得；五道营子胡姓多，蒙古族姓氏为巴如达。四道营子和五道营子离得不远，原先隶属于南公营子管理，后来划归为凌源县（今辽宁省凌源市）管理。

辽西蒙古族营屯是由军屯转变而来的，定居农耕后，蒙古包逐渐转变为海青格热民居。在这一过程中，建筑与人的关系也随之发生变化。早先的蒙古包无所谓院落，院落是人类定居的产物。一开始人们用篱笆将院子围起来，不仅可以避免外人或者野兽的入侵，而且也是户与户之间区隔的标志。后来，人们用石头或者砖垒起院墙，房子被围了起来，才形成院落。辽西蒙古族营屯内的院落大小不一，大的院子面积有一两亩（1亩=10分，"分"是传统的面积单位，常用于农田等场合），小的院子面积只有两三分地。历史上，蒙古族喀喇沁部初来辽西时仍沿袭逐水草而居的游牧生计，居住于圆形的蒙古包，尖顶开有天窗，上面盖着四方块的羊毛毡。对于游牧民族来说，这样的建筑形制不仅通风强、采光好，而且便于拆卸移动，适于轮牧走场。蒙古包独特的制作技艺与外形不仅是蒙古民族审美观与高超建筑技能的体现，而且还蕴含着实用价值、艺术价值、经济价值。同时，蒙古包也是适应地方环境的产物，是蒙古族主要的族群文化象征符号。渐习农耕之后，蒙古包的居住样式与之不再适应，但这一时期多数蒙古族民众还没有能力建造正式的居屋，只能粗陋地建起草房，所谓草房就是先搭个木架子，然后将晒干的草搭在四周，屋顶是草脊。在喀左境内一些极为偏僻的乡间，这种简陋的草房至今仍有少量遗存（图6-1）。

图6-1　五家子村草房

喀左县公营子镇五家子村也叫乐寿村，意谓"快乐、长寿"，东距公营子15千米。乐寿村四面环山，是一个典型的原生态自然村。据《公营子镇志》记载，"大约在清代道光年间，池氏和姚氏先后从山东迁到乐寿定居"。20世纪70年代末，乐寿村曾经发展到70多户人家、300多口人。由于村庄偏僻，交通极为不便，20世纪80年代后，很多村民选择自行迁居离开。2017年走访调查发现，彼时村内只剩下30户人家，60多口人。乐寿村以河道为主轴，两侧山峦纵横，茅草房依山就势，错落有致地排列在河道两侧。近年来，随着乡村旅游业的兴起，乐寿这座古村落的自然风光，尤其是古老的草房民居吸引了大批摄影爱好者和画家前来写生创作，使得这个偏远小村名噪一时。2015年12月，在辽宁省公布的第一批省级传统村落名录中，喀左县公营子镇的五家子村榜上有名。

草房既怕风又怕雨，并不结实牢固，每隔两三年便需要补修屋顶，否则会漏雨。随着人们生活水平的提高，喀左县地区许多蒙古族营屯内的草房逐步改建为土平房，后来又发展成海青格热民居。草房逐渐退出历史舞台，而偏远地区少量遗存的草房在今天已成为一种已逝乡村的旧貌，成为旅游的资源，供现代人怀旧，以解乡愁。调查发现，在偏僻地区营屯内的海青格热屋顶两侧的滚水普遍较高，如此房屋建造比较坚固，既不漏水也不渗水。同时，这些地区有些海青格热建筑已经超过百年的历史，多已倾颓破败。

海青格热是蒙古族从军屯转化为民屯过程中形成的建筑形制，也是蒙古族定居后不断完善的产物，其至今仍然保留着许多蒙古族文化元素。从白音爱里村聚落海青格热民居演化的过程来看，其基本上是自组织运行的，没有外界的特定干涉。以白音爱里村村民翟国军家的海青格热营造为例，他家的海青格热房子建于1987年，当时前来帮忙建房的手工艺人都是本村具有亲缘关系的亲属或者交往密切的朋友。房屋的主梁采用较粗的杨木或者松木，椽子则采用较主梁细一些的杨木或者松木，材料均由本地购买。虽然松木耐腐烂，但是价格高且不易买到。而杨木容易腐烂但价格低且容易从本地购买，所以当地多数人家建房主材都是杨木。翟家房屋顶部由煤灰渣滓和白灰混合组成，锤打结实，然后阴干。房屋两侧挑檐方砖上的砖雕图案不同，翟国军介绍说，一侧为向日葵，象征日子过得红红火火、事业蒸蒸日上；另一侧为菊花，象征清白、高洁、长寿。挑檐方砖除装饰作用外，还可以起到承接上侧房屋压力的作用，不仅可以增强房屋的牢固性，还有助于抗震。

海青格热建筑屋顶呈圆弧形，这是檩子按照降序或者升序排列所致，可加强房屋顶部的排水功能。为了保温，2012年前后，翟海军将三间海青格热民居的窗子由原来的木质构造更换为新型材料的塑钢窗体。虽然窗口尺寸大小未变，但是塑钢框架加玻璃的构造明显比木质框架加麻纸、玻璃的构造采光好了很多，使屋内显得更加明亮。同时翟家将木门换成塑钢门，新窗体花费5000元，新门花费2500元左右（图6-2）。

20世纪80年代之前，辽西蒙古族营屯民居主要是海青格热房，进入90年代后，很多村民开始修建北京平房。1995—1996年，翟海军又在自家院子里南面建起了北京平房（图6-3），当时的目的主要是储存杂物，偶尔夏天时会居住。北京平房屋顶部和墙体以水泥为主，墙体为红色砖墙，屋内顶部由木板承接顶部压力，由钢筋水泥

图6-2 海青格热民居　　图6-3 白音爱里村的北京平房

立柱承接整个房体上部的建筑。据调查，以前白音爱里村几乎没有建造北京平房的技术，因此只能选择建造海青格热。近年来，生活条件和技术条件改善了，大部分村民开始选择建造北京平房。海青格热住着冬天暖和，但是夏天不如北京平房凉快。北京平房的建造费用比海青格热要高出很多，但是其内部空间大，住起来比低矮潮湿的海青格热舒服，这也是当地民众选择北京平房的主要原因。

综上可知，从较长的历史时段来看，营屯的变迁主要是基于自组织的内源演替与内生性的物质文明需求。但是，这并不意味着自组织与他组织没有任何沟通与交流，只是在长时段的历史演替中自组织所起的作用更大。

6.1.3　基于他组织的能量注入与伴生性"人为"结合

基于前文所述，在营屯的发展历程中主要起专用的是自组织，他组织发挥的作用很小。然而，在都市化、城镇化、现代化的背景下，来自"外界指令推动下的组织和演化"越来越明显，换言之，他组织对于营屯的改造与更新所起的作用越来越大。然而，他组织的能量输入与伴生性的"人为"结合的效果颇为复杂。以喀左县官大海农场为例，官大海农场基层管理人员从临近的内蒙古自治区赤峰市"取经"，对所辖的四个自然村聚落进行了"整齐划一"的整改措施，实行在民居、街墙上实施"刷颜色""画图案"等"穿衣戴帽"工程。此外，为修缮和加固海青格热传统民居，农场为居民统一提供民居屋面外墙"贴瓷砖"的补助资金。由此可见，他组织的介入确实在交通、通信等方面改善了聚落民众的生活条件，但是"穿衣戴帽"的等做法多是在聚落的外部形式以及民居建筑的表面进行的统一更新，建筑内部的功能扩展与居住品质的改善效果并不明显。同时，追求建筑外观的整齐划一，使得海青格热原有的个性与韵味削弱，建筑屋面"贴瓷砖"等做法使得传统民居看上去"非今非古"，此类更新实践都带有粗放式的特点，使当地传统聚落与民居建筑遭受了一定程度的"建设性破坏"。

与之相对，十家子村则是在保留原有面貌基础上的生态化更新。2017年3月，国家民族事务委员会发布《关于命名第二批中国少数民族特色村寨的通知》，喀左县东哨镇十家子村榜上有名。十家子村之所以能进入"中国少数民族特色村寨"名录，一是近些年来当地政府开展了细致的民族文化普查与保护工作；二是该村全部民居中有超过半数为海青格热传统民居且保存尚好，村内生活的公共空间里还保留有其他丰富的蒙古族族群符号。2017年，东哨镇政府在东哨村、十家子村和东台子村实施了5000亩"土地整理"项目和7000亩"千亿斤粮食"项目，突出了生态农业产业示范的带动作用。东哨镇还充分利用现有产业优势，在东台子村和十家子村重点打造千亩冷棚生产基地，由原来的竹木结构支架改造成钢构无支柱冷棚，扩大了生产空间，提高了生产效益。东哨镇还成立生产合作社，互助规模越来越大，其作用也逐步凸显。在产业发展的同时，他组织还积极介入聚落生态化的更新工作，如街道的整治、公共空间的增设、人居环境的提升等方面，使得当地民众的幸福指数进一步提升。

上述两个村落的更新实践均有他组织的介入，然而基于他组织的能量注入与伴生性的"人为"结合的效果却不尽相同。

6.1.4 "自下而上"还是"自上而下"：营屯更新的路向选择

毫无疑问，营屯存在"自下而上"和"自上而下"两种更新的路径。但是，两者并非矛盾的苗东升在《复杂性科学研究》一书中提出，在现实世界中没有一个系统是没有他组织因素的，也没有一个系统是没有自组织因素的。因此，所有系统都是自组织与他组织之间的某种统一。聚落的更新就是要探索解决聚落问题的策略和行动组成的体系。这个体系的维系既需要自组织（内在的根据）自下而上的内在力量，也需要他组织（外在的条件）自上而下的介入。也就是说，只有自组织和他组织合力，聚落的更新问题才能沿着正确的道路前行。

其实，当下营屯更新中最大的问题不是他组织的远离，而是他组织在由上而下、由外而内地介入聚落的时候是否充分尊重、听取居住主体的意见，尊重聚落内居民的愿望，是否根据居住主体的所思、所愿、所需制定策略与规划并开展相关实践。也即如何在依靠居住主体的原则下，采取共同参与的行动方式，构建社区协调动力机制，使营屯内的居民在实践过程中提升满足感、激活认同感、强化归属感（图6-4）。

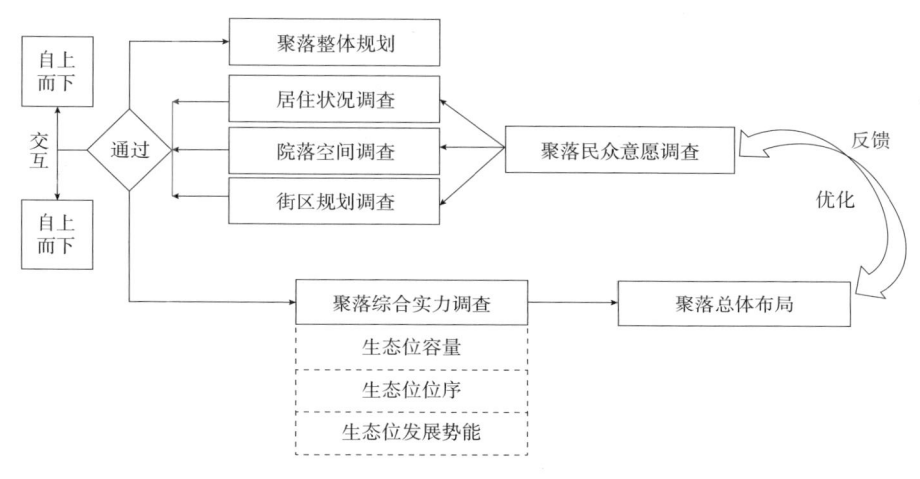

图6-4 "自上而下"与"自下而上"的交互作用

田野调查发现，在营屯的更新过程中呈现"自上而下"与"自下而上"的交互作用状态。也就是说，随着生态文明观的不断拓展，乡村振兴背景下的营屯更新应从自上而下与自下而上交互的视角构建聚落布局。如此操作有两方面的良善效果：一方面，充分尊重居住主体的发展意愿，便于调动其参与实践的积极性，效果易于得到居住主体的认同；另一方面，可使聚落更新的布局方案更具科学性和可操作性，效果易于得到与之相关的多主体认同。

6.2 营屯更新中的系统运行张力与多向度动力

6.2.1 文化政治场域中的建筑：权力操作与资源分配

在不同阶段，自然场域和社会场域所起的作用并不相同。历史上，虽然辽西蒙古族作为游牧部落会选择水草肥美之地居住，但事实上，这并不是这些蒙古族营屯当初选址时的主要考量因素。营屯是他组织出于军事防御目的设置的，突出的是其军事功能，因此营屯首选的是宜易宜守的关卡要隘。然而营屯的防御型历史使命已经终结，在当下的新农村建设中、在中国特色民族村寨的申报与保护过程中，人们主要考量的是营屯的社会场域。乃至近年来，对于辽西区域遗存有集群性海青格热传统民居的营屯的关注，已远非聚落自组织本体，小到一幢个体民居、一条街路，大到一个聚落的整体规划，均有来自方方面面的他组织的介入。自组织在这样的场域空间、网络空间中的影响力与决策权力有时不得不屈居隐退的位置，更不用说普通的居住主体发声表述自己的意愿与权利了。因此，在辽西蒙古族营屯更新过程中出现一些问题是自然和难免的（表6-1）。

表6-1 营屯更新中的问题

主要问题	具体表现
以经济开发为主，进行大规模聚落改造，造成"千村一面"	采取大拆大建的改造形式，以商业利益为主； 以经济利益的最大化为最终目标； 未充分估计营屯的社会效益和环境效益； 他组织的视角，没有考虑聚落内民众的感受
追求短期效益，对营屯长远发展考虑不足	营屯更新主要是为了发展旅游，吸引游客； 营屯更新主要是为了申报民族文化村落，吸引游客； 关系营屯长远的、多元化的发展目标考虑较少； 急功近利，更新改造模式化与简单化
以"保护"为口号的"建设性破坏"，使营屯内环境品质降低，历史文化特色逐步丧失	新修建筑的外观与周围环境不协调； 部分传统特色建筑和院落被拆毁，破坏整体人居环境； 在"整齐划一"理念的支配下，对街道、房屋施以表面性"穿衣戴帽"工程，名曰"民族化""传统化"
村落肌理遭到破坏，社区网络被打破，聚落趋于解体	注重营屯物质环境更新，抽空文化肌理； 改善了居住环境，但忽略了生计方式、生活模式、信仰空间及其传统

在经济发展的压力下，以及发展主义理念的支配下，很多地方都在请规划部门进行规划。早在2013年，官大海农场就聘请中国城市建设院西安分院做制定了《喀喇沁左翼蒙古族自治县官大海农场旅游总体规划》：规划范围为农场所辖的西官大海村、东官大海村、前坟村和北荒村，具体为北起北荒村，西至西官大海村，南至东官大海村，东至前坟村，总面积944.58公顷；总体定位是"以生态旅游为本底，休闲娱乐为

吸引，养生度假为核心，文化体验为内涵，形成集自然观光、康体运动、养生度假、休闲娱乐于一体的旅游综合型，省内一流、国内著名的生态农业观光文化娱乐庄园"。规划以官大海农场为中心，拟打造形成以下三个辐射目标群：①1小时辐射客源市场，包括朝阳市区域及凌源市区域的县级等客源城镇群；②2小时辐射客源市场，包括赤峰、锦州、秦皇岛市等客源城市群；③3小时辐射客源市场，包括北京、天津、大连及沈阳等客源城市群。

若能实现上述目标，辐射圈内潜在的客源总量或超过1500万人。此营销思路是结合官大海农场农林牧渔生产与经营活动、蒙古族营屯文化与农家生活，充分利用当地的田园景观、自然生态及环境资源，对区域内生态农业与旅游综合体进行巧妙组合，融入花卉景观、生态农业休闲、宗教文化、蒙古族民俗文化体验等元素，结合乡村田园风情文化，利用大地艺术景观手法，将官大海农场打造为以观光休闲功能为核心、综合开发为主要手段的新型城镇农业休闲综合体。此规划拟主打"生态养生"品牌，构建"吃生态养生餐、住风情古村落、游名胜风景、购绿色农产品、游四季瓜果节"的旅游产品链条，成为辽宁乡村旅游样板示范区。但规划出台至今已过去五年多，据调查所见，上述规划目标多数没有实现，一些目标的制定没有依据，前期缺少必要而又科学的调查，已显现出与现实的不符，已经落成的某些规划措施也没有吸引多少游客。

聚落是人类聚居和生活的场所。在营屯的生态化更新中，作为他组织重要组成要素的各级地方政府及相关机构掌控着资源的分配权力，因而在营屯的更新过程中掌控着主导权。据调查所见，辽西地区营屯及一些传统村落目前绝大多数尚未被纳入体制内各种保护或资助名录，因而众多想要进行更新的聚落或村落既无吸引外部资金的资本能力，也无渠道聘请专业力量就聚落的保护与生态化更新制定切实可行的规划。甚至还有一些聚落的自组织还未形成聚落的保护与更新方面的应有自觉，基本上仍按照来自他组织的上级指令进行聚落的生态化更新。与此同时，即便个别较为富裕的营屯自组织产生了对聚落予以生态化更新的实施构想，也有相应的经济基础作为运行构想的支撑，甚至制定出了较为详细的规划，但是由于规划未建立在科学的基础上，且缺少必要的专业队伍参与其中予以指导，近年来的营屯更新与再造对营屯原有的整体文化肌理造成破坏的现象时有发生，一些后果甚至是不可逆的。

6.2.2 营屯更新的"多声部"语境辨析

多声部原指"在音乐进行过程中,同时出现一个以上的不同声部"。以"多声部"喻比当下营屯的更新语境,指的是自组织与他组织因在社会场域中所处的位置不同,其在营屯的更新过程中会出于各自的立场生成不同的吁求,所发之声也带有各自背景的和声。总之,营屯更新的"多声部"语境实则映射出的是我国当下进行的传统村落或聚落更新的"多主体"在场。

先看自组织的"在场"。在我国各地都大力推进新农村建设的今天,踏入辽西地区一些营屯,看到、听到的近年来当地有关营屯更新的一些实践,给人的印象似乎都是在贯彻、执行、落实上级机构推进新农村建设的相关规划与部署,看到或者感受到的多是他组织在营屯更新中所发挥的重要作用,相形之下,自组织在目前营屯运行中的作用似乎已经非常薄弱。然而事实并非如此,纵观辽西营屯的历史发展进程,自其防御型使命结束,由"军屯"转为"民屯"以来,营屯内部日常的生产与生活都是自组织支撑展开的,自组织体系可以覆盖聚落全部的运行,包括营屯的发展更新以及民居建筑的演化。值得提及的是,在前工业社会相当长的历史时段内,营屯在自组织运行下的演化与更新基本上都是生态性的,对营屯内的人居环境、营屯周遭的外部环境极少造成污染与毁坏,只是营屯自组织的运行多是以一种"润物细无声"的方式进行的。在近年来辽西营屯的更新过程中,多数营屯内海青格热民居的演化过程基本上是自组织运行的,没有外界的特定干涉,一般也不会出现群体性的大拆大建、大修大补,而是各家各户按照自己的财力,充分运用就地取材的地方性资源所进行的长时间的生态化更新,这一过程由于是自发的、缓慢的、个别化进行的,自然不会引起外界尤其是学界的太多关注。而对于营屯整体性的日常生活运转来看,由于人们每天的生活大致没有什么不同,似乎更看不到自组织在营屯运行中的作用。而事实上,在自组织长此以往的运行管理过程中,生活在同一方水土之上的民众几乎都已谙熟由自组织建构而约定俗成的日常生产及生活中的道德、秩序、乡规、民约等知识与惯习,人们只要依惯性而行即可,这便是自组织无言无痕的"在场"。

再看他组织的"在场"。他组织介入营屯的更新是近些年的事情。首先,如果将其置于时代场域中来理解,在现代化的理念下,乡村不论是观念空间还是居住空间均是应该被改造的。其次，这也与我国经济发展较快，国家有财力也有能力对广大乡村进行改造有关。例如，在近些年来的新农村建设中，国家投入了大量的资金用于新农村的建设。

对于营屯的更新和改造，其实也是国家符号、现代化理念进入聚落的过程。在"生态化更新"方面，白音爱里村主要实施了封山育林、禁止乱砍滥伐；秸秆还田、使用沼气；房前屋后植树种花；注重新能源的利用；发展无公害产业；植树造林、保护生态环境等措施。据中国生态文化协会为白音爱里制作的《生态文化村申报书》，几年来，"保护地、牛羊禽、经济林"实现了白音爱里村经济发展的换挡提速和漂亮转身。如今的白音爱里村，柏油路宽阔平坦，水泥路、砖石路交错纵横，村容村貌焕然一新。当走进白音爱里村这个古老而文明的辽西小村，神圣吉祥的敖包、古朴典雅的海青格热，虽然不是身在大草原，但马背民族的风情与努鲁儿虎山脉的自然生态、天然景观和青铜时代、战国时代古遗址相呼应、浑然一体、相得益彰。山清水秀、风景如画、特色鲜明、民风淳朴的白音爱里村已成为周边群众休闲度假、旅游观光的首选目的地。

在对白音爱里村及其他营屯考察的基础上，从建筑学相关视域出发，本书认为营屯更新的内涵主要应该体现为以下方面（表6-2）。

表6-2　辽西蒙古族营屯更新的内涵

更新项目	更新内容
更新对象	营屯更新规划决策、编制、实施者思想观念； 营屯更新规划理论及技术； 营屯更新规划实施过程； 营屯更新建设行为
更新依据	组织社会学相关理论； 生态学相关理论； 营屯规划理论
更新内容	观念生态化； 营屯生态文化保护； 营屯人口、资源、环境与科技、经济、社会、文化的结构整合生态化； 基础设施更新生态化

续表

更新项目	更新内容
更新目标	促进营屯社会、经济、自然的协调发展； 促进营屯物质、能量、信息的高效利用； 促进营屯经济、生态和文化的持续、健康发展； 促进营屯生态文明建设； 使营屯人工环境与自然环境充分融合； 使营屯生命保障系统功能和居民的身心健康得到最大限度的保护，提高营屯； 居民生活环境质量和居住水平； 完善营屯结构，维持营屯生态稳定与发展，保持营屯生态活力

中共中央、国务院在2018年颁发的《关于实施乡村振兴战略的意见》中对乡村振兴提出了一些具体的生态化指标，如促进农村基础设施升级，使农村人居环境得到持续改善；专注于农村垃圾、污水处理和乡村风貌改善等。

他组织介入更新的关键词是文明、发展，所以说更新的过程也是现代性进入村落的过程。在传统村落的更新中，自组织与他组织处于不同的位置，在场域中的位置不同，自然能够掌控的资源也不同，行动方式也不会相同。可以说，在"多声部"的语境下，营屯更新的运作系统更加复杂。因此，需要找到协调不同组织的方式，或者说要构建更加适合营屯发展的运作动力模型。

6.2.3 多向度驱动力与"生态宜居"理念磨合

在当下的营屯更新中，我们能够看到的是他组织的积极介入，实际上，除了前文所举的四个村的案例外，当下辽西蒙古族多数营屯在较长的时间段内，主要还是自组织发挥着主要作用。自组织和他组织都是营屯运行复杂系统的有机组成部分，在新农村建设中应该在多向度价值驱动力的合力作用下，共同打造营屯"生态宜居"的环境。

在我国目前实施的乡村振兴战略体系里，很重要的目标任务是让乡村实现"生态宜居"。用"生态宜居"目标表述替代之前新农村建设中提出的"村容整洁"，这不仅是遣字用词上的变化，更是当下我国乡村建设理念的升华。"生态宜居"凸显了在乡村发展中树立尊重自然、顺应自然、保护自然的理念，也即要构建人与自然之间和谐共生的关系。

生态宜居是乡村振兴的支撑点。在"生态宜居"的乡村建设过程中，生态不仅是指自然生态，实际上还指向人文生态，在此基础上推广开发生态化农业产品，把绿色生产变成农民的自觉行动。再看人文生态的目标指向，主要是注重精神家园的构建，提高民众的幸福指数，提升"家"与"人"的质量。在对辽西蒙古族营屯的调查中发现，自组织大多注重自然生态的改造，而对人文生态，尤其是传统的人文理念关注不够。在实施理念上，体现为单向度的价值驱动。"生态宜居"的营屯打造不是单向度的外部植入，而是多向度的价值驱动。也就是说，在复杂系统中，在多向度价值驱动下，需要多个行为主体的理念磨合，相互适应与相互调适。

6.2.4　纠偏与调控：营屯更新的幅度与限度

从生态学的视角上看，营屯更新的本质就是处理好人和周围环境的关系，或者说人和居住空间的关系。营屯的空间涵盖五层关系：第一层是人和自己居于其内的建筑的关系；第二层是人和院落的关系；第三层是人和街衢的关系；第四层是人和聚落的关系；第五层是人和聚落所处区域的关系。在上述范围由小到大的五种关系中，最紧密、最直接的是前两种关系（图6-5）。

人与环境是相互依存、相互制约的。英国哲学家罗素认为，在解释任何一种人际

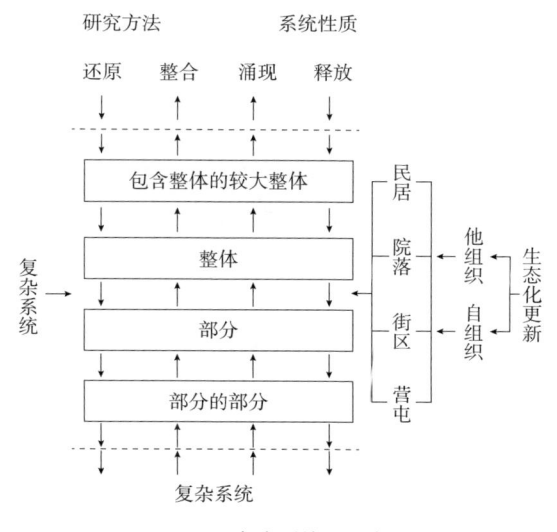

图6-5　复杂系统研究路径

关系的完美现代伦理时，最重要的是要认识到人类在人类范围之外对环境的必要限制，以及人类与环境彼此之间的限制。因此，在营屯的生态化更新过程中，前提是要把握好人与环境的关系，尤其要注意人与环境的相互依存关系。人创造了空间，空间又反过来影响了人。从生态学的角度来说，营屯更新最为核心的问题是如何处理"人和周围环境间的关系"。这个问题涉及人与人、人与土地、人与水资源、人与空间等诸多方面的关系，最终探讨的是"人类群体如何适应、塑造其生存环境并伴随此过程形成相应的风俗习惯以及社会、经济、政治生活。"人类的存在及其活动若影响了周围的植物和动物种群，环境因素亦会反过来作用于人类。所以，在生态学范畴内，如何处理"人和周围环境的关系"是营屯更新过程中最为核心的问题，将"生态文明"设为乡村振兴发展的底线是有道理的，既是经验之谈，也是明智之举。

纵观辽西蒙古族营屯的发展历史，在任何一个历史时段，组织关系对营屯都产生着重要的影响，不同时期营屯的存在状态均是自组织和他组织合力的结果。正是在这种合力的作用下，营屯所有生态因子的生态幅❶的总和决定了营屯的发展状态。只不过有时候自组织影响明显突出，有时候他组织的影响更加明显。所以，营屯的发展历程实质是多生态因子合力作用的结果。

在传统的文明观中，文明一般是指物质文明、精神文明、政治文明。实际上，文明不单单指上述三大文明，生态文明也应囊括其中。甚至在某种意义上，生态文明是其他文明的基础和根本，只有在良性的生态文明发展基础上，物质文明、精神文明、政治文明才有可能健康发展。人类社会进入21世纪后，随着现代化进程的不断加快以及工业社会的迅速发展，"生态危机"已向世人敲响警钟。在"生态危机"不断加剧的状况下，强调生态文明发展的意义显得尤为重大。对于生态文明的强调，涉及"生态化"的问题，"生态化"是指根据生态学原理和发展模式，在不同领域和对象之间建立合理的生态关系，以实现资源节约、物质循环利用，消除环境破坏，提高质量和效率的转变过程。

调查发现，在辽西蒙古族营屯的更新中，一些营屯自组织及其介入的相关他组织在目标的理解上还存在一些偏差，比较常见的是地方政府及职能部门将"更新"简单

---

❶ "生态幅"是指生物对每一种环境因子都有一个生态上的适应范围的大小，最低点和最高点两者之间的幅度为耐性限度。

对应为营屯及其传统民居建筑的保护,将规划重点多集中于如何保持海青格热传统民居的建筑形制,延续其存活寿命,而忽略了生活在这些传统民居建筑中的"人"的生活延续。囿于这一视点,一些营屯的规划目标直接定位于通过"更新"促使这些遗存的蒙古族特色民居建筑拉动地方旅游业,形成新的关注流量。一些营屯建筑的更新模式对乡村生态环境造成强烈冲击,在具有遗产价值的传统村落与民居保护方面缺少对传统村落文化空间布局的整体考量,保护性措施的实施或操作不当。有的营屯对海青格热民居建筑采取"标本式"的保存模式,像博物馆藏品一样进行编号管理,禁止使用者对自家建筑进行修缮或内部改造。这种"见物不见人"的保护颇值得商榷。

客观上看,并非辽宁西部的所有海青格热民居都具有保护和保存的价值,因为同处辽西的许多村落在历史上并非蒙古族防御性营屯,许多村落散在的海青格热式民居建筑也没有历史与蒙古族文化背景,不应该笼统地都列为保护与传承的对象。同时,这种对传统民居建筑文化遗产的片面性理解也影响了对其内涵的认知与开掘。实际上,随着时间的流逝,一些传统的海青格热民居已无法适应当代蒙古族人民的生活需要及其生活习惯,尤其是传统民居的内部空间和功能已不能满足现代蒙古族人民的住房需求。近年来,人们的生活方式变得更加多样化,并且许多人开始追求当前的住房形式,重点是提高生活质量。参与蒙古族营屯更新的"多主体"在具体实践中,不应忽视在现代化进程中蒙古人民在新的居住形式、新的标准和新的功能方面的生活需求,营屯的更新应该致力于给他们更好的生活环境,满足人们对人居环境的种种需求与愿景。基于这一原则,可以尝试使用现代技术改造传统的住宅建筑。作为保护传统民居的一种方法,插入一些小规模的现代元素来激活传统民居的空间,将这些元素整合到其中成为海青格热传统民居代谢活跃的细胞,使传统与现代共融共生。

保护与更新不是着眼于留存传统民居建筑的外部形制,也不是简单地对营屯所在公共空间进行民族符号及文化元素的填充与装饰。随着认知的递进,人们会逐渐发现,构成文化或社会的要素彼此紧密联系在一起,形成一个整体。只有将文化视为各个部分的联系整体,才能确定任何文化元素的含义。对蒙古族营屯所承载的民族文化遗产的片面性理解不仅影响对其内涵的认知与开掘,还将导致营屯生态化更新的尺度与限度偏离科学的规划。为使营屯振兴与更新与这一文化遗产的整体系统保持正向的联系性和匹配性,在相关实践启动前的"专业规划"与实施过程中,"评估跟踪"尤为重要。

6.3 新语境下营屯更新的"多主体建模"构想

6.3.1 多元主体的功能定位

我国政府制定的乡村振兴战略中提出,要形成"政府主导、农民主体、全社会共同参与"的局面,以此推动乡村振兴战略的实行。在当下的营屯发展规划中,如何将营屯的生态化更新与乡村振兴战略结合起来,实现其可持续发展的生态化,是与营屯更新发展相关的"多主体",即地方政府、资本方、专业人士与居住主体需要共同深入思考的问题。

在时代新语境下,为实现既符合理想目标又具可操作性的营屯生态化更新,上述"多主体"如何共谋发力,各负其责,首先应该明确的是"多主体"在营屯更新中各自的功能定位。调查发现,喀左县白音爱里村的更新实践及其模式有许多值得借鉴之处。这里仅以白音爱里村为例,逐一解析营屯更新中"多主体"的功能及其定位。

(1)地方政府功能及其定位

白音爱里村隶属喀左县南哨镇管辖,进入21世纪以来,南哨镇政府及白音爱里村村民委员会以一种难得的文化自觉,对域内的蒙古族传统文化自褒其珍,率先提出对辖区营屯内的蒙古族海青格热传统民居实施保护计划,以多种方式积极弘扬蒙古族的优秀文化传统,对营屯内具有"双遗产"性质的蒙古族民族文化遗存实施保护和修复,体现出较高的文化自觉。白音爱里村村民委员会将营屯内遗存的蒙古族传统文化元素视为珍贵的文化遗产资源而自珍自重,在21世纪之初就对营屯内集群性的海青格热传统民居进行了逐户摸查,并制定出村规民约,明确提出:未经村民委员会批准,营屯内的海青格热传统民居不可私自拆除,维修或翻建时不可对传统建筑的外部形制做大的改动。为有效保护这些特色民居,白音爱里村在没有外部资金投入的情况下,暂以一村之力,对营屯内的海青格热民居实施分等级保护与修缮,对年代久远但外形保存较好的海青格热民居予以重点保护。十几年下来,村中超过半数的海青格热民居已得到修缮。在村民委员会的统一部署下,村内其他可见、可感的蒙古族文化元素与符号都得到了很好的保留和传承。

近几年,白音爱里村积极响应国家规划,开始实施生态文化村建设,加大投入打造农耕蒙古族民俗文化品牌,发展乡村旅游业。对此,南哨镇街道与营屯管理人员均有较高的认识。调查中，当地一些管理人员表示，生态文化村是生态文化资源的主要聚集地，有利于引导和带动农村生态文明建设，使乡村居民增强生态保护意识，珍惜自然资源，发展绿色产业，崇尚绿色生活，建设绿色家园。

总之，从地方政府在营屯更新中的功能及其定位来看，应以助推营屯振兴与可持续发展、提升营屯宜居性及居住主体的生活品质为更新目标，实现来自上级及相关机构部门的不同政策、项目之间的协调与联系，把握政策制度与特定区域的体制之间的协调性，致力于为营屯打造好的发展环境，纠偏和检测营屯在生态化更新具体实施过程中的问题及效果。

（2）资本方的功能及其定位

在没有政府资金投入或外来资金引进的情况下，白音爱里村的振兴与发展主要依靠有经济实力与操作能力的本土精英。1995年，白音爱里村的居民张志军率先个人投资为营屯办起了文体活动中心，并承办了两届白音爱里营屯的那达慕大会。自2010年以来，先后有当地企业与个人注资，在营屯周边的山下开发观光旅游及娱乐设施，吸引了一些游客，但因规模不大，未形成较大影响。2017年，一位从白音爱里村走出去的企业精英见证了家乡近年来的变化，对白音爱里村负载的物质文化与非物质文化"双遗产"资源及其潜力进行了深入考察，审时度势，决定投资家乡，打造文化旅游开发项目，开发出"白音山泉"品牌优质矿泉水，投放市场后收到很高的赞誉。上述环绕在白音爱里营屯外围的旅游开发项目，与营屯内集群性的海青格热传统民居相映生辉，吸引了众多外来游客到此地观光游览，宛如充满动力的"能量环"，为营屯增添了无穷的活力，为营屯的生态化更新奠定了扎实的基础。

（3）居住主体的功能及其定位

白音爱里村的蒙古族民众有较强的民族认同感，普遍热爱并自觉传承本民族文化传统，表现出较强的文化自豪感。例如，由村民委员会先行制定的关于海青格热传统民居保护的村规民约，不允许居住个体随意对传统民居建筑拆建改造，一些村民的自家居屋建筑虽然在使用中存在问题，但为了营屯发展的大局还是恪守这一规定。再如，上级有关机构在白音爱里村建立了民族语言文化生态保护基地，之后营屯内每天都在固定时段以广播形式播送和教学蒙古族语言，村民们对此抱有收听和学习的兴趣。同时，对于村里垃圾统一堆放的规定、居住环境卫生治理等要求，居民们都能积极响应。白音爱里村人均耕地不多，种植的主要作物为玉米，近年来，村民们集思广益，大开思路，积极发展大棚果蔬种植，开展多种经营，发展花木栽培、苗圃种植等，使营屯的经济发展呈现出活力。可见，居住主体的参与和自我更新，也是营屯生态化更新的主要环节。

由白音爱里村的案例不难看出，对民族文化内涵的开掘及建筑遗产价值的开发确有多向度的空间与可能。在营屯的更新过程中，在生态文明的建设中，需要地方政府、资本方、民众都参与其中，共谋发力。当然，我们也发现，在上述共谋发力、振兴营屯的"能量环"上，目前有一个重要的链接口却十分薄弱，即专业人士的规划与指导。在当下的辽西蒙古族营屯更新中，地方政府、资本方的积极介入已经起到一定的主导作用，如何发挥居住主体的主动性，增强其对家园的认同意识，浓化其民族情感与文化自豪感，使其身体力行地参与到营屯更新的具体实践中，是与之相关的"多主体"都要深入思考的问题，而此"能量环"上"专业人士"环节的缺失不容小觑，其对于传统村落以及民居建筑的保护与更新，甚至攸关成败。

6.3.2 建筑学的"进场补位"及其作为

长期以来，对于辽西地区蒙古族防御型营屯及其海青格热传统民居建筑类型的关注与研究，建筑学基本处于缺位的状态。专题检索数据显示，相关研究成果几近空白。在现代化与全球化的时代背景下，对于这类在特殊历史背景下由他组织设置的聚落类型，对于这些偏处一隅遗存至今、承载着地域与民族历史与文化特色的传统民居群，建筑学界理应介入，立足于"双遗产"保护视角，对这些聚落及其建筑的特点、历史演化、保护与更新、价值评估与研究等方面做出属于本学科的贡献。然而，目前辽西多数营屯内的海青格热传统民居仍处于任由居住者翻盖改建的状态，一些老旧的海青格热建筑年久失修，有的已长久无人居住，任其闲置衰败。

从居住主体来看，由于当地一些营屯民众对这些传统民居建筑的"双遗产"性质与价值还没有形成认知，对于世世代代在营屯居住的蒙古族民众而言，可能并未想过海青格热成为国家认同的物质文化与非物质文化"双遗产"，营屯自组织也没有对其进行调控管理的意识。从他组织对营屯发展的介入来看，由于建筑学科的缺位，一些营屯发展与更新缺少建筑专业的指导，这不仅不能保留传统民居建筑的风格，而且破坏了文化空间，淡化了营屯的传统内涵，浪费了建筑空间中包含的历史资源、土地价值和文化精神，造成传统民居建筑文化的流失，有时甚至造成一些难以弥补的缺憾。

以建筑学为本位，组织专业队伍介入辽西蒙古族营屯更新实践，对营屯内的传统民居建筑进行系统普查，做出价值评估，对已经展开的相关实践进行全视角纠偏调控，同时结合不同营屯的具体情况帮助其制定以宜居为前提的更新方略。对于营屯的更新而言，建筑学的这种"进场补位"具有的特殊的、不可替代的作用与意义，主要体现在以下两方面。

其一，对建筑的关注。从狭义来讲，建筑学研究的是"建筑物可资使用的空间、可供欣赏的形象，以及围绕空间、形象如何产生确立、调整美化等的一系列问题"。营屯内海青格热民居保留了蒙古族诸多特有的文化元素，其也是蒙古族历史、社会、文化的载体。建筑学领域对这一对象的关注与审视，将有别于其他学科视角，聚焦于建筑本身。单从防御型营屯以及海青格热建筑形制来讲，便可说其为我国乡村民居建筑数据库提供了一个别致的类型，丰富了建筑学的民居研究样本。因此，以建筑学的视角对其展开研究具有特别重要的价值与意义。更为重要的是，对于这类营屯与民居建筑的保护与更新，建筑学可以充分运用本学科的知识与智慧更好地延续营屯的原有风貌，同时充分运用本学科的知识与智慧提升传统民居建筑的内在功能，在不伤害建筑内在肌理的前提下提高居住主体的使用舒适度，使建筑更为宜居，与人相处更和谐。

其二，对建筑与人的关系的关注。建筑是"客体化的人生"，是"空间化的社会生活，是对环境的抗御、创造与结合"，"建筑是将生命固结为对象。在客观事物中，生活最全面、完整、生动和具体的体现是建筑"。实际上，"架构"研究的内容不仅是建筑物本身，还包括人们对建筑物的要求及其满足方式的研究，以及从头开始设计、实施、生成建筑物实体等。基于此，建筑学可以通过对营屯的调查，探究如何将其再造为"宜居"的生存、生活场所，而要实现这样的目标，离不开对建筑物乃至其所处的社区、营屯的整体策划、设计、实施。仅就这一点而论，建筑学科的专业知识大有用武之地，建筑学科在辽西蒙古族营屯更新中的作用不可替代。

6.3.3 营屯更新中的"多主体"互动与协同

营屯的更新需要整合聚落内的单体建筑、院落、街道、建筑空间以及与周边环境等诸多方面的复杂关系。换言之，营屯的更新应在整体观的指导下进行。可以采取保护原有自然资源、人文环境以及实施整体规划等手段，实现营屯经济发展、物质生活现代化和人居环境生态化进程的协同推进，而这一目标的达成，有赖于践行营屯更新的"多主体"之间的互动共融，同时明晰各自的站位与担当。

营屯的整体建设与其更新具有相同的目标。整体建设不仅包括营屯建筑的更新、环境的综合整治，还包括村容村貌、文化景观、休闲娱乐、历史遗产保护、环境卫生等方面的整体提升。因此，营屯的整体建设是其生态化更新的重要手段和途径。整体规划内容一般应包括功能用地布局规划、产业结构调整规划、文化教育设施规划、历史遗产保护规划、宗教活动空间规划等。结合营屯的整体建设制定生态化更新规划，不仅对单个建筑的更新具有指导意义，而且对整个营屯的更新也具有重要价值。

20世纪五六十年代，在联合国倡导社区发展运动的影响下，我国台湾地区的社区建设开始涉及社区治理问题。最初，社区建设提倡自上而下的发展模式，也就是采取"政府主导、由上而下、强势推动"的治理路径。20世纪90年代，台湾地区提出"社区营造"的概念和计划，它经历了两种发展类型，即"政府主导，自上而下，大力推动"和"社区自治，自上而下的互动以及居民的参与"。在社区建设阶段，政府的行政权力被削弱，仅作为一种公共服务。最后，构建了"政府指导，社区自治和共同参与"的治理模型，极大地推动了台湾地区城乡社区的协调发展。台湾地区的社区治理旨在创造的是"类似社区的解决方案，而不是解决方案本身"。陈其南曾表示，整体社区建设不仅是在创造社区，事实上，它已经在创造新社会、新文化、新人。换句话说，整体社区建设的实质是创造人才。只有通过文化手段重塑社区社会和社会人民，以改善实际环境为短期目标的总体建设才能取得成功。从中可以看出，台湾地区的社区建设致力于通过文化手段改变"人"的概念，并激发社区居民在公共生活领域的自治和参与经验。

受台湾地区"社区营造"概念及其实践的启发，在认真梳理和剖析近年来辽西蒙古族营屯更新探索实践中的得与失、经验与问题的基础上，本书认为，对建筑遗产的片面性理解常常会影响对其内涵的认知与开掘，这是因为"构成文化或社会的要素彼此紧密联系在一起，形成一个整体。只有将文化视为各个部分的联系整体，才能确定任何文化元素的含义。"在传统村落与民居建筑保护实践中，若要避免浮光掠影地营造表面氛围，便要在建筑文化遗产的内涵开掘上发力，树立整体性观念，以免视野局狭而导致建筑遗产保护的条块化和碎片化，使其富有当代价值的建筑文化特质流失、营屯的整体生态受损。

为贴近有效性与可靠性，有必要树立"总体营造、共融共生"的理念。"总体营造"致力于为营屯"造血"而不只是"输血"，其目的在于共同营造营屯软硬环境与提升营屯认同感，营造"有场所感的村落"，推动营屯的可持续性发展，促进其经济提振与社会和谐。

营屯建设整治规划应进行营屯建设的综合布局和规划协调，协调各项基础设施和公共设施的安排，综合布局营屯各类建设用地，为营屯居民提供具有地方特色的地方规划，为人民提供适应其经济社会发展水平的居住环境。配套设施是营屯经济快速发展和蒙古族民众生活得以改善的重要基础保障，为此，在营屯的生态化更新中，对公共建筑配套设施进行有效规划具有重要的意义。在这方面，可采用乡土建筑材料等低能耗、可降解的建筑材料，以减少对环境的影响。对海青格热传统民居的厕所更新问题，应提上日程，让乡村民众养成良好的生产和生活习惯，在人居环境和生态状况方面得到显著改善。同时，注重引导当地民众对垃圾进行分类处理，尽量减少垃圾的产生，同时使用技术将具有二次利用价值的垃圾转化为有机肥料、建筑材料等，变废为宝。在推进营屯环境系统治理方面，重新审视区域自然生态的系统性和复杂性，自觉把握和运用自然规律，把营屯环境治理放在生态文明建设的大格局中，努力将绿水和青山所包含的生态价值转化为经济价值，并通过绿色发展促进营屯建设，发展高效生态农业，推动绿色低碳循环发展，促进产业兴旺、生态宜居，实现生产空间集约高效、生活空间宜居适度、生态空间山清水秀。

作为营屯更新参与主体的政府机构及有关职能部门，也应加快推进城市基础设施向农村延伸，让公共服务向农村覆盖，统筹安排配套，建设道路、供水、排水、供电、供气、供热、污水处理等设施，促进乡村基本公共服务的均等化。

蒙古族营屯作为辽西乡村的特色聚落，其更新规划应以整体性保护与居住质量提升为主。营屯形态、肌理和风貌的传承与创新，营屯的振兴与可持续发展，其内在动力主要依托营屯的自组织——居住主体，也即蒙古族民众对建筑文化遗产价值的认知与开掘。与此同时，可与内在动力形成交汇与互动的外在能量的汇聚也至关重要。从近年来的辽西实践来看，营屯的整体性更新需要依托国家层面有关振兴乡村、加强传统村落保护与开发的各种政策，借风行舟，寻求助力；需要依托当地政府根据营屯的现状制定有效可行的更新规划；需要依托建筑学、环境学等学科的专业人员的适时介入，予以具体实践的指导和设计；需要依托有志于传统文化保护与区域旅游开发的企业通过资本和产业引导，以市场化机制实现营屯的更新与振兴。总之，上述"多主体"在加持辽西蒙古族营屯建筑文化遗产的保护、振兴与开发方面，都有各自不同的目标策略，都蕴藏着积极的动能。"多主体"之间是否明晰各自的站位与职责担当，是否建立起良性的互动与协调，是实现营屯更新的关键。

6.3.4 营屯更新的"多主体建模"构想

传统村落科学的更新应该构筑内外互动的协同动力机制，应该组构"多元行动方"的更新动力框架（图6-6）。换言之，传统村落科学的更新应该是多组织合力的结果。

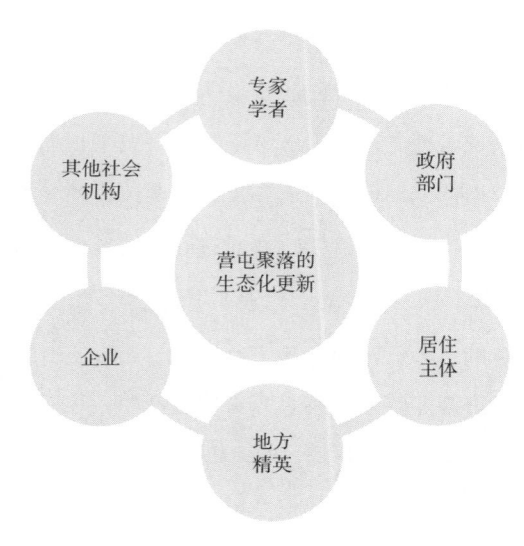

图6-6 "多元行动方"的动力框架

前文已述，所谓"多元行动方"主要由政府部门、相关机构、企业、地方民众（政治精英、文化精英）、专家学者、大众传媒等社会各界构成。在当前形势下，上述与营屯更新相关的各个组织或者个人已被纳为营屯生态化更新的主体，正在形成各自发挥、共同努力、协同增效的动力机制。

从近些年辽西营屯内的建筑类型、建筑格局、建筑空间的变迁来看，其动因不仅是营屯自组织的内在动力机制，同时还有他组织外在力量的介入，只是不同时期的他组织介入程度有着深浅不同变化而已。通过对辽西蒙古族营屯生态化更新的研究发现，在历史上营屯由"军屯"过渡为"民屯"后的很长一段时期内，带有"国家"性质的他组织之于营屯的运行一直处于"缺席"的状态。这种情况直至20世纪80年代后，才逐渐有所转变。进入新时期以来，国家加强了对"三农"建设的管理与政策扶持，以一种强势的方式介入传统村落振兴与更新运行之中，充当了主导的力量。在这一大的社会语境下，我国各地民间的或者来自村落内部的自组织力量，对此的积极呼应已成为一种实感。其实，任何来自他组织的外力所进行的对乡村及其地方文化传统的改造，都需要建立在符合"地方性知识"的基础上，只有这样的引领及介入，他组织层面对乡村的改造才会取得接近预想的效果。

在当下营屯的更新乃至新农村建设中，应该树立多组织积极参与、协同发展的理念。传统理念认为，国家或政府是乡村建设的主角，而实际上，从乡村社会的发展历程来看，国家或各级政府介入村庄的治理只是近代的事情，在传统社会，作为社会基层层面的村落基本上处于自治的状态。当下，我们要思考的是政府到底应该在乡村振兴中扮演怎样的角色，乡村怎样才会摆脱凋敝的状态，最终真正实现振兴。基于此，本书认为，可以调整传统的"政府主导、农民主体"的认识理念，因为该理念导致在更新实践中，政府在执行过程中常常化身成为民众的"代理人"，既是主导又是主体，而乡村广大的民众却成为事实上的客体。

从辽西蒙古族营屯的更新而论，多组织参与是必需的。在这里，多组织既包括乡村文化持有者的村民，也包括制定出台各种政策、给予实际支持的政府，更应包括拥有专业知识的学者。而不论是村民、政府还是学者，每一群体内部均又包括不同的群体，因此多组织便呈现出层状的复杂构型。在复杂系统的理论框架下，各个组织均是传统聚落更新的行动主体，此中尤其要充分激活地方民众的参与热情，让居住主体参与到现阶段营屯的更新之中，只有在各个行动主体充分介入、积极行动的前提下，才会实现科学的更新。也唯有如此，蒙古族营屯的更新、新农村建设才会落到实处，实现预期效果，真正造福民众、广得人心。

辽西蒙古族营屯承载着丰富的辽西区域历史文化资源，沉积有辽西农耕蒙古族民众独特的文化情感与认知体验，并以"建筑叙事"的方式对辽西蒙古族的历史予以

"建档"和"存档"。辽西喀左县地区白音爱里村、十家子村、官大海农场等地营屯对海青格热传统民居的保护与坚守，使原本属于日常生活层面、为当地民众习焉不察的民居这一"无意识文化创造"，获得了国家层面的认同，先后被授予"中国少数民族特色村寨"、"辽宁省少数民族特色村寨建设试点村"等荣誉。这种认同以及随之的振动效应不断显现，在辽西地区相关界域产生一定的反响，极大地激发了当地蒙古族人民的文化自豪感。人们不仅看到身边的特色传统民居建筑获得了外界的关注，赢得了保护与发展的机遇，相关营屯的经济发展也得到了改善。

榜样的力量是无穷的，此前人们对传统民居建筑价值认知上的"群体性休眠"被迅速激活，一些营屯的自组织及精英们开始思考：世代沿袭的居屋建筑，何以被国家相关机构及"他文化"群体如此看重？既然被列入"中国少数民族特色村寨"，如何对其开展保护？其蕴含的价值怎样才能开发、转化为当下的资源？思考一经开启，很快便形成了有形、可见的"认知之场"。传统民居建筑的价值显现不断刷新人们的认知，后续效应使"多元行动方"都看到传统民居建筑的特质以及民族文化传统有可能成为"可利用的资源"，盘活、开发这些文化特质的动力奔突，在地可感。随着保护与开发的观念拓深及实践拓展，营屯的意义空间也逐渐被分割为形色不同的区域，辽西蒙古族营屯意义空间中尚未开发且价值明显的域块正在逐渐形成新的关注度与动力汇聚。当日常生活被带入文化场景，蒙古族营屯及其海青格热民居不再只是一种传统，而是一种可以利用的资源，一种连接过去、现在和未来的方式。

雷蒙德·威廉斯（Raymond Williams）认为，特定的情感结构来自人们在特定环境中成长的过程，以回应其"继承的独特世界"，既保持与前代的"连续性"，又"以独特方式感受整个生命"。辽西区域近年来对蒙古族营屯的保护与开发，大体上可视为使这一建筑遗产既保持与传统的"连续性"，又"以独特方式感受整个生命"之所为。毋庸置疑，具有区域与民族特色的乡村传统民居在今天已经成为我国社会共识的建筑文化遗产。目前，我国对分布于各地乡村的有遗产价值的传统民居建筑已由初期的单一性保护模式转向开发性利用模式。"开发性保护"成为某种流行，使众多传统的乡村建筑遗产逐步被带入基地化、市场化、产业化之轨。这一模式的转变虽然也引发了一些问题和争议，但却得到多数地方政府、旅游市场和一些居住主体的认可。蒙古族营屯及其海青格热传统民居作为辽西区域民族文化的代表性符号的意义也不断被浓化，成为所在区域经济与文化发展的一个支点。

在辽西营屯建筑的更新过程中,"博弈"不可避免。这种博弈不仅体现在对传统民居建筑保护与开发的行动者与居住主体间存在目标指向及动机、期待效果不同的矛盾纠葛,还包括参与保护与开发的"多元行动方"的领域分配、战略与战术等诸多方面。上述种种"博弈",使营屯的更新过程充满了活跃的能量,但也导致了许多问题。对此,地方政府、相关部门、专业队伍都需要尊重居住主体也即文化持有者的意愿,维护居住主体的权益,坚守建筑属性与功能的基本价值立场。辽西蒙古族营屯独特的公共文化空间和各种历史记忆、建筑景观、风俗和礼节,是增强营屯社区意识、促进营屯更新的重要基础。通过有效的指导和科学发展,该价值应能够产生可预见的社会和经济利益,从而带动辽西蒙古族营屯的整体发展。

2018年初,中共中央、国务院颁发了《关于实施乡村振兴战略的意见》,提出实施乡村振兴战略是解决人民日益增长的对美好生活的需求与新时代发展不平衡之间矛盾的必然要求。该战略着重于城乡发展之间的不平衡,特别是农村发展不足的现实,并着重于重建和塑造新的乡村社区,最终目标是将农村地区建成美丽的家园,供农村居民生活和工作。作为一个社区,营屯不再只是人们日常生产和生活的主要交流空间。由于传统民居建筑在区域社会发展中具有一定的经济拉动功用,地方政府、相关机构、企业、媒体以及聚落自组织出于自身利益的考量,都已成为当下辽西营屯更新的"主体"。

营屯更新建设是一项系统工程,它通过系统保障、上下联动、内外部指导、保护与整合、专业指导、文化传播等方式进行统筹性谋划与行动,目的在于以营屯的整体性更新为目标,以整体化思维和模式化解更新中的问题和困境。近年来,辽西地区的当地政府、相关机构、企业、媒体以及地方精英自觉组成"多元行动方",纷纷开始规划对辽西营屯建筑文化遗产的保护与开发。为避免营屯的更新陷入盲目、无序的开发乱象,同时也为将传统民居建筑内涵的开掘导向开阔的幅度与深度,助推这一传统民居建筑遗产向资源转化,实现科学而有序的更新,"多主体"整合模式的构建十分必要且重要。同时,为实现"总体营造、共融共生"的更新目标,"多主体"在实践过程中必然会发生功能整合。唯有功能整合后的"多主体",才能合力践行营屯的更新(图6-7)。

在乡村振兴与传统聚落的更新中,"多主体"整合模式的构建符合我国的国情、乡情、民情,具有科学性、贴近本质及可操作等特点。

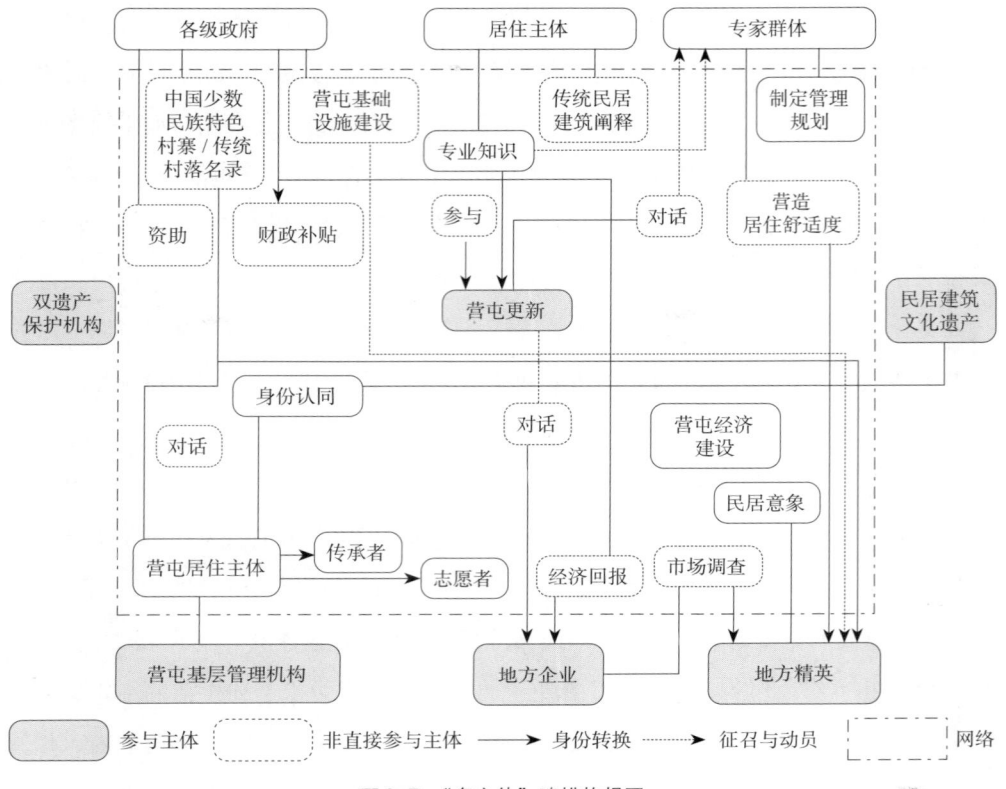

图6-7 "多主体"建模构想图

在辽西区域白音爱里村、官大海农场等蒙古族营屯的更新实践中，营屯主体、地方政府、相关机构、市场资本、媒体社团等都有实质性的参与，在上述维度均进行了探索，较好地实现了互动互补与功能整合。

在乡村振兴与传统村落更新方面，少数民族村寨和一般村落由于所拥有的文化资源类型不同，在振兴与发展的路径方面也必然存在差异。辽西蒙古族营屯充分利用文化优势，深入挖掘营屯的文化内涵，通过产业开发和产业融合，建构少数民族村寨特色旅游发展模式，实现了民族传统文化资源效益的最大化。通过"总体营造、共融共生"的振兴实践，营屯得以在旅游开发的相关利益者中拥有主导地位，并通过经济基础的夯实与文化自信的提升，得以有根据地实施营屯的更新（图6-8）。

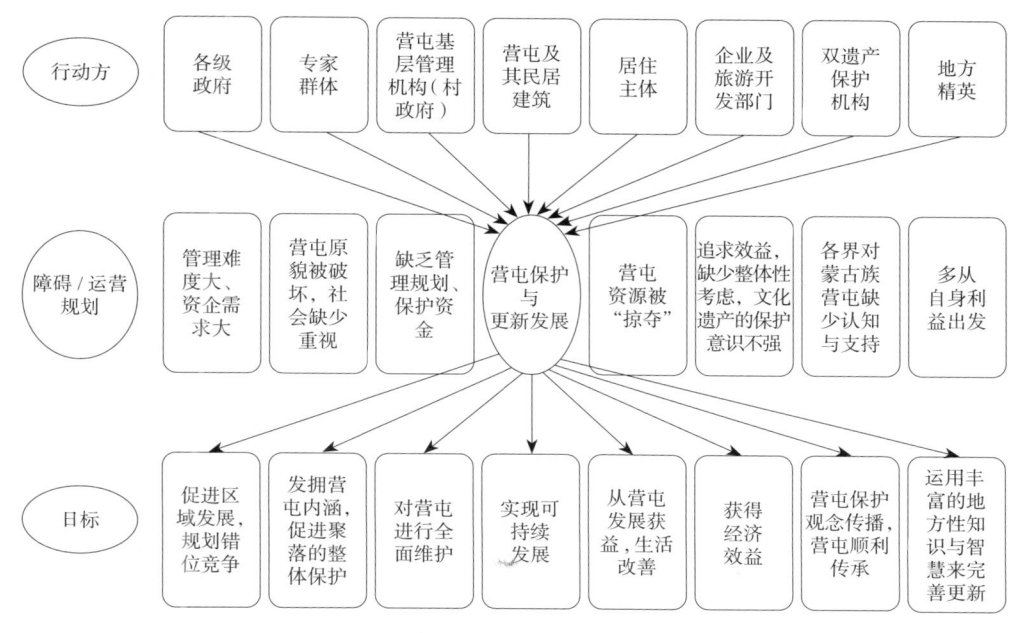

图6-8　蒙古族营屯发展的行动方及运营规划

6.4　营屯更新的策略实施与目标旨向

6.4.1　基于生态位法则的"借势发展"与"错位竞争"

2016年初，在全国旅游工作会议上，国家旅游局（现文化和旅游部）制订了中国旅游业要从"景点旅游"向"全域旅游"转变的发展目标。在国家层面的整体规划下，各地政府纷纷盘点各自辖区内可调动与盘活的乡村旅游资源，调整了行动节奏，制定出具体的推进乡村生态化更新、促进乡村旅游业发展的目标。

辽西朝阳市政府在2016年工作报告中明确提出了加快宜居村庄建设，继续建设乡村道路和美丽的乡村示范村，逐步实现村路硬化、村庄亮化、村容美化、村屯绿化的发展目标。2016年2月，辽西的喀左县入选"国家全域旅游示范区"创建名单。在"打造全景喀左、发展全域旅游"的过程中，喀左县政府提出立足资源优势，做优城市，做大景区，做美乡村。在这一可依托的优势政策下，喀左县制定了一系列发展目标。同时，还提出重点提升文化节设置，逐步完善全域旅游体系。截至2017年，喀左县已有国家A级景区7家，其中4A级旅游景区2家，有特色旅游乡镇10个，旅游专业村7个，星级酒店12家，农家乐354家。

"全域旅游"的提出无疑为当下中国乡村社会发展提供了需要的新模式，在其引领下，近年来一些代表喀左县的特色旅游品牌也在陆续崛起。以旅游带动乡村经济的发展，为辽西区域的乡村振兴提供了发展机遇。"打造全景喀左、发展全域旅游"，将乡村旅游和美丽乡村建设融合发展，将部分农村转变为旅游景区（点），将部分农民转变为旅游从业者，以旅游开发带动乡村旅游发展的规划思路无疑是鼓舞人心的。

然而，在这一目标的具体践行中，一些问题及倾向应该引起关注。例如，"看山观景不喜平"，对于旅游者来说，领略具有陌生化和差异性的自然景观及人文风情是刺激旅游的最大动力。辽西蒙古族营屯主要分布于喀左县地区，喀左县政府在制定"打造全景喀左、发展全域旅游"规划中，提出了"做优城市，做大景区，做美乡村"的目标。就"做美乡村"这一目标而论，村落的环境景观、建筑特色、风俗人文等是否具有特色尤为重要。若是"千村一面"，景观平平，内在文化资源也缺少特色，游客便"游一村而知全景"，所谓"全景""全域"旅游，便很难实现。

毋庸置疑，辽西蒙古族营屯更新应避免当下我国一些地区在乡村振兴中出现的"拟城化"倾向，不盲目跟风，避免落入"千村一面"的复制性窠臼，应致力于开掘传统建筑内涵，以浓化民族传统为发展路向，唯此方能扬长避短，彰显民族村寨特色。

然而前文已述，辽西蒙古族营屯的更新并非基于同一起跑线。由于各个营屯之间生态位有优有劣，差异较大，而在更新实践中，营屯所处生态位是原生性基础，其影响力不可小觑。故此，统一的更新规划与模式并不适用于所有的营屯。营屯更新应遵循"生态位法则"，以此为参照系，根据自身区位条件与资源状况，廓清生态位，确定各自的更新与发展路径。

基于这一原则，本书提出辽西蒙古族营屯更新可实施"借势发展"或"错位竞争"的策略。生态位处于优势的营屯，可将"错位竞争"作为更新发展的主要策略之一。辽西蒙古族营屯与众多汉族村落同处于一个自然生态位，在当下的新农村建设及乡村振兴中，蒙古族营屯及其民居建筑以其独特的"民族符号"意味，在拉动区域内乡村旅游中已显现出优势。蒙古族营屯应尽可能依托和发挥这些优势，与广布域内的汉族村落展开"错位竞争"。所谓错位竞争，具体指遵循"生态位法则"，营屯根据自身区位条件与资源组合，选择区别于域内汉族村落的发展路径。辽西蒙古族营屯在更新过程中，应发挥优势，扬长避短，形成错位竞争，同时又相互依存，互为补充，谋求共同发展。有条件的蒙古族营屯可以有意错开竞争对手的生态位,明确自身生态位,围绕自身优势确定更新与发展的路径。

同样,处于相对劣势生态位的营屯,可整合固有资源,将其孵化做大,同时主动出击,寻求和依附临近有辐射力和带动力的营屯,走资源共享之路,借风行船,谋求"借势发展"。

喀左县政府在2017年工作报告中提出要加快培育特色城镇,重点抓好公营子新市镇建设,实施牤牛河治理、棚改拆迁、老年公寓等项目,增强人口集聚能力和辐射带动作用;继续实施"六化五个一"工程,新建小城镇基础设施项目17个;进一步放宽城镇落户政策,有序推动农村人口市民化,城镇化率达到47.6%。全面开展适应"全域旅游"政策的宜居乡村、美丽乡村建设。其中,已被国家有关部门列为"中国少数民族特色村寨"的喀左县南哨街道白音爱里村、官大海农场所辖营屯,被辽宁省有关部门列为"游客喜爱的辽宁十佳乡村旅游区"的喀左县大城子街道洞上村、公营子镇乐寿古村落、"梨花胜地"大营子乡大梁下村、白塔子镇洞子沟葡萄采摘基地等,都已成为旅游专业村,每年都吸引越来越多的游客纷至沓来。

正如前文所列举的喀左县公营子镇五家子村的案例,虽有些偏颇,但也在一定程度上体现了"错位竞争"。在当下辽西区域的特色城镇打造与美丽乡村建设实践中,蒙古族营屯的更新与振兴应该遵循生态位法则,与同一区域的汉族村落形成"错位竞争",寻求差异竞争,实现错位发展,各自选择有利于自己发展的生存空间,挖掘与打造辽西农耕蒙古族特色村寨,将营屯传统民居建筑蕴含的文化资本转化为经济资本与符号资本,在全域旅游与特色经济并行的营屯更新中,形成与区域内其他聚落的错位发展,打造错落有致、风光各异的乡村景观,以拉动区域旅游,带动区域经济提升及文化传承,促进区域社会的整体发展。

6.4.2 "双遗产"特质开掘与更新潜能激活

郑光直在《负正论——建筑本质探析》中提到,建筑分正建筑及负建筑,其区别在于是否具有艺术特征。正建筑具有艺术特征,负建筑无艺术特征。它们是互斥的,彼此区别和排斥,并且彼此渗透和转化。负建筑在实用性、经济性、生活性等方面的意义重大。如果从这个角度来讲,"默默无闻"地存在于乡间,作为人们生活重要组成部分的海青格热民居无疑属于负建筑，但是在几百年的历史演进过程中，负建筑又保留、蕴含着蒙古族从游牧到农耕过程中许多独特的文化符号，因此辽西蒙古族海青格热民居既具有正建筑的意涵，也具有负建筑的意涵。正是这种独特性，使得辽西蒙古族营屯民居的传统建筑技艺以及现存建筑类型具有"双遗产"的特质。

首先，从物质文化遗产角度来看，该区域至今仍然保留着较为完整的集群性的海青格热传统民居。这种类型的民居有500多年的历史，如今当地保留最久的是民国年间的建筑。这类民居建筑沿袭至今，仍普遍被使用和居住，而且在今天依然是辽西蒙古族营屯的重要民居类型，可见其属于"活"的建筑，是"存活"的物质文化遗产。其次，从非物质文化遗产角度来看，海青格热"四个马腿托起个马鞍子"独特的建筑形制、民居营造技艺中对"圆"的造型运用、建筑表皮装饰的蒙古族纹样，以及民居建筑负载的族群古老叙事与民族认同情感等，都属于无形的文化遗产。

即使具有上述"双遗产"的特质，但在现代化进程中，这种保留、见证蒙古族历史、文化、族群变迁的建筑类型也面临着危机。在调查中发现，20世纪八九十年代以来，北京平房进入辽西蒙古族营屯，且因其建筑时间较短、结构简单，并配备了较为现代化的生活设施而在辽西乡村年轻人中大受欢迎。如今，辽西乡村新建的民居建筑中北京平房很流行，在建筑类型的竞争中，海青格热明显处于劣势。在时代的转型中，要想让营屯以其特有的文化类型留存下来，就需要开掘其"双遗产"特质，激活其更新的潜能。

如今，对于海青格热所蕴含的"双遗产"的特质与价值，无论是营屯内作为居住主体的自组织，还是关注营屯更新与开发的他组织，抑或是与之关联的"多主体"的认知都不到位。从自组织视角来看，"海青格热冬暖夏凉，住起来舒服，况且那是祖上一辈传下来的建筑，需要保存"。但是在城镇化快速推进的今天，北京平房民居类型在辽西乡村普及的状况下，怎样保留住遗存的海青格热传统民居？从他组织视角来看，近年来，在辽西蒙古族聚居地的一些重点营屯，如白音爱里村、十家子村、官大海农场等，都有他组织相继介入了营屯的发展规划与开发设计，帮助营屯在街道、民居、公共设施等方面进行了一系列的生态化更新，取得了一定的成效。但是，从本质上说，他组织介入的生态化更新并没有聚焦于蒙古族营屯所具有的"双遗产"价值的开掘与保护，仍然集中在物质文化遗产形态的保护与展示，相对忽略了非物质文化遗产的传承与创化。且在物质文化遗产的保护方面，他组织囿于观念与认知上的某种局限性，在指导营屯更新实践方面也存在一些误区，如对海青格热民居进行"穿衣戴帽"式整齐划一的外部改造，使这种富有地域与民族特性的民居建筑变得"非今非古"，在整体风格上呈现各种不协调，乃至影响了营屯特有的风貌。

基于上述保护过程中面临的种种问题，不论是他组织还是自组织，都有必要重新审视营屯建筑的"双遗产"特质，积极开掘其内隐的资源潜能，充分激活其更新的多种可能。

目前，科学与完整的营屯更新和传统民居建筑保护只局限在个别的、局部的，但迅速的自发性更新已然普遍地发生在辽西每一处乡村。在这种情况下，局部的重点保护只能与广泛的更新引导结合起来，保护是静态的，而对建筑更新的引导是动态的，应成为调适的主要手段。有关部门应审时度势，尽快提供适宜的技术理论，制定如外部维护与内部改造相结合等具有可操作性的更新目标与策略，探索适用于我国不同区域与民族具有"双遗产"价值的传统民居保护的有效途径。立足于大数据与广阔的视域，我国目前未被列入保护名录的传统村落与传统民居建筑仍普遍存在，不能完全依赖于文化持有群体内生的文化自觉，应将局部的重点保护与广泛的建筑更新引导结合起来，加强培育民众的创造力和审美力，通过开掘民族文化传统与区域特色民俗文化资源，获得美丽乡村建设的新动力。这既为当务之急，又具有重要的现实意义。

维护乡村建筑样本的多样性也即维护文化的多样性。蒙古族传统民居建筑对于辽西农耕蒙古族民众而言具有强烈的民族心理归属感，蕴含了特定的信息层面的建筑特点和资源，在历史层面上更具深刻的价值和文化审美意义。维护乡村聚落样本的多样性也即维护文化的多样性。民族文化与区域性特色民俗文化是美丽乡村、宜居乡村的重要组成部分，依托民族特色文化和区域性特色民俗文化资源是美丽乡村建设的发展动力。在生态宜居、美丽乡村建设进程中，应该关注并利用好不同的文化元素，让特色文化成为建设美丽乡村、特色乡村、宜居乡村的引导性社会力量。从这个意义上看，当代社会应该珍惜、保护乡村文化生态中的异质之美，使乡村之"美"更加灵动而多彩。

6.4.3　文化意义再生与多元价值创化

艾瑞克·霍布斯鲍姆（Eric Hobsbawm）指出，那些看似或自称是古老的"传统"

通常具有很近的起源，有时甚至是被发明的。一个社会群体一般通过对"过去"的选择、重组、解释甚至是虚构来创造自己的共同传统，以定义该群体的性质，建立该群体的"边界"，并保持其内部的凝聚力。而如何"储存文化、流传文化和创造文化"，以保留文化的多样性，这是现代民族国家内在的必然性要求。营屯具有"双遗产"的特质，在营屯的生态化更新过程中如何避免"历史文脉的隔断、文化资源的流失、文化特色的消亡、营屯内文化容器被掏空"等问题，进而在此基础上，有效地保护、传承营屯文化，使之保持持久的生命力，已经成为当前营屯实现有机、和谐和可持续发展的重要议题。营屯的文化意义再生与多元价值激活关乎其生存发展，与营屯存在"关联"的自组织和他组织都无法回避，其中的一些原则与理念问题，需要当事者积极面对和认真思考。

首先，重新树立文化自觉理念，以应对现代化进程中营屯文化认同的危机。在当今社会政治、经济、文化、大众传媒等种种交织性影响对营屯的发展不断渗透的过程中，辽西蒙古族与当代社会的其他人类群体一样，不仅传统的居住习惯、生活方式、消费观念、价值取向等都面临着强劲的冲击，在辽西蒙古族人民内心深处也偶尔被"我们是谁？我们从哪里来？我们要到哪里去"这种民族文化认同的危机所困扰。在外来文化不断入侵的情况下，可以看到改造与再造中的民族文化符号不断被弱化，一些优秀传统文化的传承也随时可能中断。基于这一现实，辽西蒙古族营屯获得再生的首要问题即是要重建文化自觉。费孝通认为，文化意识是指生活在某种文化中的人们具有对文化的自知之明，了解其起源、特征和发展趋势。自我知觉是加强文化转型的自主性。决定适应新环境和新时代的文化选择的自主权。文化意识实质上是一种识别传统和外来文化的能力，只有以文化自觉为基础的营屯生态化更新，才能够明晰哪些是需要珍惜和保留的，哪些是应该修复和更新的，进而从容应对文化变迁和融合的冲击，理性吸收外来文化和民族传统文化中的积极元素，重塑具有鲜明区域与民族特色的营屯文化。

其次，通过田野调查和文献分析可以看到，传统文化再生与价值激活是基于民族历史文化保护和传承基础之上的发展与再造。因此，过往的经验和案例虽具有重要的借鉴价值，但并不都具有复制的可能。对于在现代化和全球化浪潮推动下的辽西乡村而言，在其更新与再造中应勇于探索多种可行性路径，最大限度地为民族文化元素、文化载体提供可依存的发展空间，对此虽然需要在具体实践中摸索、探求，却是极其必要的。

最后，营屯更新的不竭动力是居住主体，是营屯内的民众，或是文化持有者。营屯是他们生于此、长于此的空间，一切的更新与营造是否得体，与居住的整体环境是否相宜，是否具有可持续性，最终的评判者是他们，唯有居住主体，除此之外的组织或群体具有临时性、间歇性的特征。因此，价值的激活、文化自觉的重塑、文化创新和创造能力的提升，最终主要都要靠自组织，而非来自他组织的外来力量。基于此，只有在当地人具有充分的文化认同感的前提下，才能实现文化的再生，这是营屯遗产保护与传承的不二路径。

6.4.4 场所重建：营屯更新的目标旨向

通常情况下，传统民居建筑的内涵与特质很难通过一些文化表象而彰显。特定生境与区域社会是建筑传统存在和传承的具体时空，因此任何建筑传统必然含蕴着与特定生境及区域社会相匹配的文化特质。格尔茨认为，文化概念既不是多引用的，也不是模棱两可的，它代表历史中符号中存在的意义模式，并且是一种以符号形式表示的概念系统，交流有关生命维护和发展的知识和态度。这一论述准确地阐释了营屯建筑文化遗产内涵的性质，生态文化遗产占据着辽西蒙古族人民社会记忆的空间，象征着曾经存在过的"过去"，对于当下辽西区域社会的发展也构成了一定的支撑，不仅具有使用功能，同时也具有突出的精神性资源价值。

对于营屯来说，在乡村振兴中，生态化更新是必经之路，营屯更新目标主要包括以下几个方面：第一，促进营屯社会、经济与自然协调发展；第二，促进有效利用营屯的材料、能源和信息；第三，促进营屯的经济、生态和文化持续健康发展；第四，推动营屯生态文明建设；第五，充分融合营屯的人工环境与自然环境；第六，最大限度地保护营屯的生命保障系统的功能和居民的身心健康，改善居民的生活环境质量和生活水平；第七，完善营屯结构，保持营屯生态环境稳定发展，保持营屯生态活力。从建筑学的视角来看，这不只是一次"场所重建"。

需要指出的是，在此过程中，经济、社会、政治和文化的意图必须以尊重场所精神为前提，否则，场所具有的认同感将在更新或再造中进一步沦丧。从历史长河来看，场所的结构既稳定又存在着变化，生活的根本含义是人们对属于某个地方具有清晰而强烈的归属感。然而在乡村都市化、农村城镇化的背景下，传统意义上的人类聚落的特质逐渐趋于瓦解，场所精神逐渐消失。而今，从国家层面开始推动乡村振兴战略，"要推动乡村产业振兴，推动乡村人才振兴，推动乡村文化振兴，推动乡村生态振兴，推动乡村组织振兴"。在此时代与社会背景下，从建筑学的本位出发，就是要进行"场所的重建"，这就意味着在重建的过程中应该将地方性和建筑物的环境因素纳入考虑的范围。我们的环境不仅是可以引起方向变化的空间结构，还包含一个清晰的身份对象。人的身份必须以场所的身份为前提。认同感和方向感是人类在世界上生存的要点。因此，归属感的基础是认同感，方向感的功能是使人们成为世界的一部分、自然的一部分。唯有此，场所的存在才会有认同感的产生。

挪威学者诺伯格·舒尔茨指出，"我们称场所的建造为建筑。透过建筑物，人赋予意义具体的表现。意义是由构成场所的场所精神集结产生的"。场所精神的形塑离不开建筑物，尤其是与环境密切相关的风土建筑是场所精神产生的基础。人类最基本的需求是体验自身存在是具有意义的，因此对场所精神的关注也是对人类所存在的意义的追寻。人类不仅生活在物质空间，同时还生活在意义空间，以日常生活构成的物质空间与思维、观念、意识、审美等构成的意义空间同时环绕在我们周围，而处理好建筑文化遗产保护与更新、开发之间的矛盾，通过科学而有效的实践让文化遗产得到全面深入的展示与传承，让当代民众充分感受文化遗产的内涵魅力，提高文化遗产的附加值，成为将我们生活的物质空间与意义空间两种能量交汇统一的有效途径。

在辽西蒙古族营屯的更新中，对于场所精神的尊重，并非意味着我们要沿袭旧的模式，也并不表示我们要一味地抄袭外来的传统聚落重建模式，而是要树立"扬弃"的理念，对拥有历史内涵的旧有"场所"加以重新诠释，对外来精神与理念积极借鉴与吸收。唯有如此，才能在当下的营屯更新中激活传统，实现"传统的再造"。诺伯格·舒尔茨《场所精神：迈向建筑现象学》中认为，这种具有创造性的参与方式有两种，"首先是私密性'内部'的实现，集结构成了个人存在内涵的意义：具体表达了个体的认同。其次是创建一个公共的'外部'，一个收集公共生活的组织，并明确表达了生活所依赖的意义（价值）"。无论是私密性的"内部"（辽西蒙古族民众）的实现（作为存在场所的"家"），还是公共性的"外部"的创造（作为存在场所的"公共空间"），均体现了对"场所精神"的追求，而这不单是现在，还是未来建筑学对此类建筑样本予以关注和研究的使命。

场所精神关联着建筑。场所感是人们对建筑秩序感性认知的另一种表达，特定的建筑空间之于特定人群的心理具有特定的文化意义。由于辽西蒙古族营屯有厚重的历史文脉依托，蒙古族民众置身其中能够感受到营屯场所空间环境中的独特氛围，营屯才与普通的生活聚落不同，呈现出特殊的"场所"意义。因而，对这一具有文化"双遗产"属性的"场所"的重建，是辽西蒙古族营屯更新的目标旨向。

6.5 本章小结

我国乡村振兴战略提出，要形成"政府主导、农民主体、全社会共同参与"的局面，以此推动乡村振兴战略的实施。在当下的营屯更新与发展规划中，如何将营屯更新与乡村振兴战略结合起来，实现其可持续发展的生态化，是与营屯更新发展相关的"多主体"，即居住主体、地方政府、资本方、专业人士与相关机构等需要共同深入思考的问题。

目前我国正在积极推进新农村建设与乡村振兴，辽西蒙古族营屯在"总体营造"理念的指导下，致力于"场所"精神的重建以及营屯的更新，发挥"自组织+他组织"的合力作用，在构建"多主体建模"体系方面进行了一些有效的探索。从近年来的实践效果来看，辽西蒙古族营屯实现振兴的有效路径或许在于：依托民族特色村寨，营造"多主体"参与环境，注重参与主体的角色培育，构筑自组织和他组织皆可参与的平台，提升"多元行动方"的参与能力，使"多主体"在营屯的更新实践中能精准站位，各有担当，形成良性互动。如此，这一复杂系统的运行才能真正做到有序而高效。

鉴于自组织和他组织各自的优势与不足，本章强调提出，在当下我国各地的特色民居建筑保护与传统村落振兴的复杂运作系统中，不论是自组织还是他组织，都应被视为行动主体。在方法论上，应聚焦于多元主体互动关系的复杂系统理论视域，从"整体静态描摹"转向"多维动因诠释"，最终构建多层次、纵贯性的实践操作模型。在实践中，要秉持"社区参与，民主决策；居民主体，利益共享；优势互补，合作共赢"的理念，在自组织和他组织多元主体的共同参与下，构建多渠道、多层次、多体制的联合、监督机制，推动辽西蒙古族营屯从行政化社区向共同体社区转变，实现复杂系统运行下营屯的更新与可持续发展。

第7章

结论与展望

7.1 结论

在当今时代背景下，开展复杂系统运行下辽西蒙古族营屯更新的研究对于建筑学科来说责无旁贷。辽西蒙古族营屯及海青格热民居作为存储族群历史的载体，承载着辽西蒙古族诸多文化元素与历史记忆，使蒙古族民众对其产生情感上的认同与依附，成为辽西蒙古族民众的情感寄寓场所。从遗产学的角度看，辽西蒙古族营屯既是历史遗产，又是文化遗产；既是物质文化遗产，又是非物质文化遗产，具有"双遗产"的特性。

本书得到辽宁省社会科学规划基金办公室资助，对辽西蒙古族营屯的生成与演化、营屯内海青格热传统民居建筑的结构及营造特点进行了较为深入的调查与研究，在辽西蒙古族营屯中分别选取了具有代表性的四个形制不同的类型，结合不同的发展阶段，对这几个营屯及其传统民居建筑形态的演化轨迹进行了梳理，对其近年来的更新实践及呈现出的问题予以了剖析，总结其过程中的得失利弊，前瞻其可持续发展趋势，以期为类似的传统村落更新提供可借鉴及可操作的模式。

村落不仅是一个地理空间，还与所处区域内的自然、社会、历史、人文等环境交织构成一个复杂系统。在当前我国乡村都市化、农村城镇化的时代背景下，以及我国政府明确制定的"五位一体"的发展目标下，探寻复杂系统运行下辽西蒙古族营屯的更新路径十分必要。在现实世界中，没有一个系统是没有组织因素的，也没有一个系统是没有自组织因素的。因此，所有的系统都是自组织和他组织之间的某种统一，辽西蒙古族营屯的更新就是要探索解决村落问题的行动策略和有助于其良性发展的运行体系。这个体系的维系既需要自组织（内在的根据）自下而上的内在力量，也需要他组织（外在的条件）自上而下的介入推动。也就是说，只有自组织和他组织的合力，蒙古族营屯的更新及发展才能沿着正确的道路前行。

营屯更新是一个复杂的系统，复杂的系统是以整体系统为前提的。在整体观下，既要考虑辽西蒙古族民众的生计方式，也要考虑区域的社会生态以及传统聚落和建筑的可持续性。对少数民族特色村寨来说，传统文化再生与价值激活转化是基于民族历史文化保护和传承基础之上的发展与再造。辽西蒙古族营屯的形制演化存在差异性，因此过往的经验和案例虽具有重要的借鉴价值，但并不都具有复制的普遍性与可能性。对于在现代化和全球化浪潮裹挟下的辽西乡村聚落而言,在其更新与再造中应勇于探索多种可行性路径,最大限度地为民族文化元素、传统文化载体提供可依存、传承的发展空间。

同时,本书也发现,对民族文化内涵的开掘及建筑遗产价值的开发确有开阔的幅度与深度,将传统民居建筑遗产予以资源的转化也有多向度的空间与可能。将蒙古族营屯的更新与乡村振兴战略结合起来,实现其可持续发展的生态化,是需要与蒙古族营屯更新发展相关的"多主体",即地方政府、资本方、专业人士与居住主体共同深入思考的问题。

从我国多数地区的相关实践来看,在复杂系统运行下的村落振兴与发展,若以村落为"发力点",上、下、内、外各参与行动方之间的协调与互动至关重要。基于此,本书认为,应该构筑上下内外互动的协同动力机制,构建"多元行动方"的传统村落更新动力框架,秉持"社区参与,民主决策;居民主体,利益共享;优势互补,合作共赢"的理念,在自组织和他组织多方主体的共同参与下,形成多渠道、多层次、多体制的联合、监督机制,即构建一种"多主体联动"的实践模式,以推动乡村振兴与更新目标的达成。

7.2 启示与思考

在漫长的历史进程中,因辽西喀左县曾经的交通不便,使喀左境内的蒙古族营屯与集群性的海青格热传统民居遗存至今,仍保持着一定的传统风貌。由此,这一具有"双遗产"性质的传统建筑样本具备了较好的更新与发展潜力。

建筑学的研究应该以人为本,对建筑的关注说到底是源于对"人"的关注。2018年2月,中共中央、国务院发布的《关于实施乡村振兴战略的意见》提出,乡村振兴要坚持人与自然和谐共生,以绿色发展引领乡村振兴,打造人与自然和谐共生发展新格局。同时还强调要传承、发展、提升乡村的优秀传统文化,在对其保护传承的基础上,创造性转化、创新性发展,不断赋予其新的时代内涵,丰富其表现形式,切实保护好传统村落、民族村寨、传统建筑等遗产。我国政府实施乡村振兴战略,强调保护好传统村落、民族村寨、传统建筑等遗产,其本质是关注传统村落与民居建筑中"人"的生活延续与生活质量的提升。秉持这一理念,辽西蒙古族营屯的更新与振兴,应该致力于给蒙古族民众营造更好的生存环境，满足乡村民众对人居环境与美好生活的需求与愿景。

2018年12月，京沈高铁沈阳至承德路段开通。辽西喀左县作为京沈高铁的中途停车站，与首都北京及东北地区的大城市沈阳都将只有不到2小时的车程。高铁的开通，势必会对包括辽西蒙古族营屯与海青格热传统民居在内的区域传统文化造成强势的冲击，但这是时代发展的大势所趋，对现代高效、便捷交通的呼唤更是区域民众的人心所向。

目前我国正全面推进新型城镇化与美丽乡村建设，辽西蒙古族营屯及民居建筑也难以避免地面临着史无前例的快速变迁。这些由蒙古族民众创造的建筑文化遗产，目前仍在很大程度上未得到全面的有效保护，也尚未引起社会各界尤其建筑学界的广泛关注，随时可能面临着损毁与破坏。一方面，辽西蒙古族营屯面临着现代性的威胁，亟须保护；另一方面，辽西蒙古族营屯规模相对较大，保存相对较好，对其实施更新亟待专业性规划与指导。故此，应将辽西蒙古族营屯及其民居建筑的保护、更新与开发尽快列入议程，刻不容缓。

近年来，辽西地区一些蒙古族营屯在当地政府的组织与谋划下，自觉进行了传统聚落与传统民居的保护与更新，部分蒙古族营屯的人居环境得到了较大改善。然而，一些营屯即便已进入国家体制内不同层级的保护名录，其在振兴与更新过程中仍然存在一些问题。基于此，建筑学对此应具有自觉的学科责任感，尽快对这类拥有民族物质文化与非物质文化"双遗产"性质的建筑事象进行深入调查，做出科学阐释，以专业的视角做出评价与指导，推动地方政府及当地民众充分认识这些传统聚落与建筑的多元价值，为保护和推介这些具有民族与地域特色的传统聚落及建筑争取时代机遇，为发掘这些具有多方面价值的区域与民族历史文化遗产提供依据，助推这些富有特色的传统聚落及其建筑的旅游开发，使之真正成为可供当代社会利用的资源，得以可持续发展。

维护传统村落与民居建筑样本的多样性也即维护文化的多样性。具有"双遗产"性质的辽西蒙古族传统村落与建筑负载的文化资源具有很强的衍生性经济价值，通过有效的指导与科学的开发，能够产生可预见的社会效益及经济效益，进而带动区域的整体发展。为避免其陷入盲目、无序的开发乱象，目前可以参照"政府主导，专家主脑，民众主体"的三位一体模式，实现"多主体联动"的功能整合，将传统村落与建筑内涵的开掘导向开阔的幅度与深度，助推这类建筑遗产向资源转化，实现科学而有序的更新。

参考文献

[1] 刘先觉. 现代建筑理论：建筑结合人文科学自然科学与技术科学的新成就[M]. 2版. 北京：中国建筑工业出版社，2008：123.

[2] 余大钧. 蒙古秘史[M]. 呼和浩特：内蒙古大学出版社，2014.

[3] 罗康隆. 文化人类学论纲[M]. 昆明：云南大学出版社，2005：161.

[4] 吴彤. 自组织方法论研究：清华科技与社会丛书[M]. 北京：清华大学出版社，2001.

[5] WALDROP M M. Complexity: the emerging science at the edge of order and chaos[M]. New York: Simon & Schuster, 1992.

[6] 张乐天. 告别理想：人民公社制度研究[M]. 2版. 上海：上海人民出版社，2012.

[7] 朝阳市民族事务委员会. 朝阳市少数民族志[M]. 沈阳：辽宁民族出版社，2004.

[8] 喀喇沁左翼蒙古族自治县志编纂委员会. 喀喇沁左翼蒙古族自治县志[M]. 沈阳：辽宁人民出版社，1998.

[9] KNOX P, PINCH S. Urban social geography[M]. London: Pearson Prentice Hall, 2010.

[10] 赵艳芳. 认知语言学概论[M]. 上海：上海外语教育出版社，2001.

[11] 周若祁，张光. 韩城村寨与党家村民居[M]. 西安：陕西科学技术出版社，1999.

[12] 刘学军. 喀左·东蒙民间故事—综合卷[M]. 沈阳：辽宁民族出版社，2008.

[13] 王诺. 系统思维的轮回[M]. 大连：大连理工大学出版社，1994.

[14] 吴龙辉. 墨子白话今译[M]. 北京：中国书店，1992.

[15] 张耿光. 庄子全译[M]. 贵阳：贵州人民出版社，1991.

[16] 李天龙. 喀左蒙古族史略[M]. 沈阳：辽宁民族出版社，2008.

[17] 罗布桑却丹. 蒙古风俗鉴[M]. 赵景阳，译. 沈阳：辽宁民族出版社，1988.

［18］宋海宏，陈宇夫，李梅. 建筑设计及其方法研究［M］. 北京：中国水利水电出版社，2015.

［19］CILLIERS P. Complexity and postmodernism: understanding complex systems［M］. London: Routledge，1998.

［20］《喀喇沁左翼蒙古族自治县志》编纂委员会. 喀喇沁左翼蒙古族自治县志：1986—2005［M］. 沈阳：辽宁民族出版社，2014：37，39-40，758，771.

［21］乌广聚. 喀喇沁左翼蒙古族自治县地名志［M］. 沈阳：辽宁民族出版社，1991.

［22］乌凤丽. 塞外明珠——官大海［M］. 沈阳：辽宁民族出版社，2016.

［23］伊藤真次. 适应的机理：寒冷生理学［M］. 方爽，译. 北京：中国环境科学出版社，1990.

［24］王献枢. 国际法［M］. 5版. 北京：中国政法大学出版社，2012.

［25］李培林. 村落的终结：羊城村的故事［M］. 北京：商务印书馆，2004.

［26］中共中央党校. 社会主义新农村建设［M］. 北京：中共中央党校出版社，2005.

［27］胡潇. 民间艺术的文化寻绎［M］. 长沙：湖南美术出版社，1994.

［28］吴彤. 生长的旋律——自组织演化的科学（导论）［M］. 济南：山东教育出版社，1997.

［29］苗东升. 复杂性科学研究［M］. 北京：中国书籍出版社，2013.

［30］杨庭硕. 生态人类学导论［M］. 北京：民族出版社，2007.

［31］沈清基. 城市生态与城市环境［M］. 上海：同济大学出版社，1998.

［32］朱炳祥，崔应令. 人类学基础［M］. 武汉：武汉大学出版社，2006.

［33］范德华. 旅游景观鉴赏［M］. 北京：旅游教育出版社，2013.

［34］WILLIAMS R. The Long Revolution［M］. Peterborough: Broadview Press, 2001.

［35］HOBSBAWM E J, RANGER T O E. The Invention of Tradition［M］. Cambridge: Cambridge University Press, 1992.

［36］SAMUEL P HUNTINGTON. The Clash of Civilizations and the Remaking of World Order［M］. New York: Simon & Schuster, 2011.

［37］费孝通. 费孝通论文化与文化自觉［M］. 2版. 北京：群言出版社，2007.

［38］GEERTZ C. The interpretation of cultures［M］. New York: Basic Books, 1977.